MW00654213

PARCHE
ENCICLOPEDIA DEL
R★CK EN CUBA

Humberto Manduley López

NialaNai Ediciones

NialaNai Ediciones

NNE-002

Copyright © 2015. Humberto Manduley López

Diseño y Realización: Graffiti

Foto de contraportada: Narah Valdés

Reservados todos los derechos de esta edición
para: © NialaNai Ediciones

nialanaiediciones@gmail.com

Ninguna parte de este libro, incluido el diseño
de la portada, puede ser reproducida sin
permiso previo del editor.

ISBN-13: 978-0-9911336-1-1

Para Ian Elmer y Alain

USO COMÚN

Mientras preparaba el libro "Hierba Mala: una historia del rock en Cuba" (NialaNai Ediciones, 2013) con un repaso cronológico por la presencia del género en el país, decidí hacer un volumen que fuera independiente de éste, pero a la vez lo complementara, y que incluyera fichas de grupos y solistas cubriendo la etapa entre 1956 y 2013.

De tal modo, el presente trabajo recoge —de alrededor de 1400 nombres registrados— poco menos de 800 síntesis biográficas. Se trató de cubrir toda la geografía nacional y los diferentes estilos del género, aunque fue imposible reunir a la totalidad de sus cultores.

Por otro lado, el único criterio para decidir las inclusiones fue contar con la información más completa posible. Esto no significa que todas las entradas mantengan un nivel parejo, pues la disponibilidad de datos fue muy variable. La falta de documentación —sobre todo de sus etapas tempranas— y las inevitables contradicciones en los testimonios (orales o escritos) hicieron más compleja la recopilación.

Esto también me hizo prescindir, lamentablemente, de agrupaciones e individualidades de las cuales no alcancé a conseguir referencias suficientes. Espero remediar tal situación en una próxima edición.

Dentro de la brevedad de los textos, más que describir las circunstancias concretas de cada historia, se priorizaron los datos generales y los nombres de los músicos, ya que considero es la única manera de establecer un punto de arranque para futuras investigaciones, además de un modo de reconocer a quienes aportaron al rock hecho en casa. Por otro lado se trata de contrarrestar una tendencia generalizada en la historiografía musical cubana: la escasa o nula mención que se hace en las biografías de instrumentistas y compositores sobre sus tránsitos por grupos de rock, en lo que podría ser, tal vez, signo de cierto desdén hacia el género.

Además, un alto número de los que se mencionarán en las siguientes páginas, se consagraron más tarde a otras esferas profesionales —incluso apartadas de lo musical— con notables aciertos, y su pasado asociado al rock rara vez aflora. Parte del objetivo de esta investigación es rescatar esas memorias.

Las fuentes de información fueron diversas, en una labor que abarcó más de 40 años de pesquisas fragmentadas en tiempo y espacio: entrevistas directas, conversaciones casuales, prensa oficial, fanzines, redes sociales en Internet y sitios web. Se procuró la máxima veracidad, contrastando los diferentes detalles, pero es obvio que se necesitarán nuevas precisiones en cuanto a nombres, fechas, lugares, títulos de obras y eventos, para cubrir las lagunas que todavía persisten. Por otra parte, la continuidad misma de la historia implica constantes actualizaciones, mientras se mantiene la búsqueda en retrospectiva para salvar un pasado que día a día se torna menos accesible.

El material fotográfico fue donado por músicos, familiares, amigos y fanáticos. Algunas imágenes carecen quizás de los estándares idóneos de calidad, pues fueron tomadas a veces de cualquier manera por aficionados. Sin embargo, en aras de lograr un apoyo visual, se presentan incluso con tales inconvenientes técnicos, subsanados en lo posible por las ventajas de la edición digital. También la mayoría de estas fotos se estrena para el gran público.

"Parche: enciclopedia del rock en Cuba", como lo indica su título, está centrado en lo realizado dentro del país. Existe un nutrido número de músicos nacionales que lo sigue interpretando en otros lugares del mundo, con mejor o peor suerte, pero casi siempre con la misma pasión del primer día. Esa, sin ser "otra historia", merecerá un volumen aparte.

Más de 400 personas, cuyos nombres aparecen listados al final, fueron entrevistadas o aportaron sus datos. A todas les doy las gracias por compartir tiempo y recuerdos. También a los editores de fanzines, invaluables fuentes de consulta. Hubo quienes no mostraron interés o declinaron cooperar aduciendo variadas razones, por lo que, nuevamente, preferí respetar el derecho de voluntariedad de cada cual.

Asimismo, agradezco las colaboraciones de Darsi Fernández, Rosa Marquetti, Virgilio Torres, Juan Raúl Fernández Salabarría, Dagoberto Pedraja, José Raúl Cardona, Toni Basanta, Miguel D'Oca, Jorge Luis Gómez Gutiérrez, Jorge Brauet, Déborah Hill, Fernando Rojas, Joaquín Borges Triana y los diseñadores Michel F. Vinat y Alejandro Rivera (Graffiti).

El apoyo de mi esposa Jennifer Ungemach fue crucial una vez más, no solo en lo afectivo, sino involucrada directamente en ideas y labores para lograr una mejor estructura del libro. De nuevo, entonces, reitero mi gratitud y amor hacia ella, así como a mis hijos Alain Manduley Chiu y el pequeño Ian Elmer que nació y comenzó a dar sus primeros pasos mientras se gestaban estas páginas.

Espero que lo que sigue sea, entonces, algo así como un "parche" necesario en el agujero de la desinformación, y contribuya a sacar del olvido, el anonimato y la escasísima divulgación, a algunos de quienes han aportado a una historia que forma parte —no siempre valorada ni comprendida en su justa dimensión— de la cultura nacional: el rock hecho en Cuba.

Humberto Manduley López
hmanduley@hotmail.com
San Miguel de Allende, México
Junio de 2015

A

321

Básicamente un dúo formado en La Habana por miembros de la banda del trovador Charly Salgado: el guitarrista y cantante Jorge Herrera Franklin (1981) y el bajista Rodolfo Humpierre (1971). Su debut se produjo en julio de 2009 en el Maxim Rock, junto a los matanceros Póker Club.

Rápidamente grabó el demo *La res*, y se presentó en conciertos que alternaban lo acústico y lo eléctrico, con temas propios y versiones (Los Piojos), además de respaldar al dúo de trovadores Liliana Héctor y Ariel Díaz. De modo ocasional contó con invitados como el guitarrista Ariel Pouso Évora (1980, ex ING) y los bateristas David Smith, Ernesto Delgado y Giraldo Belmonte (ex Postmortem). En 2012 publicó su segunda grabación, *Sin alas.*

LOS 5-U-4

Fundado en octubre de 1968 a partir del cuarteto Voces del Trópico (creado en 1966 en la Escuela Abel Santamaría, La Habana). La alineación inicial se conformó con Osvaldo Rodríguez (voz, guitarra y compositor, 1949), Berta Rippe (voz, guitarra rítmica, 1947-1989), José Antonio Mon (órgano, 1948), Leonardo Fernández (bajo, coros, 1951) y Jorge Luis Aguilera (batería, 1947). Actuó en eventos por todo el país, incluyendo el festival Varadero 70. Mon abandonó el grupo por problemas de salud, pero en 1974 se retomó la formación de quinteto con la entrada de Juan Illás (percusión).

Su primera etapa estuvo marcada por el trabajo autoral de Osvaldo, con temas que abarcaban elementos de rock y distintos géneros cubanos. Entre los más reconocidos: *Muñeca de papel* (1969), *Por qué no me vas a querer*, *En casa del pobre* y *En cinco minutos* (1970), *Son ideas*, *No voy a darte ese gusto* y *Se me perdió el bastón* (1971) y *Lo mejor es terminar* (1974). Más adelante incluyó músicos como Manuel de Ornellas (teclados, 1950) y Jorge Rodríguez (guitarra, 1955, ex La Nueva Escuela), entre otros, hasta llegar una etapa en que abandonó el rock. El fallecimiento de Berta, en septiembre de 1989, dio al traste con la continuidad del grupo.

6L6

Formado en La Habana en 1968 por el cantante y guitarrista Antonio "Papito" Coello, junto al cantante Manolo Sabín (1949, ex Los Átomos), Jorge Luis Díaz Pérez (guitarra, 1952), el bajista Domingo Díaz Pérez (1951) y Francisco "Pancho" Sosa (batería, 1946, ex Los Novaks). Banda de versiones, incluyó también temas de Coello *(Yo no comprendo esta vida).* En los días finales contaba con el pianista Marco Jorrín (1951).Tiempo después "Pancho" formó Sesiones Ocultas.

A-19

Fundado en La Habana por el guitarrista y compositor Amed Medina (1974) en julio de 1994, debutó en el festival Rock Plaza (Vedado) en septiembre de ese año con Roberto Fajardo "Keko" (voz, 1961), Ballington Guedes (bajo, 1965), Eleuterio Silva (batería, 1966) y Nadia Ponjuán (teclados, 1977), junto a Zeus y Agonizer. Su repertorio consistió en temas propios de heavy metal —con ocasionales influencias glam— en inglés y español, así como algunas versiones. Poco después Richard Castillero (1976) sustituyó a Silva, y se prescindió de "Keko" con lo cual quedó Medina como voz solista.

Más adelante pasaron los bajistas Julio César Pérez Travieso (1973), Geovani González (1973) y Erick Alvarado (1973), el baterista Marcos Tudela y el tecladista David Blanco Ponsoda (1980). Desapareció en 1997 tras grabar una maqueta de cuatro temas – destacando *Me va okey*– y ofrecer conciertos en la capital. Medina colaboró luego como guitarrista o productor con Carlos Varela, Karel de la Iglesia y otros.

ABADDON

Trío habanero de black metal, creado en junio de 2010 por Amed Olivares "Hellheim" (voz, 1989), Abel Mirabal "Nifheim" (guitarra) y en la batería Damián Vivás "Tyr" (1992), más el bajista Manuel Rodríguez "Draurg" como invitado. Debutó en octubre junto a Ancestor y Antagon, en el Maxim Rock. En 2011 "Nifheim" abandonó el grupo, pasando "Draurg" a la guitarra y entrando Inés María Maliujova "Valhalla" (1983) como bajista.

Al año siguiente presentó el demo *Dethroning the lies*, y actuó en 666 Fest, tras lo cual "Draurg" también salió del grupo, remplazado sucesivamente por Ramsés Moreno y Pablo Robbio (1989). En 2013 Damián y Pablo formaron Helgrind.

ABC

Banda paralela a Los Seres Indomables, funcionó entre 1978 y 1979 en Centro Habana. La alineación inicial tuvo a Gustavo Freyre (teclados, 1963), Virgilio Torres (voz, 1957), Puchito (guitarra rítmica), José Álvarez (guitarra líder), José García "Fuñy" (bajo) y el baterista Aramís Hernández (1957). Con un repertorio de covers, incluyó más adelante, a veces de modo eventual, a Lázaro Roque (batería) y los cantantes Lázaro Valdés y Manuel Echevarría "El Salsa" (1950).

ABSTRACTO

Formado en Cárdenas (Matanzas) en 2000, derivado de Tercera Dimensión, su sonido conectó con el rock-pop latino. Inicialmente un septeto con Yasser Calero (1981) y Ofrey Febles en guitarras, Lucas Artiles (bajo), Arián Vázquez (batería), Yohan Ramos (percusión), Julio García Fadraga (teclados, 1986) y Fernando Ashares (voz). Los dos últimos fueron respectivamente sustituidos por Carlos Miñoso (1985) y Andy. En 2010 Yaser pasó a Amber Road y el grupo se disolvió.

ABSTRACTO

El guitarrista Fidel Brizuela (1975), proveniente de EPD, formó este grupo en Holguín en septiembre de 1994 con José Luis Sánchez Faiffe (batería), Juan Miguel Sanz en los teclados, y tres ex componentes de Aries: Rafael Carlos Calvos (1973) en el bajo, José Alberto Calvos (voz y segunda guitarra, 1976) y Jorge Saiz como cantante, haciendo rock-pop latino.

Su presentación inicial fue en diciembre, junto a Destrozer, S.O.S., Los Beltas y Aries, con material del demo *Temores* grabado un mes antes. A inicios de 1995 Lídice Guerra sustituyó a Juan Miguel, pero en mayo el grupo se desintegró, pasando Brizuela a Testigos Mudos. Meses después lo reformó y en septiembre se grabó el demo *Por un mundo mejor.*

Los cantantes Amilcar Israel Guerra y Alfredo Peña (1971, ex Aries); el bajista Gustavo Adolfo Asencio (1975), el tecladista Marcos, y Rafael López (guitarra) también pasaron en varios momentos por sus filas.

ADICTOX

Esta banda de Santa Clara, con reminiscencias de grunge, hardcore y punk en su sonido, se formó en abril de 2010 con dos ex integrantes de Eskoria: Pablo Riverón "Pollo" (voz, guitarra, 1986) y Ricardo Triana (batería, 1984). A ellos se sumaron Landy Chaviano (bajo, 1986, ex Feed Back) y Ricardo Espinosa (guitarra y voz, 1986). Hizo su debut en octubre en El Mejunje, junto a Krizis. Un año más tarde grabó su primer demo *En la calle*, incluyendo material propio y una versión a un tema de Eskoria. Participó en varios conciertos organizados por el proyecto canadiense Solidarity Rock, y actuaciones con los vascos Ze Esatek, III Guerra Mundial y Free 2 Dream (España), Hangloose y The Vicious Cycle (Canadá), y Los Vándalos (Argentina). En julio de 2011 figuró en la filmación del DVD *Desorden en el sótano*, realizada en El Mejunje (Santa Clara) junto a La Babosa Azul, Arrabio y Limalla.

GRUPO DE ADRIÁN

Trío comandado por el bajista Adrián Gines García (1956), funcionó en Habana del Este entre 1973 y 1975, tocando covers de Deep Purple, Peter Frampton, Guess Who, Led Zeppelin y más. Completado con José Alejandro Pérez Labrador (guitarra y voz, 1955) e Ignacio Cao (batería, 1956). Luego Labrador pasó a Los Micros, y Cao se unió a Los Takson.

AEROPLANO

Vinculado al Teatro Buendía, en La Habana, surgió en 1989 con Héctor Agüero Lauten en teclados, el guitarrista Alejandro Maldonado, Jorge Morejón (1970) en la batería y varios bajistas que pasaron rápidamente. Con temas propios y algunas versiones (Charly García) no alcanzó a consolidarse tras su debut en agosto de 1989, realizado con Héctor, Morejón, Mario en el bajo, el guitarrista Ingber y las voces de Odalys y Magbiel. A fines de 1991 hubo otro intento con Juan Marcos (voz y teclados), Julio

César López "Pachy" (guitarra, 1969), Miguel Ángel Méndez (1966, ex bajista de Hojo x Oja), Luis en la batería y Odette Tellería (cantante del cuarteto vocal Gema 4) pero tampoco fructificó.

AGONIZER

Fundado en La Habana en julio de 1993 por Lázaro Díaz (voz y guitarra, 1971) que venía de Madness, Gilbert Turrent Arteaga (guitarra, 1970, ex Futuro Muerto), Ebert Quesada (bajo, ex Symphony of Doom) y el debutante baterista Osvaldo Vieites (1971). Desde el inicio se decantó por un death metal propio en inglés, reflejado en sus demos y discos. Tras el debut, compartido con Deformity y Celhlow, Ebert y Gilbert salieron a fines de septiembre, sustituidos por Jorge Valtuille (1975) y Yaroski Corredera (1971, ex Sacramento). Actuó en varios festivales y en agosto de 1994 Valtuille abandonó sus filas, dando paso a Eric Gómez (1975, ex The Window).

En noviembre de 1997 actuó en la capital, Matanzas y Pinar del Río junto al grupo vasco Su Ta Gar. En diciembre de 2003 Osvaldo y Yaroski pasaron a Anima Mundi, de manera que Giovanny Mihlet (de Hipnosis) fungió como guitarrista eventual hasta la entrada de Ludwig Rivero (1972, ex Dago) a inicios de 2005, mientras Daniel Coyula (1980) se ocupó de la batería.

En abril de 2006 Víctor Feliú (ex Congregation, 1974) remplazó a Rivero, tras lo cual el grupo permaneció casi un año reformulando su línea de trabajo. En febrero de 2011 organizó el AgoniFest con la participación de diversas bandas, y poco después se produjo la salida de Coyula, entrando David Pousada (1987, ex Hot Zone). El cantante Alberto Cabal (1981, ex Tragedy) reforzó la parte vocal a partir de mayo de 2009, mientras en 2012 Alcides Rodríguez (1986) fungía como baterista, además de encabezar su proyecto TrendKill. Cuenta con los demos *My world insane* (1994), *Hate, no fate* (1996) y *El precio* (2010), así como los discos *Bless the innocence* (2001) y *Still alive* (2008), además de aparecer en varios compilatorios. En marzo de 2013 la alineación final se asentó en Estados Unidos.

AINGERLUZ

Proyecto del guitarrista y compositor Fabiel Pérez (1975), funcionó en La Habana entre 2002 y 2009, y dejó una grabación realizada en su último año, bajo el título *Angel of delight*, y publicada en el País Vasco. Los músicos involucrados fueron Alma de la Rosa (teclados, coros), Ernesto Delgado (batería), Ariel Pérez (segunda guitarra, 1980), Pedro Rodríguez (bajo y coros), José Luis Cereijo (voz) y la colaboración de David Chávez en los arreglos.

AKDA1

Creado en Bauta en el verano de 2011, se decantó por el blues-rock y rock clásico, con versiones (John Mayall, Jimi Hendrix, J.J. Cale, Stevie Ray Vaughan) y temas propios, Tiene la peculiaridad de usar percusión menor en vez de batería. Con la dirección de Alejandro Delgado (guitarra y voz, 1991) incluyó a Carlos Manuel Rodríguez (bajo,

1987), Alejandro Caignet en segunda guitarra (remplazado por Esmelín Arias,1990), Leyamis Lorenzo (percusión, 1992) y Diana Tamayo (voz, percusión, 1992). Al año siguiente grabó la maqueta *Pocas balas*. En septiembre de 2012 compartió cartel con los italianos Vortice Cremisi y la banda pinareña Switch, en la localidad de San Cristóbal, y un año más tarde Marlon Vera entró por Leyamis.

AKLO SABBAOTH

Proyecto formado en Holguín en 2009 para la grabación del demo *Phantoms of ancient battlefields*. Funcionó de modo paralelo al grupo Jeffrey Dahmer con dos de sus integrantes: Alexander Jorge Parra "Alex La Mole"(1972) en guitarra, bajo y programaciones, y el cantante Ramiro Pupo (1986). Más adelante contó también con el vocalista David Zaldivar.

AKUPUNTURA

Grupo punk fundado en Cienfuegos en septiembre de 2003 por Ernesto Rodríguez (1967), bajista y compositor proveniente de Eskoria. Junto a un muy activo tren de actuaciones, organizó desde 2006 el festival Rockasol, en su ciudad. También hizo las coordinaciones por la parte nacional para el proyecto Solidarity Rock con músicos de Canadá.

Entre los que han pasado por etapas están los bateristas Ángel Orestes Fernández (ex Moebius) y Launys Prieto (ex No Comply); los guitarristas Ariel Perna Mencia, Grette Boza Miranda, Oscar Mario Reyes y Yadian Perdomo, y el cantante José Darry Silva. Sus grabaciones aparecen en los demos *Copias y relajo* (2005), *Sueño azul* (2006), *A por ellas ke son muchas* (2006), *Sin miedo de ti* (2007) y *Quid pro quo* (2008), la recopilación *¿Hasta cuándo?* (2009) y el disco *Wellcome amigos* (2010).

AL STRIKE

Orientada al rap-metal con temas propios, funcionó entre 2008 y 2011 en Sancti Spíritus. Participó en varios festivales y grabó el demo *Al rojo vivo* (2010). Entre sus miembros se contaron los guitarristas Maykel Ramos Muro (ex Calles) y William García Periut (1974), los cantantes Ángel Luis y Jorge Félix; los bajistas "Codito", Osmani Puertos y Reinier "El Muerto", y el baterista Miguel Ángel Valdivia (1962).

ALBATROS

Funcionando en Sancti Spíritus entre 1990 y 1991 con material propio en la línea del hard rock, incluyó a los guitarristas Tirso de la Oca Beltrán y Eric Mango, Miguel Ángel Valdivia (1962) en la batería, y el bajista Jorge Garriga. Realizó conciertos con otras bandas de su zona. Durante el primer quinquenio de los años 90, sus integrantes se enrolaron en proyectos como Plasma, Loaded y Costa Norte.

ALBATROSS

Banda oriunda de Sandino, en el municipio pinareño de San Juan y Martinez, surgió en septiembre de 1995 y debutó dos meses después. Su primer formato incluyó a Herodes Conesa y Alexander Serradet (guitarras), Luzmani Vivas (bajo, 1973), Ernesto Rivera "Pistola" (voz, 1973) y Joe Luis González (batería). Comenzó con un repertorio propio de heavy, cantado en español, pero poco después cambió al inglés y el death-thrash, para terminar tocando hardcore-punk. Su demo *Pankys carboneros* (2004) ilustró esta última sonoridad.

Participó en el festival de Death-Thrash 96 en su provincia, junto a Zeus y Necrófago. En 2008 se reestructuró por poco tiempo con el bajista Fredy Cornelio (que lo abandonó un año después), Geandy Arango en la voz, Serradet y Joe Luis.

A finales de 2013 Serradet volvió a rearmar la banda con Misael Hidalgo en el bajo, el baterista Raidel Expósito y Carlos Manuel Rondón como vocalista.

LOS ALFA

Activo en 1968 en el preuniversitario de Matanzas, interpretaba covers de la época y tuvo muchos cambios de personal. Su alineación más estable fue con Rubén Ulloa (batería), Pepe Luis Wegener como cantante, Héctor Herrera (guitarra y acordeón), el vibrafonista Noel Toledo (1950) y Enrique Sangroniz en el bajo.

EQUIS ALFONSO

Nacido en La Habana en septiembre de 1972, comenzó su carrera como figura solista cuando todavía formaba parte de Síntesis (tras simultanear con Havana). Compositor, multi-instrumentista, cantante y realizador audiovisual, pasó brevemente también por las filas de Estado de Ánimo. Su primer demo, *Fantasía real* (1995) fue la base del álbum *Mundo real* publicado cinco años más tarde. Su discografía incluye *X Moré* (2001, actualización al cancionero de Benny Moré); *Delirium tremens* (2003, banda sonora para danza) *Civilización* (2004), *RevoluXión* (2007) y *Reverse* (2011), así como su contribución junto a Kelvis Ochoa y Descemer Bueno en la banda sonora del filme *Habana blues* (del cineasta español Benito Zambrano en 2004).

Con presentaciones dentro y fuera del país, Equis devino una de las figuras de mayor protagonismo en la escena cubana, explorando las fusiones entre el rock, la rumba, la electrónica, el hip hop y otros géneros, al tiempo que se involucra en proyectos multidisciplinarios y escribe música para cine y danza.

ALIANZA

Fundado por el baterista Ricardo Alfonso (1957, ex Los Takson) para actuar en el Festival de Alamar (agosto de 1990). Interpretando material propio, tuvo a Papo como guitarrista original, sustituido por Sergio Pérez. El resto lo redondeaban Hansel Arrocha (guitarra, 1968), Abel Rodríguez "El Chino" (voz, 1963) y el bajista Raymet

Salazar (1972). Previamente (1987-1989) Hansel y Raymet habían estado en un proyecto que no llegó a debutar llamado Urania (con el baterista Ariel Soler y el guitarrista Ionel Muñoz). En el propio año 1990 Hansel pasó a Zeus, y esta banda capitalina se desmanteló para dar paso a una reformación de Los Takson.

ALIEN

Se movió entre el hard rock y el heavy metal, con temas propios en inglés y español, comenzando a mediados de 1992 en Cienfuegos, con Alexis Vives (bajo, 1969), Roberto Carlos Morell (guitarra y voz, ex Madness House) y Ernesto Rodríguez "El Pitirre" (batería). Gustavo Ravelo (voz y guitarra, 1969, ex Nekrobiósis) se unió al equipo por una temporada, hasta que la salida de Morell (que fundó Orión) devolvió la formación a trío. En 1994 Yusmani remplazó a Ernesto, y poco después se amplió con Juan Carlos Chinea en la segunda guitarra. Actuó en el centro del país, incluyendo las ediciones de 1993 y 1994 del festival de su localidad, y dejó sin terminar la grabación de un demo.

ALISSON

Grupo pop-rock activo desde 2010 en La Habana, se ha presentado junto a bandas como Septum y Doble A. Adrián Mena e Ignacio Erraste en las guitarras, Jorge González (batería, 1992), José Ochoa (bajo) y la vocalista Anabel Noa (1992) integraron su nómina principal, aunque han pasado otros músicos. Cuenta con los demos *Sin dirección* (2010) y *Sin contraseña* (2012). En 2011 hubo una reestructuración cuando parte de sus miembros salió para formar Inercia.

ALLIANCE

Fundado en San Agustín, La Habana, en julio de 2004 por Alain Martínez (voz, 1982), Alex Ricardo (batería), Lázaro Rabelo (bajo, 1981), Johann Hernández (teclados) y Luis Alberto (guitarra) se inclinó a una mezcla de death, black y doom con canciones propias en inglés. Ampliado con los guitarristas Yuley Pérez (1981, quien pasó luego a Tesis de Menta) y Miguel Ángel Jiménez, alcanzó a grabar los demos *In the abyss of my feelings* (2006) y *Revelaciones* (2008).

ALMAS VERTIGINOSAS

Una de las agrupaciones más reconocidas del rock en la capital desde su debut en julio de 1970, pasó por múltiples etapas y cambios de personal, predominando un repertorio de versiones, con algunos temas propios *(Más sencillo, Electricidad)*. Dirigida en sus inicios por Ricardo Eddy Martínez "Edito" (batería, voz y guitarra, 1954) y más adelante por Miguel Ángel Bárzagas "Maykel" (1951, segunda guitarra, ex Los Hulmans) vio pasar a más de una veintena de músicos. Separada a finales de 1979, regresó un año después hasta que en febrero de 1981, fue desarticulada en una polémica maniobra policial. En sus diferentes períodos estuvieron los guitarristas Jesús Espiño, Jorge

Fernández "Pepino" (1953, ex Los Jets) y Omar Pitaluga (1955); los bateristas Juan Carlos Abreu (1954), Horacio Hernández "El Negro" (1963), Tommy, Eduardo, Manuel Felipe Lorenzo (1960, ex Antunez), Bartolomé García (1955, ex Sesiones Ocultas), Edwin Danilo Morales "Tito" (1948-1980) y Héctor Arcos (1951, ex Los Gnomos), los bajistas Miguelito, Eduardo Alonso (1948), Juan Carlos González, Roberto J. Núñez (1951) y Ángel Luis Alonso (1951); los tecladistas Alexis Durán, Ricardo Pérez, Armando Freyre (1954), Julio García (1953) y Arturo Menas (1959); y los cantantes Leo Cartaya (1951), Jorge Bruno Conde (1948-2008), Lázaro Valdés, Alexander Domínguez (1939), Juan Camacho (1954), Manuel David Echevarría "El Salsa" (1950) y Alberto "El Cura" entre otros.

En su trayectoria llegó a figurar en televisión y clubes nocturnos capitalinos, además de alternar con Los Hot, RH, Génesis, Los Dada, Nueva Generación, Los Kents y Sesiones Ocultas en fiestas y eventos.

ALTA TENSIÓN

Fundado en octubre de 1993, debutó casi un año más tarde, en septiembre de 1994, con Tony Martin (batería), Jorge Frómeta (guitarra, 1967, ex Rodas), Adrián Gines (bajo, 1956, ex Geysser), Juan Alfaro (voz, 1953, ex Nueva Generación) y Juan Antonio Ortiz "Junior" (teclados, 1959). Se presentó en el concierto Rocketazo (octubre de 1995) junto a otras bandas.

A inicios 1997 Ángel Luis Fundichel (1958) sustituyó a "Junior" y a fines de año José García "Fuñy" (ex Garaje H) entró brevemente por Gines, quien regresó tras un breve tiempo, pero el grupo se desintegró poco después.

En 2002 se intentó una reunión con Alfaro, Frómeta, Héctor Volta (batería, 1959, ex Venus) y otros, tocando covers, temas propios *(Bailas muy bien)* y como soporte del cantante Andres Hernández. También fueron parte del grupo Karel de Armas (bajo y teclados), Vladimir Cabrera (percusión y voz, 1966), Jesús Santana (bajo, 1957), el tecladista Marino, Armando Peláez (guitarra, 1977) y Roberto Fajardo "Keko" (voz, 1961).

ALTAS PRESIONES

Banda habanera con el clásico repertorio de covers, que funcionó poco tiempo en 1975 con Manuel David Echevarría "El Salsa" (voz, 1950), Armando (bajo), Manuel (guitarra rítmica) y dos ex miembros de Paz y Armonía: el guitarrista Iván Placencia y José Brieba (batería, 1954). A continuación "El Salsa" pasó a Primera Generación.

ALTO CONTRASTE

En 1992 el guitarrista Rolando Morales (1974) formó este trío con el bajista Aldo Ernesto Rosabal y Jorge Luis Barrios "Piro" (batería, 1971), acompañando a los trovadores Samuel Águila y Fernando Bécquer, además de manejar una línea de jazz rock como colectivo. Su debut se produjo en el evento Los Días de la Música (1992). Tras algunos conciertos se separó en 1994 cuando "Piro" pasó a Naranja Mecánica, y los otros se unieron a la banda del cantautor Ángel Quintero.

ALTO MANDO

Esta banda de Santa Clara se formó en marzo de 1989. Actuó en la primera edición del festival Ciudad Metal (1990), así como en otros eventos dentro y fuera de su ciudad. Decantada por el heavy metal con temas propios en español, alcanzó notoriedad en la región central con piezas como *Los perros de la guerra* y *Noticias y confesiones.*

Entre quienes pasaron en las distintas etapas estaban los cantantes Carlos Manuel Rodríguez Veitía, Jorge Luis Barrayarsa "Barry" (1964), Arturo Hidalgo-Gato (1959, ex Los Relámpagos) y Joel; los guitarristas Jorge Luis Almarales (1967), Emilio Martiní (1972) y Manolo Castro (también en teclados); los bajistas Jorge Ávalos y Argenis Camargo, y los bateristas Leonardo Ángel Rodríguez (1971), José Alberto Menéndez y Jorge Félix Sierra (1971).

"Barry" organizó también un ensamble con varios músicos para grabar una versión rock del tema *Cuba va* (del Grupo de Experimentación Sonora del ICAIC). Más tarde algunos miembros se unieron a Arte Vivo, Horus, Vértigo, Mezcla, Síntesis y más.

AM

Formado en marzo de 2008 en La Habana, inicialmente como AM & The Animal Friends, en julio abrevió el nombre, quedando la denominación definitiva, bajo la dirección del guitarrista, compositor y cantante Ángel Mario Rodríguez Rivero (1962) que venía de tocar con Dimensión Vertical.

Incluyó en su primer momento a su hijo Ángel Mario Rodríguez Bous (1988) en segunda guitarra, el bajista Richard Adelit (1962) y Marino Carrasco (1952) en la batería. Más adelante han participado los bajistas Roy Rodríguez (1957, ex Gens) y Luis Torres (1952), los bateristas Miguel Alfonso Asén (1965) y Ernesto Medina Piñón (1986), la tecladista Jennifer Batista (1992), Alexander Martínez (1986, segunda guitarra), el cantante Alejandro Monet (1975) y la corista Amilsa Oquendo. Mientras formaban parte del grupo Monet y Adelit iniciaron trabajos como solistas. Su repertorio incluye temas propios *(La linterna de Reynaldo, Polakito punky, Buzos terrestres)* y versiones (Deep Purple, Beatles, Journey, Peter Frampton, Rolling Stones, Eagles, Jorge García). Tiene los demos *Why* (2006), *Versiones* (2007), *Conversacional* (2009) y *Sustancia celeste* (2013).

PATRICIO AMARO

Con una proyección como solista marcada por el pop-rock y el rock latino, este cantante y compositor nacido en 1975 en La Habana formó parte previamente del grupo Collage. Además de alternar con otros músicos en breves experiencias, ha grabado bajo su nombre los discos *A dónde vas, corazón* (2008) y *Dulce locura* (2010).

LOS 5-U-4

A -19

ABADDON

ADICTOX

AGONIZER

ALTO MANDO

LOS APACHES 73

X ALFONSO

AKDA 1

AKUPUNTURA

ANIMA MUNDI

ALBATROSS

ARTE VIVO

LOS ANDES

ALMAS VERTIGINOSAS

ANOMALY

ARRECIFES

ARIA

AM

ÁREA 313

ARRABIO

LOS ÁTOMOS

ASGARD

AZOTOBACTER

LOS BELGAS

BACK SPACE

LOS BARBA

JORGE BAUER

LOS BELTAS

BLUESPIRIT

AMBER ROAD

Dos ex integrantes de Delirio G, Francis Gutiérrez (bajo, 1976) y Duniesky Pérez Puga (guitarra, 1976) armaron este grupo de hard-rock en Matanzas en 2003. Grabó al año siguiente el demo *Stand up and shine on*, con el cantante Conrado Morales (1976, ex Break Even Point), Oniel Pérez (batería), Julio García Fádraga (1986) en teclados y Yasser Calero (1981, ex Abstracto) en la segunda guitarra. Tuvo otros miembros, fue nombrado Proyecto Nacional de la Asociación Hermanos Saiz, y en 2007 se desintegró.

AMENTHIS

Fundado en 2001 en Matanzas bajo el nombre tentativo de Crucificied, haciendo death metal y con los guitarristas Daysel Chávez y Michel Gómez (guitarras), Jorge Sanz (bajo, ex Killer Clown), el cantante Jaime Aljovin y el baterista Jordany Pérez Sotolongo (1983). Ese mismo año Sanz dejó sus filas, sustituido por Hansell Sobredo (1982) y a inicios de 2002 Jordany pasó a Puertas Negras, siendo remplazado por Félix Valido (1975-2007), baterista de esa agrupación. El debut escénico en agosto de 2002 se hizo con Leonardo Valdés (bajista de Demencia), hasta lograr estabilidad con el sustituto Liuber Sobrino (1985) y la baja de Gómez. Grabó el tema *Mensajeros del miedo*, que llega a tener bastante difusión local. Se rompió en junio de 2005.

AMNESIA

Fundada en La Habana en febrero de 1999 con el cantante Frank Montejo (1978), Giordano Serrano (bajo, 1976), William Martínez y Omar Valido en las guitarras, José Manuel Govín (batería, 1969) y el percusionista Eduardo Longa (1975, ex Garaje H). En otros momentos el guitarrista Víctor Feliú (1974) y el DJ Adonis colaboraron con la agrupación que luego pasó a llamarse Oroleya, hasta convertirse en Qva Libre.

ANCESTOR

Joel Salazar "Kaos" (bajo,1983), el guitarrista Luis Hernández "Dakkar" (1986), Yasser Rodríguez "Oppresor" (voz) y Andry Hernández "Soulreaper" (batería) dieron vida a este grupo de black metal habanero en febrero de 2005. A fines de ese año grabó la maqueta *In absence of light*, seguida dos años más tarde por *Hell fucking metal*. En el verano de 2009 Andry y Yasser abandonaron el grupo, dando paso a los sustitutos Alcides Rodríguez "Thorn" (1986 ex The Chaos Nether Silence) y Alain Martínez "Deimos" (1982, ex Alliance). Desde 2010 organizó el 666 Fest, evento centrado en el black metal.

En la primavera de 2010 salió Alain, y se integró el cantante Víctor Pérez "Hyde" (ex The Chaos Nether Silence). En 2011 se grabó el disco *I am the truth*, y a fines de año Luis decidió enfocarse en su proyecto Narbeleth, por lo cual anunció su salida. Con posterioridad pasaron Ramsés Moreno "Kronuz" y Gustavo Sánchez "Crusher" por el puesto de guitarrista. En marzo de 2013 el grupo se trasladó a Estados Unidos.

ÁNCORA

Banda de Sancti Spíritus, formada en 1999 con algunos ex componentes de Hadez. En su efímera existencia actuó en las sedes universitarias de su localidad y Santa Clara. Luego algunos de sus miembros pasaron a Saxum. La formación tenía a Carlos González Monteagudo (voz y guitarra, 1979-2015), Aynel Zequiera (bajo,1980), Ariam Fernando León Quintero (guitarra,1981) y Marcos Alfonso (batería).

LOS ANDES

Grupo de Santa Clara activo en 1972, comenzó como un cuarteto vocal-instrumental haciendo versiones de temas latinoamericanos, lo cual lo ubicó en la estética de la Nueva Trova. Hasta 1979 funcionó en formato acústico, cambiando más adelante a lo electrónico con una sonoridad cercana al rock sinfónico sin abandonar los presupuestos trovadorescos. Sus fundadores fueron Jorge Octavio Pino (guitarra, quena, teclados, tres, 1956) y Jorge Luis Gómez Gutiérrez (voz, guitarra, 1954, ex Impacto), junto al bajista César Bacaró (1958), Erico Burque (voz, guitarra, teclados, 1955, ex Los Caprys) y Ernesto Torres (batería). Luego se incorporó Alfredo Oquendo en las percusiones. Entre 1983 y 1985 José Raúl García "Chaflán" (fallecido en 1994) sustituyó a Torres hasta el regreso de éste. Separado en 1990, después de unas grabaciones en el ICAIC. Burke pasó a Los Moddys, Bacaró integró el Trío Trovarroco, y Pino trabajó como tresero en Pretexto y Evocación.

ANDREA

Formado en 2009, en Regla (La Habana) interpretando rock-pop con temas propios. Bajo la dirección del bajista Roger Mario Fuentes (1989), tuvo varios cambios de alineación. Tras compartir escenarios con otras bandas capitalinas, grabó el demo *Hacia la luz* (2012). Entre sus miembros se contaron los guitarristas Alex Herrera (1991) y Liván Marrero (1989), el cantante Julio Cruz y el baterista Osmel Vasallo (1994). Separado en 2012, algunos de sus ex miembros pasaron a Empty Space y Backspace.

ANGER SEEDS

Grupo de power-thrash que se fundó en Sagua La Grande en 1998. Lo conformaron Abel Oliva (guitarra, 1967, ex Sectarium), Richard Francia (bajo), Jorge Triana (guitarra, 1976), Eric Suazo (voz) y Alexei Puig (batería). En abril de 1999 compartió con K Punto K en El Mejunje (Santa Clara), pero se separó poco después.

ANIMA MUNDI

Después de varios proyectos efímeros (Gandharvas, Grieta Solar Subterránea, Elephant's People, Oda) el guitarrista y compositor Roberto Díaz (1971) formó esta banda en La Habana en julio de 1996. La estructura más temprana incluyó a Abel González (teclados, guitarra acústica y coros, 1968), Virginia Peraza (teclados, 1972),

Rolando Vigoa (voz y guitarra,1971), el bajista Gustavo Comptis (1974, ex Nexos) y Luis Cabrera (1971) en la batería. Desde el inicio incursionó en el rock sinfónico con temas propios, instrumentales y cantados en español, así como algunas versiones (Santana, Pink Floyd). A partir de su segundo disco oficial las composiciones giraron hacia el inglés.

También han formado parte de la banda los bajistas Ariel Ángel y Raúl Suárez (1976); los bateristas Osvaldo Vieites (1971, ex Agonizer), Ariel Valdés (1970, ex Luz Verde) y Eduardo Hernández; los guitarristas Félix Finalé (1976) y Félix Sigler, y el cantante Andrémil Oropesa. Un buen puñado de otros instrumentistas colaboró para grabaciones y conciertos en los períodos de inestabilidad. Por una etapa se empleó a diversos ejecutantes de gaita, recorder, flauta y saxos: Yilian Capey, David Martínez, Regís Rodríguez (1973), Alexander Suárez y Anaisy Gómez (1984), lo cual le otorgó un toque distintivo.

Entre 2008 y 2012 el elenco se formalizó con Roberto, Virginia, Carlos Sosa (voz, 1984), Yaroski Corredera (bajo, 1971, ex Agonizer) y Juan Miguel Govín (batería, 1969, ex Teufel). Entre 2011 y 2013 realizó giras por Bélgica, Francia, Alemania y Holanda, actuando en importantes festivales de rock progresivo. Cuenta con los demos *Eterno cauce* (1997), *Tierra invisible* (1998), *Más allá* (1999) y *Cosmic man* (2006), tres discos en estudio *(Septentrión*, 2001; *Jagganath orbit*, 2008*; The way*, 2010) y el doble álbum en vivo (con DVD) *Live in Europe* (2011). A inicios de 2013 Sosa fue sustituido por Emmanuel Pirko (1984).

En 2004 Roberto y Virginia se involucraron en el proyecto temporal Nimbo, de Anaisy Gómez, centrado en la música celta, que grabó el demo *Sobre las grumas* al año siguiente. Entre 2006 y 2007 ambos trabajaron con Los Kents. Además, juntos o separados, han colaborado con Abel Omar Pérez & Raúl Ciro *(Queso,*1998*)*, Raúl Ciro *(Ciro 3C*, 1999*)*, Miguel Ulises *(Trampas de la belleza,*1999*)*, Iván Leyva *(Otro lugar,*2002*)*, Tesis de Menta *(Mundo real,* 2005*)* y otros.

ANOMALY

Surge en La Habana en 2006 con Lesther Gorrín (guitarra), Addel (bajo) y Roberto (batería), haciendo heavy metal instrumental. Para el demo debut homónimo, en 2006, utilizaron los servicios de Yosniel Morales y Duabel César como invitados. Luego entraron Ernesto Smith y Karel Medina, sustituyendo respectivamente a Roberto y Addel.

La segunda grabación, *The silence finds the lost words* (2007), contó con la formación ampliada a cuarteto por Ismar Rivero (cantante). En 2008 Ismar y Karel decidieron salir del grupo, que volvió a ser trío con el ingreso de Adrién Gómez (bajo), a la vez que se retomó el trabajo instrumental para *Slave of the market* (2008) y *The new begin* (2009). Gorrín también trabajó paralelamente en 2008 como integrante de Tenaz.

ANTAGON

En enero de 2007 comenzó el proyecto Demons & Angels, en Florida (Camagüey) que cambió de nombre para el debut en agosto, junto a Uranium Willy. En ese tiempo eran David Viera Barreras (guitarra y voz melódica), Alberto Delgado (voz gutural), Ricardo Iglesias (bajo y voz),

Dilver Acao (teclados) y Arturo Álvarez (batería). Su música mezcla elementos góticos y metal progresivo. En 2012 el grupo estaba conformado por Claudia Elena y Elianet en los coros, Greis Barea (voz), Delgado, Arturo, Ricardo, Dilver y David. Por otra parte la banda ha contado con las colaboraciones de Dámaris Viera (voz soprano), Kesniel (coros), Luis Ernesto (guitarra acústica) y Dariel (flauta), entre otros. Ha puesto a circular algunas canciones mostrando su trabajo (*The dance of the forest, Forever, The dwarves of Drunegon*).

ANTUNEZ

Tomando como denominación el apellido de su director, el guitarrista Eudaldo Antunez (1952), sus comienzos de banda de covers fueron a mediados de 1973 en el reparto Casino Deportivo (Cerro, La Habana) como un desprendimiento de Fuly y Su Grupo.

Al principio incluyó a Enrique Antunez (bajo), Wilfredo Torres "Freddy" (guitarra rítmica y coros, 1950) y Rojas en la batería. Luego pasaron Carlos "El Gordo" (bajo), Manuel Felipe Lorenzo (batería, 1960) y Pancho Céspedes (voz, 1956), aunque también llegó a contar con percusión y violín dentro de su formato.

Actuó en fiestas, eventos y clubes, hasta separarse en 1978. Más adelante Eudaldo integró Los Barba y Monte de Espuma, formó bandas con repertorio de jazz y también como respaldo de solistas (Beatriz Márquez, Pablo Santamaría, Anabell López, Miguel Ángel Céspedes, Donato Poveda).

LOS APACHES

Banda de Bauta creada a fines de los años 60 por Raimundo García (guitarra, 1949). Su vínculo con el Municipio de Cultura de su pueblo le permitió presentarse en varios festivales de aficionados hasta 1970. Inicialmente con René Ravelo (bajo), Rolando Calderín Lemus (guitarra rítmica), Emir Alonso en el órgano y Taurino a la batería. Más adelante pasaron los bateristas René Durán y Eliezer Montesino, y el bajista Jesús Siriani. Raimundo formó luego Las Flores Plásticas, mientras Montesino pasó a Los Pitecántropus.

LOS APACHES

Aunque no tuvo un nombre oficial fue conocida bajo esta denominación, a causa de un uniforme deportivo usado por sus miembros y que lucía en la parte trasera un distintivo con el perfil de un indio. Fundada en 1968 en el preuniversitario Jorge Luis Estrada, de Cienfuegos, fue el antecedente de Los Moddys y Liga Social. Integrado por Raúl Rovira (voz, batería, 1952), Eduardo Mustelier (voz, bajo, 1951), Benigno Aznárez (voz, guitarra, 1950) y Héctor Luis Aznárez (guitarra, 1952). Su repertorio se nutrió del rock anglosajón e hispano de la época (Elvis Presley, Paul Anka, Los Pekenikes, Bee Gees, Rolling Stones, Beatles), canciones propias e instrumentales. Su trabajo se limitó al centro de estudios, y terminó cuando sus miembros fueron llamados al Servicio Militar.

LOS APACHES

Grupo de corta duración que funcionó en La Habana entre 1967 y 1968 tocando covers del rock anglosajón. Sus miembros fueron Dino Molné Gómez (bajo), el baterista Alberto Francia, Guillermo Fragoso (voz y guitarra, 1953) y Dionisio en la guitarra rítmica, con una estadía también de Juan Carlos Kohly (1955) como guitarrista.

LOS APACHES 73

Formado en Luyanó (La Habana) en septiembre de 1973. El primer formato fue con Héctor Barreto (batería), Antonio Pedroso (guitarra), Erasto Torres (guitarra, 1957), Francisco Rubio (bajo), Juan Francisco García (voz, percusión) y Ángel Luis Fundichel (voz, 1958). Luego Armando Guerrero sustituyó a Rubio. Llegó a su fin en 1976, pero se reformó brevemente en 1979. Interpretaba covers.

APOCALIPSIS

Agrupación matancera, con un sonido grunge y thrash, y textos en español, se mantuvo activa entre 1991 y 1995. Javier González (bajo), Julio Suárez Castro (guitarra y voz, 1975), Yosmany Arencibia (batería) y Lázaro Villalonga (guitarra, 1975) fueron los fundadores, aunque González dio paso rápidamente a Carlos Comas (1976). Alcanzó estabilidad en 1993, al tiempo que compartía con Arrecifes y Necromorgue, entre otras bandas. Limitó su radio de acción a su ciudad. En 1993 contó también con el cantante Daniel Corra.

ÁREA 313

Tras la ruptura de Undersight, algunos de sus antiguos miembros se reunieron en mayo de 2003 en Holguín para este nuevo grupo: Marcel Soca (teclados, 1976), José Alfredo González "Bonkó" (voz, 1979), Rafael López Leyva (batería, 1985) y Yimmy Parra (guitarra, 1981). El demo *Show me what you got* (2004) mostró la inclinación hacia el metal industrial. En enero de 2006 entró Fabián Rodríguez (1983, guitarra, ex The Bakunin Royal Orchestra) y dos ex integrantes de Needle: el baterista Ricardo Arencibia (1984) y el bajista Luis Raúl Vargas. Se reformuló el estilo, con hincapié en elementos de rock progresivo, concretados en *A shot in the dark* (2006). El grupo se presentó en festivales nacionales y conciertos en su provincia. En abril de 2007 Yair Rodríguez "Yiro" entró como nuevo bajista. Arencibia salió en 2010 regresando López Leyva, y con otro giro en su sonoridad el grupo siguió adelante.

ARENAS, CUMBRES Y ESTRELLAS

Banda de covers que funcionó en Marianao (La Habana) a inicios de los años 70 con Toni Basanta (voz, 1955), Omar Pitaluga (guitarra, 1955), Miguel Rigau (segunda guitarra, 1957), Heriberto Prado (batería) y Evaristo (piano). Desde 1969 algunos de ellos venían trabajando juntos en grupos informales. Tras la separación Pitaluga se unió a Las Flores Plásticas.

ARIA

El cantante Alexander Riera "Tinito" (1974), proveniente de Delirio G, fundó este grupo en 2001 en la localidad de Perico (Matanzas). Sus restantes miembros fueron Edynieski Castillo (teclados), Luar Villalonga (batería), Carlos Izquierdo (guitarra) y Félix Martínez (bajo). Actuó en su provincia, y en agosto de 2009 se desintegró, poco después de un concierto en Varadero con Abstracto.

ARIA

Debutando a quinteto en abril de 2006, como derivación de Sweet Child, este grupo habanero estuvo conformado inicialmente por Maykel Brian Blanco García (voz, 1981), Jeffrey Lozano Valdés (bajo y teclados, 1989), los guitarristas Marciel Miranda y Leonardo Hernández (1990), y Erick Iparraguirre (batería, 1989). Tras la salida de Miranda (quien formó parte de Moncada por un tiempo antes de armar su proyecto High Grass) siguió como cuarteto. En 2012 Maikel pasa a integrar Stoner. Tiene en su haber las grabaciones independientes *Un nuevo yo* (2007), *Aquí estoy* (2008) y *Mucho ruido* (2009).

ARIES

Formado en Holguín en noviembre de 1987 por Alfredo Peña (voz, guitarra, 1971), Alidranad García (batería, 1970) y Ángel Augusto (bajo), aunque para su debut en el cine Victoria entró Rafael López en la segunda guitarra. Poco después Rafael y Ángel se marcharon, pero el grupo siguió como trío con el bajista Nataniel García (1972). Separado en 1990, al pasar algunos a Cuerpo y Alma, se rearmó un año después con Gustavo Adolfo Asencio (bajo, 1975), Amilcar Israel García (voz), los guitarristas Rodolfo Ricardo Ramírez "Fofi" y Alexander Peña Ochoa (ex Luna Negra), y Alidranad. Hacía temas propios de hard-rock con textos en español, colaboró con el colectivo teatral El Duende (dirigido por Carlos Jesús García) y se presentó en su ciudad y otros escenarios, junto a Sectarium, Rhodas, Vortex, Tendencia, Havana y Gens. El puesto de segunda guitarra fue ocupado consecutivamente por José Alberto Calvos (1976) y Fidel Brizuela (1975, ex EPD), mientras Juan Miguel Sanz (teclados) y el bajista Rafael Carlos Calvos (1973) también tuvieron estancias breves. En febrero de 1995 puso fin a su trayectoria.

ARRABIO

Combinando hardcore, rock, reggae y punk, debutó en Trinidad en marzo de 2001 bajo el nombre de Stress, con Daimel Cuervo (1976, ex Green Peace) y Douglas Bravo (1983) en las guitarras, Julio César Bastida (batería), Carlos Galdona (bajo) y Lorenzo Chamero (voz). En diciembre, la salida del cantante provocó la decisión de enfrentar una nueva etapa con otra denominación. Surgió la de Arrabio, manteniendo a los cuatro instrumentistas, mientras la parte vocal fue asumida por Daimel. Desde entonces otros integrantes pasaron por sus filas, como el bajista Amides Basso, el cantante Yialbert Raya, William García Periut (1974) en la segunda guitarra, e Iván

Miguel Díaz "Jimmy" y Leodan Rodríguez (1986) como bateristas. Vinculado a Solidarity Rock, colectivo canadiense de producción que apostó por el intercambio de bandas entre los dos países, actuó junto a Kids On Fire, Hangloose y The Vicious Cycle; además de giras por Canadá en 2012 y 2013, en las cuales alternó con Agnostic Front, Death By Stereo y otras agrupaciones. Echando mano a versiones (Eskorbuto, Pink Floyd) y con predominio de piezas propias (muchas de la autoría del representante de la banda, José Michel García Magariño) grabó los demos *Por creer en ti* (2003), *Punto* (2005), *Así las cosas* (2007) y *Arrabio en vivo* (2010), y los discos *Hecho en Trinidad* y *Live at The Republik* (en vivo en Canadá), ambos en 2012.

ARRECIFES

Surgió en Matanzas en 1990 como trío de heavy-metal con temas propios en español. Conformado por los hermanos Alfredo (voz y guitarra, 1968) y Eric Pérez Bravo (batería, 1970), más el bajista Iván Agulló (1969).

Su única actuación se produjo en marzo de 1993 en la Casa de Cultura Bonifacio Byrne (Matanzas), compartiendo con Apocalipsis y Necromorgue, tras lo cual el grupo terminó. Posteriormente Alfredo intentó formar el dúo Cruces con Julio Suárez Castro (de Apocalisis) pero la idea no fructificó, y pasó a integrar Iceberg.

ARTE VIVO

Con cambios de estilo, instrumentación y personal, arrancó en 1974 como propuesta acústica cercana al free-jazz que derivó hacia el rock progresivo con énfasis en la improvisación y la electrónica. El violinista Alfredo Pérez-Triff estuvo entre los fundadores, pero el despunte real llegó en 1977 con el trío de Mario Daly (guitarra, 1952-1999), Alfredo Gómez (teclados, 1952, ex Los Gnomos) y el baterista Enrique González (1956), formato que en 1978 obtuvo mención especial en el Concurso de Jóvenes Intérpretes de la UNEAC.

En 1980 se sumó Juan Antonio Leyva (bajo y guitarra, 1956, ex Los Takson) y poco después se dio un giro, dejando atrás la obra puramente instrumental, con la entrada de las vocalistas Viviana García (1954-2013, ex Río Bravo) y Tanya Rodríguez (1964), más el apoyo decisivo del productor Enrique Carballea (1956). Vinculado al colectivo Teatro Estudio, se especializó en interpretar música en vivo durante las puestas escénicas, así como bandas sonoras para materiales televisivos (*Rumbo a la salida del sol*, *Los pasos de la guerra*). De este período destacaron temas como *Fanfarria*, *Suite para un danzón*, *Sonata breve*, *Himno*, *Redoble fúnebre a los escombros de Durango* (sobre un texto de César Vallejo), *Estudio sencillo* (adaptación del original de Leo Brouwer), *Punto para un guajiro moderno* y *Trasmutación*.

En 1982 el sexteto se desarmó quedando solo González y Viviana. Con el ingreso de nuevos músicos se abordaron ritmos cubanos, bossa y canciones de la Nueva Trova. La alineación se completó con Marta Duarte (violín, 1958), José Antonio Ermida (bajo), Manuel Ramos (guitarra, ex Géminis), Omar Brito (percusión, 1955), José Antonio Prada (teclados, 1965) y Felix

Betancourt (saxo y clarinete, 1966). Esta etapa estuvo marcada por el respaldo para discos de los trovadores Alberto Tosca (*Aves dentro*) y Noel Nicola (*Tricolor*), actuaciones dentro y fuera de Cuba, y la producción de un álbum que no se llegó a publicar.

En 1989 llegó la tercera encarnación, cuando nuevamente quedaron Viviana y Enrique con William Martínez (guitarra, 1962, ex Sílex), Bernardo Izaguirre (bajo), Rubén Chaviano (violín, 1969), el tecladista Carlos Sarmiento (1967, ex Panorama) y Manuel Camejo (1966) que alternó con Viviana la voz principal, hasta quedar como único cantante a partir de 1990. El hard rock progresivo dominó su sonido (*Estatua de hielo*, *El diario no se desayuna*, *Así como volver*, *Miren que agradable es 23*, *Ráfaga de magia*, *Benditos cuatro*).

Cambios posteriores trajeron a los guitarristas Oscar Martínez (ex Edmund), Jorge Luis Almarales (1967, ex Vértigo) y Emilio Martiní (1972, ex Panorama), y los bajistas Arián Suárez Bragaña y Mario Crespo Martínez (ex Incógnita). Hacia 1994 el grupo incluyó otros miembros y pasó a laborar en Varadero con una sonoridad desligada del rock.

ASGARD

La cantante Glenda González (1987) y el tecladista Richard González Alberto (1987) armaron este grupo en Cienfuegos en mayo de 2009, interesados en tocar material propio, en inglés, y algunas versiones de Nightwish, su banda favorita. A ellos se unieron Eduardo Portal (bajo, 1991), Isarys García (coros, 1991) y Gehnny Riverón (guitarra), usando batería secuenciada para las primeras actuaciones. Su debut se produjo en el evento Rockasol de ese año, en su misma ciudad, compartiendo con Dana, Switch y otros. Poco después se integró Daniel Martínez (1992), en la otra guitarra, y se contó con la colaboración temporal de Fabio Bosch (1985), baterista de Dana.

La salida de Riverón en octubre facilitó el paso de Daniel a la guitarra líder, y la llegada de Adonay Morejón (segunda guitarra, 1980, ex Darkness and Blizz). En abril de 2010 David Necunir (1980) debutó como sustituto de Bosch.

En 2011 se publicó el demo *Oblivion*, y un año más tarde su disco independiente *Neverland* que incluyó, por primera vez, dos temas en español. En abril de 2012 José Darry Silva, quien funge como cantante de Akupuntura, entró como nuevo baterista y se sumó Oscar Mario Reyes en la segunda guitarra. De forma sorpresiva, en enero de 2013, el grupo anunció su separación.

ASKO

Banda creada en Jagüey Grande en diciembre de 2010, se orientó hacia el punk y el hardcore. Grabó el demo *O lokos o borrachos* con Víctor Mesa en la guitarra líder, el bajista Sandy Figueroa, Carlos Alfredo Mena en la batería y Alejandro Ponce en la voz y la segunda guitarra. Los dos últimos músicos participan a la vez en el grupo Street Made.

ÁSPID

Banda punk formada en Bejucal en 1999 agrupó a Mario Miguel García (guitarra y voz, 1982), Raúl Martínez (bajo), Antonio Luis González Corona (voz) y Carlos Vladimir Rodríguez (batería, ex VIH). Duró apenas un año, con algunas actuaciones en su localidad. Tras la separación Mario Miguel fundó Marana Thá (grupo pop-rock de corte religioso), No Parkeo, el dúo Atróvate y Enfusión; mientras Antonio pasó posteriormente a Moncada.

ASTRO

Entre 1986 y 1988 este cuarteto de Alquízar apostó por un repertorio de versiones del rock en español (Barón Rojo, Ángeles del Infierno). Lo integraron Osvaldo Oliva en la batería, el bajista Joel Linares, y los guitarristas Edgar García (1971) y José Enrique Ferrer. En 1988 Edgar, Osvaldo y Joel formaron Káncer (hasta 1990) y FND (entre 1990 y 1992).

LOS ASTROS

A mediados de 1959 Raúl Gómez (1941) formó este cuarteto vocal-instrumental que se convirtió en uno de los más seguidos de La Habana durante inicios de los años 60. Luis Gómez (guitarra), Marcelino Figarola (saxo) y Gerardo López (batería) completaron el formato; Raúl se ocupó de la guitarra y el bajo, repartiendo las voces entre todos.

Su repertorio consistió en instrumentales y versiones al español de temas del rock and roll: *Agujetas color de rosa, Jailhouse rock, Chiquilla loca, Eres el fuego, Vuelve primavera, Los bambinos.* Actuó en la capital, sobre todo en cines y clubes (Olokkú, Sayonara), así como en Varadero, alternando con las principales figuras de ese tiempo. En 1961 la crítica lo seleccionó como la Mejor Agrupación en su modalidad. Separado a fines de 1964, al año siguiente Marcelino y Luis formaron Los Dorados. Más adelante Raúl pasó a Los Bucaneros.

LOS ASTROS

Fundado en los años 70 en Matanzas por el guitarrista Raúl Valdés Lima, Noel Toledo (órgano, 1950, ex Los Deltas) y Tony (bajo), tuvo muchos cambios, incluyendo a la cantante Magaly Bernal (1951) y el bajista Waldo Quintana Mijenes (1956, ex Los Robles) entre otros. Llegó a competir en varios festivales de aficionados. Tras la ruptura Valdés Lima pasó a Estudio Cinco y Tablas. Tenía un repertorio de versiones al rock extranjero.

LOS ASTROS

Aunque en sus comienzos se dedicó a interpretar baladas y versiones (Grand Funk, The Police, Deep Purple, Emerson Lake and Palmer, Creedence Clearwater Revival, Led Zeppelin, Foreigner) hacia el final de su trayectoria incluyó temas propios en español.

Activo en Vueltabajo (Pinar del Río) desde inicios de los años 80, integró a Pedro Roque (batería), Juan Gualberto Ramos (guitarra, ex Los Brutos), Emilio Platt (bajo), José E. Pérez (teclados) y los cantantes Jorge Luis Castro "El Niño" y Felipe Pérez "Loddy Marcos", todos dirigidos por el tecladista Gustavo Arencibia. Se presentó en su provincia junto a bandas como Súnesis y Zeus. Separado en 1992, tras la muerte de Castro en un accidente automovilístico.

ATHANAI

Equidistante del rock, la trova y el hip hop, Athanai Castro Gómez (voz y guitarra, 1972) comenzó como cantautor en La Habana a fines de los años 80. En el decenio siguiente, inspirado por el grunge, su música tomó un acento más rock, combinado con el discurso del rap, siendo uno de los primeros en incursionar en dicha línea. Armó una banda de respaldo que en distintos momentos contó con Rodolfo Torrente "Fito" (1971), Irving Díaz (1966) y Víctor Navarrete (1977) en guitarras, Ludwig en la percusión, Karel Escalona (batería, 1976), Haruyoshi Mori (bajo, 1976), Osier Fleitas, Oscar Arias Ruiz (1977) y Lizzy Gutiérrez (1977) en los teclados, y la corista Ileana Wilson (1964).

Tras algunas grabaciones con las que accedió a la difusión, publicó el disco *Séptimo cielo* (1997) a instancias de Miguel Bosé, con colaboraciones de Carlos Varela, Andreas Prittwiz, Tino Di Geraldo y varios músicos españoles. Produjo el debut discográfico del grupo de hip hop Primera Base (*Igual que tú*, 1997); colaboró como compositor y productor para la cantante española Rosario (*Jugar a la locura*, 1999) y tras instalarse en España siguió publicando discos, haciendo esporádicas actuaciones en Cuba.

ATLANTYS

El trío habanero de Esteban Puebla (teclados, 1965), William Martínez (guitarra, 1962, ex Cráter) y el baterista chileno Alejandro García (1966) grabó en 1987 una versión rock de *Pavana para una infanta difunta* (Maurice Ravel) que, remezclada al año siguiente, fue usada por el Ballet Nacional de Cuba. En 1988 se amplió a cuarteto con Luis Orlando Manresa (bajo, 1965, ex Raíces Nuevas). Fue banda temporal del trovador Vicente Feliú, y figuró en el cortometraje *Nada* del cineasta Samuel Larson, para la Escuela Internacional de Cine y Televisión (San Antonio de los Baños). En el verano de 1988 el trío original más Abdel Gallegos (bajo, 1959) respaldó al bolerista Reinaldo Vázquez, pero la experiencia terminó cuando Esteban se unió a Síntesis en agosto. Su línea de trabajo era el rock sinfónico instrumental.

LOS ATÓMICOS

Grupo de covers formado en Marianao (La Habana), activo en la segunda mitad de los años 60. Lo integraron Ramón González (cantante), Néstor Godínez (batería), Jesús Valdés y Anselmo Gutiérrez (guitarras) y Armando Gola (bajo, 1954). Fue el embrión de Los Takson cuando Jesús decidió continuar sus estudios de Derecho, entrando Julio Ley, con lo cual llegó el cambio de nombre.

LOS ATÓMICOS

Fundada en Ciego de Ávila, se mantuvo tocando versiones del rock foráneo entre 1966 y 1967. Conformada por Flavio Pérez (bajo), los guitarristas José Rafael Martínez "Pupy" (1951), José Hidalgo "Cuchi" y Servando García, Leonel Dobao en el órgano y Pedro Bustelo como baterista. Más adelante se convirtió en Los Lassers.

LOS ÁTOMOS

Formado en 1965 en La Habana por el bajista Armandito Sequeira (1937), quien tenía una sólida trayectoria como jazzista, el grupo respaldó el primer disco de la cantante Luisa María Güell. Llegó a ser profesional, actuando en escuelas, cines, carpas, fiestas privadas, centros de trabajo, radio y televisión. Contó también con el baterista Enrique Illa (1939, ex Los Ultrasónicos) quien asumió la dirección tras la salida de Armandito, los guitarristas Mario Vázquez (1951) y Carlos Enrique García (1950), el pianista Cristóbal Herrera, el bajista Francisco Valdés Torres, y el cantante Manolo Sabín (1949), con la participación ocasional de Jorge Bruno Conde (1948-2008) como vocalista. Funcionó hasta 1967 con versiones (Rolling Stones, Los Brincos, The Kinks y más). Luego Sabín pasó a 6L6.

AVALANCHA

Compuesto por Héctor Morales (voz), los guitarristas Guillermo Giz y Nguyen Chiu, Juan Pomo en la batería y el bajista Roberto Borges, funcionó brevemente en La Habana, en la segunda mitad de los años 80. Luego Chiu pasó a Horus.

AVENIDA X

Banda de Holguín fundada a inicios de 1997. Alexander Jorge Parra (guitarra, 1972, ex Ley Urbana) se integró al proyecto llamado Blizard, con Frank Martínez (batería, 1976), Raúl Algarín (bajo) y el cantante Osney Cardoso (1976), con lo cual se adoptó el nuevo nombre. Hizo actuaciones junto a S.O.S. y dio paso a Mephisto al año siguiente.

AZAZEL

En abril de 1992 dos ex componentes de Vértigo, el baterista Randol Mena y Manolo Castro (guitarra, teclados y voz), junto a los hermanos Ariel (bajo) y Manuel Varela (guitarra, 1970), ambos ex Infestor, formaron este grupo en Santa Clara, cultivando un heavy metal en español. Pese a lo efímero de su trayectoria actuó con frecuencia en Sancti Spíritus, Placetas, Caibarién y su ciudad natal. Separado a inicios de 1993, dejó un demo con 4 piezas propias (*Con las manos atadas*, 1992*)* y un par de videos exhibidos en el telecentro provincial.

AZOTOBACTER

Creado en Santa Clara en abril de 2005, como derivación de Calles, bajo la dirección de Douglas Pérez (batería, 1979), ha pasado por múltiples cambios de integrantes, a la par de mantener una fuerte presencia en festivales y conciertos, sobre todo en la zona central de la isla. Se inclina por el thrash con repertorio propio en inglés y español. Entre los músicos que han formado parte del grupo están los guitarristas Marcos López, Juan Enrique Paz Viera (1969), Dennis López (Perú,1982), Maykel Ramos, Alejandro Ordetx, Lester Conde (1989, ex New Life), Jorge Damián Triana (1976, ex In The Skin) y Roberto Vera; el bajista Dariel Ramos (1983), y los cantantes Liorki Martínez (1982) y Conrado Morales (1976, ex Downtrip). Desde 2011 adoptó una línea paralela de trabajo, empleando el nombre Harsh. Ha grabado los demos *Welcome to machine* (2006), *World of pain* (2007), *Abbatoir of my feelings* (2009), *Ruedas de un tren* (2009) y *The wreck of it all* (2010). En noviembre de 2009 hizo varias actuaciones en México.

B-612

Grupo de Habana del Este activo a inicios de 2002, no duró mucho tiempo. Entre sus integrantes estuvieron los guitarristas Neyver Díaz, Andrián Pérez y Yasser Canet (1985, ex Chamber 32), Michel Casal (batería) y Arley González (bajo, ex Jake Mate). Tenía temas propios en español y un sonido cercano al rock melódico. Dejó el demo *En un solo sentido* (2003).

LA BABOSA AZUL

Uno de los varios proyectos de Ciro Díaz Penedo (1976), guitarrista de Porno Para Ricardo, dedicado a sus composiciones. Para grabar se auxilia con el baterista Renay Kairús, Durley Peña (bajo, 1981), Junior Alfonso (1984) y William Martínez en las guitarras, y el trompetista Carlos González, entre otros.

Además del demo *Idioteces urbanas* (2007) aparece en el DVD *Desorden en el sótano* (2011) junto a Arrabio, Limalla y Adictox. En 2006 Ciro grabó un demo con otro de sus proyectos, Take Your Cover Here.

BACK SPACE

Tres ex miembros del grupo habanero AM armaron Back Space en febrero de 2011: Jennifer Batista (teclados, 1992), Alexander Martínez (voz y segunda guitarra,1986) y Ernesto Medina Piñón (batería,1986), junto a Roger Mario Fuentes (bajo, 1989, ex Andrea). Eduardo Angulo (guitarra, 1991, ex Equilibrio) y Yeima Clark (percusión y voz, 1987).

Se centró en los covers del rock anglosajón (Journey, Toto, Whitesnake, No Doubt, Elvis Presley, Van Halen, Beatles, Blondie). A fines de 2011 salió Fuentes, y tras una breve estancia de Hermes, se integró Mercedes Caron (1991). Ha compartido con diversas agrupaciones y participó en el homenaje a Jon Lord efectuado en el teatro Karl Marx en noviembre de 2012.

BANDA AMÉRICA

Incursionando sobre todo en los covers (Deep Purple, Rolling Stones, Toto, Beatles) y también con temas propios dentro del rock latino aunque incorpora asimismo ritmos bailables cubanos y foráneos (reggae, bachata, bolero, merengue) el grupo se formó en Holguín en agosto de 2009, debutando en el club La Caverna. Integrado por ex músicos de otras bandas, incluyó a Javier Lorenzo Meneses, Tatiana Revé, Leandro Amador, Alexis Cadet, Leonardo Martínez (percusión, ex Los Beltas) y Pedro Guerra Mora (bajo), con la dirección del baterista Jaime Cruz Sarmiento (ex Kontack). Ha actuado en eventos diversos, incluyendo el festival Arañando la nostalgia que se organiza en su ciudad.

BANDA DE MÁQUINAS

Edesio Alejandro (La Habana, 1958), ex bajista de Unión Simple, Climax y el grupo acompañante del cantautor Amaury Pérez Vidal, además de incursionar con éxito en la música electroacústica y para audiovisuales, formó este trío en diciembre de 1988, en el cual fue guitarrista, tecladista y cantante, junto a Manuel González Loyola (teclados y coros, 1962) y Mariano Agüero (percusión, saxo y coros), fusionando funk, rock, ritmos tradicionales cubanos, hip hop y techno. Hizo actuaciones en televisión y teatros.

En junio de 1990, con el nombre acortado a Mákina, protagonizó Kilómetro cero, un concierto en la capital, con Tanya, el colectivo danzario Tiempo y Dagoberto Pedraja como invitados. Inmerso en sus composiciones para cine, teatro y ballet, colaboró junto a Mario Daly, Chely Lima y Alberto Serret en la creación de *Violente,* primera ópera-rock en Cuba, que se presentó en escenarios habaneros en 1987 y 1988, con el propio Edesio en uno de los roles protagónicos, junto a la actriz Cristina Rebull. Más tarde se enfocó en la producción y de manera circunstancial retomó el rock en algunos de sus trabajos.

LOS BARBA

Formado a sexteto en 1967, dentro de la habanera Escuela de Música Moderna, por el núcleo de José Luis Pérez Cartaya (órgano y dirección, 1945-1975), Miguel Díaz (voz y segunda guitarra, 1948), Daniel Palacios (saxo alto, 1949) y Alfonso Fleitas Quicutis (guitarra, 1946-1979), incluyó más de 30 músicos en su trayectoria, aunque la etapa centrada en el sonido del rock, funk y pop sólo alcanzó hasta inicios de los años ochenta.

Entre ellos estuvieron los guitarristas Jorge Fernández "Pepino" (1953), Jorge Luis Valdés Chicoy (1955), Juan Antonio Leyva (1956), Omar Pitaluga (1955), Miguel

Llorens, Radamés Upierre (1957), Eudaldo Antunez (1952), Roger Acevedo, José Luis Beltrán y Luciano Rodríguez "Chany" (1949); los bajistas Jorge "Nuevitas", Rolando Ojeda, Mario Moro (1950), Roberto Menéndez, Juan Carlos González y Armando; los tecladistas Juan Carlos Valladares, Rafael Mariño (1954) y Orestes Piñol (1952); los saxofonistas Lázaro Barrizonte y Manuel Arbelo (1942); los bateristas Miguel Franquis, Jorge Vázquez, Carlos Almaguer (1949, ex Los Centurys), Héctor Barreras "Ringo" (1951-2009), Ignacio Cao (1956, ex Los Takson), Edwin Danilo Morales "Tito" (1948-1980), Bernardo García (1950), Horacio Hernández "El Negro" (1963) y Ruy López Nussa (1957); Daniel Díaz Justi, Álvaro Collado (1949) y Edmundo Pina (1951) en el trombón; los trompetistas Víctor Luis Rodríguez, Mario del Monte, Osvaldo Olbera (1950) y Edilio Morales, y los percusionistas Rolando Brito, Rolando Valdés, Ángel de la Osa y Manuel Torres, además de Beatriz Márquez, Mireya Escalante, Orlando Bernal Ruiz, José Armando Suárez y Alejandro Castillo (1958) que trabajaron como cantantes en distintos momentos. Respaldó a Mirtha & Raúl y el cuarteto Los Britos en grabaciones. Su condición de profesional le permitió acceso a la televisión y giras nacionales, incluyendo su actuación en el festival Varadero 1970, y pese a su repertorio de temas propios, apenas grabó tres discos sencillos y algunas cintas para la radio.

Sobresalieron sus piezas *Guitarra en twist, El valle de los escarabajos, Dos felicidades, Mercycha, Al sonar la hora, Dama de todos mis sueños, Las tardes, Debe ser, Resolución, El cristal, Al pasar el tiempo*, y versiones de *On bembe on bamba* (Los Kents) y *Es tiempo de terminar* (*Honky tonk women*, de Rolling Stones) entre otras.

El 24 de febrero de 1975, al regreso de una presentación en Pinar del Río, el ómnibus que conducía al grupo sufrió un accidente donde perdieron la vida Cartaya, Jorge Vázquez y Víctor Luis. Durante un tiempo Quicutis y Moro compartieron estancias entre Los Barba y Los Kents. Separado en abril de 1993.

BARRIO ADENTRO

Grupo punk habanero fundado en septiembre de 2005, en el reparto Aldabó tras la ruptura de Mysteris. La alineación original tenía a Pedro Sainzen (bajo, ex VIH), William Pacheco (guitarra, 1980, ex Mysteris), el baterista Ray Mora (1982, ex Darkening) y Sergio Morales en la voz, aunque también cantó por un tiempo Marcos Díaz, antiguo baterista de VIH. Cuando William pasó a LCD llegó Ciro Díaz Penedo (1976) de Porno Para Ricardo, como colaborador provisional para grabaciones y conciertos. En 2007 entró Víctor Feliú (guitarra, 1974) sustituido después por José. La banda llegó a su fin tras un accidente de Morales, con lo cual Mora se unió a Magnum. Dejó el demo *Condenado* (2007).

JORGE BAUER

Nació en La Habana en 1935, debutando como cantante, actor y bailarín en Cadena Azul (radio) y Escuela de la Televisión (TV). Reconocido como "chansonnier" en inicios de los cincuenta, se dedicó al rock and roll desde 1956, primero como George Bauer, respaldado por algunos combos y las orquestas de Rafael Somavilla y Pepe Reyes. Junto a sus actuaciones por todo el país en clubes, teatros, cabarets, carpas, cines y otros escenarios, se presentó también en Venezuela (1959) y El Salvador y Jamaica en 1960. Se mantuvo activo hasta la segunda mitad de los años 60, adaptándose a otros ritmos de moda como el calipso, antes de emigrar. Entre sus éxitos estuvieron *La risa nerviosa* y *El día que te conocí.*

BCY

Banda habanera que funcionó en la primera mitad de los años 80, con un repertorio de versiones (Foreigner, Rush). La integraron el guitarrista Ulises Seijo (1959), Eduardo Seijo (bajo, 1953), Carlos Alberto Cecilia (1964-1986) en los teclados, Julio (voz) y el baterista Rolando Flores, luego sustituido por Rodolfo Rodríguez (1964). Más tarde algunos pasaron a Trébol.

LOS BELGAS

Creado en julio de 1966 en la Universidad de Santa Clara, incluyó a muchos músicos en una trayectoria que se extendió hasta inicios de los 70.

En las voces estuvieron Blaquita Calderín y Mirna Campos (1950, también tocaba vibráfono), los bajistas Gilberto Peralta (1948), Carlos Bermúdez (1947), Ricardo Campos y Omar Sarduy; los guitarristas Jorge Luis Gálvez, Felipe Torres García (1946) y Carlos Pariente; los percusionistas Leonel Vázquez, Gregorio Vega, Germán Valido y Clemente Arnaiz; Germán Travieso, Jesús Frómeta, Juan Abel Portales "Piti" y Joaquín Zaragoza de bateristas, y en los acordeones María de los Ángeles González, Carmen Fernández, Marlén Peralta y María Adela Miguel. Además de acompañar ocasionalmente a algunos solistas locales, se presentó en fiestas, festivales de aficionados y actividades culturales en la región central, Guantánamo, Camagüey y La Habana. Interpretó versiones cantadas e instrumentales del pop internacional, así como piezas propias y de autores como Meme Solís, Juan Formell y Silvio Rodríguez.

LOS BELTAS

Especializado en versiones de Beatles y otros exponentes del rock anglosajón, este grupo comenzó en Holguín en 1986 bajo la dirección del cantante y pianista José Farrán Rubio, quien había formado parte de varios combos en el decenio anterior. Como integrantes originales figuraron el bajista Luis Escalona Salas, Eduardo Artola (guitarra) y Leonardo Martínez (batería). La primera alineación tuvo cambios con los pasos de Rudy Almaguer y Jorge Rafael Puig (batería), Guillermo Eduardo Aguilera (guitarra) y Wilfredo Oscar Diéguez (bajo).

Separado a fines de 1996, regresó en 1999 con variables miembros: los tecladistas Roger Antonio Portelles y José Aldana; Daniel Marín Céspedes y Osmel Peña Castillo (ex Rolling Stars) como cantantes, Pedro Guerra Mora (bajo, ex Banda América), Roger Ríos, Raúl Castaigne, Luda Herrera Rosales y Rafael Almaguer, entre otros. De manera general mantuvo su trabajo de covers, con presencia habitual en festivales y actos culturales en su provincia.

BIG BEN

Grupo del reparto Víbora Park (La Habana) debutó en marzo de 1972 con Armando Llorent y Francisco Diez (1957) compartiendo las guitarras y voces, y los hermanos Mainegra: Roberto (bajo, 1955) y Tomás (1954) en la batería. Poco después se agregó el cantante Frank Javier Armenteros. Actuó fundamentalmente en fiestas tocando piezas de Grand Funk Railroad, CCR, Deep Purple, Santana y otros. En 1973 Félix "Felito" sustituyó a Armenteros, y a finales de ese mismo año Tomás fue llamado al servicio militar, entrando Ricardo Martín en su puesto. Sin embargo, en enero de 1974 el grupo tocó por última vez. Más tarde Roberto integró Los Rolands, y Diez fundó OVNI.

BLACKMAIL

Trío grunge formado a inicios de 1996 en Boyeros. Actuó varias veces junto a VIH y se separó sin haber llegado a grabar. Lo conformaron Carlos Vladimir Rodríguez (batería, luego pasó a VIH), Luis Montero (bajo y voz,1975) y el guitarrista William Lavastida (1976) quienes dieron vida a Tribal.

BLACKOUT

Banda de Cumanayagua (Cienfuegos) formada en enero de 2008, comenzó actuando en su municipio y compartiendo con Asgard, Mordor, Dana y otros. Los músicos originales fueron Osmay (voz), Rayner Nieblas (segunda guitarra, 1983), Felipe Vilches (bajo, 1986) y el boliviano Rodrigo R. Cano como guitarrista. Al igual que muchos grupos no capitalinos, usó programaciones rítmicas ante la ausencia de un baterista. En 2010 Osmay y Rodrigo salieron de sus filas, entrando Lester Barrios (1994) en la voz –tras una breve etapa con Eibel– y César Alejandro Martínez se hizo cargo de la segunda guitarra (hasta agosto de 2012) mientras Rayner asumió el liderazgo de las seis cuerdas. Desde el inicio se enfocó en hacer versiones (Lamb Of God, Iron Maiden, Arch Enemy, Sepultura) mientras preparaba repertorio propio.

BLACKULT

Dueto de black metal formado en Puerto Padre, debutó en agosto de 2012 en su ciudad, con Agonizer, Ancestor y Dark Mill. Héctor Rojas Prado "Necromancer"(1991) en la guitarra y voz, y el bajista Germán Pérez "Nebula"son la dupla central, auxiliados por Leonardo Ávila"Sorath" (batería, ex Bloodshed) en sus días iniciales. Desde entonces comenzó a actuar en festivales y conciertos compartidos con otras bandas. En 2013 sacó el demo *Black metal army*.

DAVID BLANCO

Cantante, compositor y multi-instrumentista, nació en La Habana en febrero de 1980. Pasó por A-19, Proyecto Hola, Kámara Ganma y Moncada antes de decantarse como solista en abril de 2001. También colaboró con Iván Leyva, Roberto Perdomo y Gerardo Alfonso, entre otros. Aunque en sus discos y repertorio en directo prioriza el material propio, también acude de manera eventual a algunas versiones del rock anglosajón. Ha actuado en escenarios nacionales, así como en España. Por su banda han pasado, entre otros, los guitarristas Rodolfo Torrente "Fito" (1971), Ernesto Blanco Ponsoda (1985), Nelson Rodríguez Herrera (1976) y Ronny Michel Blanco (1987); los bateristas Emilio Veitía (ex Superávit), Claudio Pairot (1984, ex Tesis de Menta) y Richard Castillero (1976), los bajistas Giordando Serrano (1976, ex Qva Libre), Mariela Rivas y Geovani González (1973), la percusionista Yaimí Karell (1980) y la tecladista Isis Flores (1974). Ha escrito música para televisión, además de colaborar y producir a otros artistas. Los álbumes *Tengo para dar* (2002), *El despechao* (2004) y *La evolución* (2008) muestran su inclinación al rock latino.

ERNESTO BLANCO

El guitarrista, compositor y cantante Ernesto Blanco Ponsoda (1985) trabajó en sesiones para Isis Flores, Haydée Milanés y Ogguere, entre otros, además de integrar la agrupación de su hermano David. De modo paralelo se decantó por una proyección como solista. En septiembre de 2009 presentó su trío con el bajista Giordano Serrano (1976) y el baterista Claudio Pairot (1984). El álbum debut, *Kilómetro cero* (2010), evidenció un sesgo rock-pop que se mantuvo para el segundo, *Abre todas las puertas* (2012), con más énfasis en lo instrumental.

BLIND BRAIN'S FACTORY

Banda grunge de Camagüey formada en octubre de 1996, debutó en febrero del año siguiente, junto a Cosa Nostra. Manuel Herrera Boudet (bajo y voz, 1976), los guitarristas Eduardo Pena Chiang (1976) y Serguei Hernández "Ovish", y el bajista Manuel Alejandro Carro se mantuvieron activos poco tiempo, interpretando piezas propias en inglés. De manera paralela Boudet, Serguei y Pena llevaron el proyecto acústico Teething Scarecrows entre 1997 y 1998, con algunos invitados, grabando el demo *Mental release while bed-ridden* (1997).

BLINDER

Formado tras la ruptura de Médium, en noviembre de 1998, en Santa Clara, con Erick Domenech (voz, 1970), Vaniet Gil (bajo, 1978) y Michel Martínez (guitarra, 1982), empleando máquina de ritmos (rasgo que se convirtió en distintivo durante mucho tiempo), incursionó en el death metal. Con una producción que abarca los demos *Transhumanos* (2000), *Opción cero* (2001) y *Cultura del miedo* (2007), junto a compilatorios cubanos e internacionales, el grupo se mantiene activo compartiendo con bandas del patio y foráneas, además de sostener su peña Metal Bélico.

Domenech ha sido el único miembro estable en todas las mutaciones, contando con los guitarristas Gerardo Ríos (ex Firmament), Reylan Cortez, Aldo Díaz, Yoandy Prieto (ex Cry Out For) y Yoandri Broche; los bajistas Karel Fleites (1985, ex Eskoria) y Asley de Armas, Johana Arronde en los teclados, y el baterista Reynel Rodríguez Estevez. Clasifica entre las agrupaciones más sólidas del metal hecho en Cuba.

BLOOD HERESY

Formado en Matanzas en diciembre de 2007, por ex miembros de Amenthis, grabó el demo *Self revolution* (2008). Ha incluido a los guitarristas Michel Gómez Marrero y Daysel Chávez López, el cantante Dylan Delgado, los bajistas Gianny Hernández, Hansell Sobredo (1982) y Yoandy Pérez Campos, y los bateristas Jordany Pérez (1983) y Lázaro Mena. Se ha presentado sobre todo en su ciudad natal y eventos como Atenas Rock, pero también en La Habana y la zona central del país. Apuesta por el material original, en la línea del metalcore ligado al thrash. En 2009 continuó con el demo *One live, one shoot.*

BLOODSHED

Grupo cultor del death metal melódico, se formó en abril de 2009 en Manzanillo. Con presentaciones en su ciudad y otras zonas, actuó también en un homenaje a John Lennon, en Santiago de Cuba, en 2010. Dirigido por Juan Miguel Cañete Rodríguez (guitarra), ha contado con los cantantes José Bárbaro Flores y Eric Luis Fernández, el bajista Damiany Rodríguez Martínez, y Leonardo Ávila y Lázaro Isidro Hernández en la batería. Se mantiene activo hasta la actualidad.

BLUE REY

Aunque la inclinación básica de este proyecto fue hacia el blues, la presencia en su repertorio de temas de rock-blues lo coloca dentro de esta historia. Fundado en Pinar del Río, funcionó entre fines de 2011 e inicios de 2012. Fue un trío conformado por Pedro Luis Remis (voz, 1985) –quien se desempeñaba como editor de un fanzine de rock– y los integrantes de Médula, Reinaldo Martínez Perugorría (guitarra y programaciones) y Marco Antonio Alonso (saxo).

En sus conciertos aparecieron distintos invitados: Ricardo Pérez (guitarrista de Slancio Jazz Trío), Alina Grischenko (violinista de la Orquesta Sinfónica Provincial), Javier Suárez (guitarra) y Mayelín Contreras (voz). Llevó a sus audiencias clásicos de B. B. King, Robert Johnson, Jimi Hendrix, Anthony Newley, Tom Waits, John Lee Hooker, Bill Withers, J.J. Cale, ZZ Top y Chuck Berry.

LOS BLUES

En septiembre de 1963, Gerardo Mustelier Magaña, Antonio Saburín González, Rosendo Ferrer Calderón y Aníbal Lahera Medina formaron un cuarteto vocal en Santiago de Cuba, para cantar calipsos, baladas y rhythm and blues, influidos por The Platters y Los Zafiros. Debutó en 1964 con el apoyo instrumental de Los Bikin, y en 1969 se convirtió en una banda con la entrada de varios músicos, aunque su trabajo se fue distanciando del rock debido a exigencias laborales. A finales de los 90 regresó con Mustelier en la dirección, rescatando un repertorio con canciones del pop y rock foráneos, en inglés y español, junto a otros géneros. En la nueva etapa ingresaron Annaloys Mahy Pallás en los teclados y voces, Roberto Carlos Sánchez (bajo y voz), Yacel Cabrera en la batería, la vocalista Odalis Miranda, José Marcial

La O en el piano, Gonzalo Fernández Brizuela (guitarra y voz) y Guillermo Mustelier Sánchez (percusión).

BLUES CONNECTION

Después de figurar en bandas como Hadez (1997-1999), Áncora (1999-2000), Golden Rock Era (2002-2004), Saxum (2005-2006) y Pedro Reyes y La Década, el guitarrista Ariam León Quintero (1981) armó este grupo en Sancti Spíritus, debutando en febrero de 2011 con Miguel Ángel Valdivia (batería, 1962), Aynel Zequeira (bajo, 1980), Yurisbel Amaya Valle (voz y teclados, 1987), la cantante Carmen Alicia Ávila y Marcel Díaz Ramírez (1986) en la guitarra acústica y coros. Participó en festivales de rock presentando un repertorio de versiones (Pink Floyd, Eric Clapton, Nirvana, Coldplay, Gary Moore, Led Zeppelin, U2, Deep Purple, Beatles, Red Hot Chilli Pepper). A fines de 2012 entró Miguel D´Oca (voz y guitarra, 1960, ex Sociedad Habana Blues) mientras el grupo trabajaba en Varadero.

BLUESPIRIT

Inactivo en la escena musical desde 2007, el baterista Javier Leiva (1964) decidió formar un trío de blues-rock y hard rock en Santa Clara en diciembre de 2013. El bajista Landy Chaviano (de Adictox) y Wilfredo Rodríguez (voz y guitarra, 1970) con estancias en Warm Revolver y otros grupos completaron el elenco. Incursionó en temas propios (instrumentales y cantados en inglés) y covers.

BLUESY KID'S STUFF

Proyecto efímero de rock-country y blues instrumental debutó bajo la dirección de Julio César López "Pachy" (guitarra, 1969) en diciembre de 1994 en El Patio de María. Arnaldo González (segunda guitarra), Herbert Pérez en el violín, Juan José Pestana (bajo, 1973) y Leonardo Ángel Rodríguez (batería, 1971) completaron un elenco que no tuvo continuidad. Cada uno de ellos pasó a otros grupos tras esta experiencia.

BLUSTER

Quinteto matancero fundado a fines de 1996. Cultor del metal extremo con temas propios en inglés, estaba integrado por Raidel Armas (voz, ex Delta), Yosbel Blanco (bajo), el guitarrista y director José Manuel Blanco, y dos músicos provenientes de Libitum: Jorge Sanz en la segunda guitarra y el baterista Ronier Pajón. No llegó a concretar la grabación de un demo a inicios del siguiente año y se separó.

LA BODEGA DEL BLUES

Exponente de una escena afín al blues y el rock-blues en la primera década del siglo XXI, se formó en Cienfuegos con músicos latinoamericanos (la mayoría eran estudiantes de ciencias médicas) y cubanos. Los originales fueron José Luis de la Masa (guitarra y voz),

Gustavo Furio (guitarra, voz y armónica), Daini (bajo) y Pável (batería). Alcanzó consistencia con Masa, Furio, Martín Galdín (voz y guitarra rítmica), Ángel Fernández en la batería, Lisandra (saxo) y Enmanuel (percusión). Tuvo una peña estable con invitados como Sociedad Habana Blues, Póker Club y otros.

BOLSA NEGRA

En la ola colectivista que exploró los nexos entre trova y rock, el cantautor Luis de la Cruz (Camagüey, 1969) armó este grupo en La Habana, en julio de 1995. Antes había hecho colaboraciones con Rhodas y varios músicos de su ciudad natal, pero esta nueva aventura lo involucró de modo más directo al rock y su estética.

Los guitarristas Julio César López "Pachy" (1969), Nelson Rodríguez Herrera (1976), Irving F. Díaz (1966), Dagoberto Pedraja (1957) y Rodolfo Torrente "Fito" (1971); los bateristas Karel Escalona (1976), Leonardo Ángel Rodríguez (1971) y Richard Castillero (1976) y los bajistas Jorge Gámez "Yoyo" (1966), Geovani González (1973) y Abdel Gallegos (1959) transitaron por la agrupación, que hizo conciertos en la capital y Camagüey, además de viajar a Argentina en noviembre de 1997. A finales de 1996 se grabó el disco *Otras mujeres* que se publicó en 1997 al crédito de su líder. En el verano de 1999 Luis decidió desarmar el grupo.

BOOSTER

Proyecto circunstancial de electrometal creado a inicios de 2002 por Jorge Marín (guitarra, programaciones y bajo, 1970, ex Combat Noise) y David Blanco (voz, 1973, ex Cosa Nostra). Grabó el demo *The call* con música original. Más adelante Marín se dedicó a la producción aunque siguió como instrumentista activo y se enroló en otras bandas.

BOUQUET

Dirigida brevemente en sus inicios por Johnny, estudiante paraguayo de medicina, junto a Pável Cama (guitarra) y Aivis Prieto (voz), comenzó en Cienfuegos, en mayo de 2003. Su repertorio se nutrió de versiones (Beatles, Soda Stereo, U2) aunque poco a poco las canciones propias se abrieron paso. La entrada de Alejandro Alujas (segunda guitarra), Ariel López Home "Gato" (bajo, 1979) y Dayron Cruz Díaz (batería) completó la alineación más estable. Mantuvo una peña fija e hizo actuaciones en diferentes foros y eventos. Grabó los demos *Rock experimental*, *Fantasma*, *Sigue a tu presa* y *El retorno*, que combinaron temas originales y arreglos a composiciones de la música tradicional cubana.

LUIS BRAVO

Nacido en Palma Soriano, en mayo de 1942, comenzó de manera profesional a finales de 1958 en La Habana, tras formar parte brevemente de Los Rítmicos en su pueblo natal. Fue el cantante solista más destacado del rock hecho en Cuba en la primera mitad de los años sesenta. En el molde de otros rocanroleros de su tiempo (versiones en español de los éxitos

LOS BUCANEROS

LUIS BRAVO

LOS BULE BULE

LOS BUITRES

BLOOD HERESY

BURBLES

BLUES CONNECTION

BUTCHER

LOS CAGUAS

C4 (HABANA)

CARTÓN TABLA

CAMADA

CANCERBERO

LOS CENTURYS

CENIZAS DE ACERO

LOS CINCO DE ARMANDITO SEQUEIRA

LOS COLUMBUS

CLAIM

CHLOVER

COMBAT NOISE

CONGREGATION

COSA NOSTRA

EL COMBO DE GILBERTO

DARK MILL

CRY OUT FOR

C- MEN

CUARTO ESPACIO

DEMENCIA

DAGO

LOS DAN

LOS DADA

DARKNESS FALL

DANA

DEBAJO

DEAD POINT

DELTA (HABANA)

LOS DIAMANTES (CIENFUEGOS)

LOS DC5

LOS DORADO'S

DIMENSIÓN VERTICAL

LOS DETENIDOS

DIADEMA

LOS DINÁMICOS (HABANA)

foráneos del género) recreó temas de Ricky Nelson, Paul Anka, Neil Sedaka, Wanda Jackson, Cliff Richard y Elvis Presley, entre otros. Escribió algunas canciones y adaptó al slow rock piezas de autores como Frank Domínguez y otros, con arreglos de Juanito Márquez y Eddy Gaytán.

Se presentó en cines, clubes, carpas, cabarets, teatros, radio y televisión, así como una gira nacional en 1960, a veces con un grupo acompañante, y otras solo con su guitarra. Antes de emigrar en 1963 grabó discos sencillos y dos álbumes de larga duración, con éxitos como *Elenita, Joven sin amor, Oh Carol, El fantasma del circo, Tiernamente, Adán y Eva, Nunca en domingo* y *El turista*. Falleció en 1997 en Estados Unidos.

BREAKING BLESSINGS

Banda con temas propios en inglés en las direcciones del metalcore y deathcore, más algunos covers ocasionales, se formó en La Habana en febrero de 2011 con Pedro Trujillo (guitarra, 1995, ex Lost in Hell), Alberto Cartaya (guitarra, 1994, ex Born In Flames), Ismael Posada (voz, 1988, ex Resaka), José Antonio Muñoz (batería, 1992) y Pedro Luis Bertol (bajo).

A los pocos meses Eric Jáuregui (1995) entró como bajista, pero abandonó sus filas en octubre de 2012 después de la grabación del disco *Inside my mind*, siendo reemplazado por Fernando Peña. Emmanuel Duarte se había incorporado poco antes en la batería. Ha compartido con agrupaciones capitalinas en conciertos y festivales.

BREAKING DEATH

Fundada en febrero de 2007, esta banda de metalcore de Camagüey hizo su debut en octubre del propio año junto a Grinder Carnage. Acto seguido se presentó en varios festivales (Sonidos de la Ciudad, Rockrevolución) y conciertos. Incluyó a Iván Gude Scrish (voz), Oscar Daniel Pulido (batería, 1988), Dimas en el bajo, y Rodolfo Valentino Acosta "El Tecla" (guitarrista que había pasado antes por Monserrat, Junkies y Vortex).

BREAKING THE SILENCE

Tras la desintegración de Mordor surgió este proyecto cienfueguero en mayo de 2013. Encaminado al punk y metalcore con material propio en español, se formó con los guitarristas Dairon Luis Santana (1987) y Alejandro Sainz (1987), Launys Prieto (samplers), William David Roura (voz), Javier Sánchez Guerra (batería, 1992) y el bajista Laynoll Díaz (1981).

LOS BRISTOL

Quinteto formado en Marianao (La Habana) en 1965 tras la separación de Los Tornados con algunos de sus ex integrantes: Juan Sebastián Montes "Chano" (1951) y Julian Maneiro en guitarras, Roberto Oliva en el bajo, el baterista Rogelio Rivero "Yeyo", y Felipe Ochoa Cruz (1948) como cantante. Apenas duró un año, actuando en fiestas privadas y populares, con versiones que iban desde temas de The Beatles y The Shadows, hasta *Noches de Moscú* (en la recreación de Ken Ball).

LOS BRUTOS

Formado en Pinar del Río, en 1966, su alineación más estable la integraron Tony López (guitarra y voz), Juan Gualberto Ramos (guitarra), Rodolfo Igarza (bajo y teclados), Mario Rosarena (batería), Osvaldo Álvarez (cantante) y Pedro Pérez (teclados y bajo). Hasta inicios de los 70 se dedicó a interpretar versiones del rock anglosajón y español. Hacia mediados de esa década incluyó una sección de metales con Felito y El Niño en las trompetas y Rodolfo Santana (saxo) así como Vicente en otra guitarra, con versiones de Blood, Sweat & Tears y Chicago, pero pocos años después desapareció. Tony pasó entonces a Tercer Mundo, y Ramos a Los Astros. En 1998 hubo una reformación tentativa con algunos de los originales.

LOS BUCANEROS

Considerado uno de los cuartetos vocales más destacados, comenzó en 1958 en La Habana dirigido por Roberto Marín (1936), único integrante fijo en todas las alineaciones, y que había sido parte del coro de Paquito Godino.

El formato inicial incluyó también a Lucas de la Guardia (1926, ex Los Armónicos), Charles Meunier y Orlando Rodríguez "Bebo". Tuvo una extensa etapa con el trabajo centrado en lo vocal, presentándose en televisión, radio, cabarets, clubes, teatros y eventos como el Festival de Varadero, además de actuar en México, Jamaica, Puerto Rico y Venezuela. Su repertorio constó de versiones del cancionero nacional y extranjero (slow-rock, bolero, bossa, jazz, calipso) con influencias de The Four Freshmen. En dicho período pasaron los cantantes Pablo Milanés (1943, ex Cuarteto del Rey), Alberto Pujol, Gilberto Martínez (1947), Rafael de Hombre (ex Ricardito y sus Cometas), Eugenio Fernández (ex Los Modernistas), Reynaldo Alvar (1937-2002, ex Cuarteto de Bobby Collazo) y Arnaldo Yero, entre otros, con el respaldo de orquestas de estudio, combos y músicos de sesión. A partir de 1966, con la entrada de Raúl Gómez (batería, 1941, ex Los Astros) y Ernesto Pérez (guitarra, 1948, ex Los Picolinos) junto a Marín (piano) y Alvar (bajo), ganó autonomía instrumental, e impactó con *La soga* (1967). En 1969 Raúl Gómez armó un dúo con Mirtha Medina, y el grupo se desintegró, para retornar a partir de 1972 con Marín, Pablo Santamaría (batería y voz, 1947, ex Los Llamas), los guitarristas Eddy García y Rafael de Hombre, Ernesto Pérez en el bajo, y Armando Larrinaga (1946, ex Los Prisma).

Destacaron éxitos como *Day by day*, *Estás lejos* (Pablo Milanés), *Imágenes* (Frank Domínguez), *No me abandones* (versión de *Don't make me over* de Dionne Warwick), *Mi gran error* (*I should have known better* de The Beatles), *Provocando mi piropo* y *Triste estoy*, junto a versiones a temas de Tom Jones y Rolling Stones.

LOS BÚHOS

Fundado en Cruces (Cienfuegos) en 1967 por Jesús Juan Llerena (teclados, acordeón y voz, 1953), Armando Acosta "Mandy" (batería), Guillermo Cortiza (guitarra y voz), Enrique Ribalta (guitarra), Polito como cantante y Martín en el bajo. Se presentó en festivales de aficionados, fiestas privadas y escuelas, sobre todo en su ciudad, Cienfuegos y Santa Clara. Tenía temas propios (escritos por Polito) y versiones (Los Brincos, Juan y Junior, Beatles, Rolling Stones, The Mamas and The Papas). También pasaron el baterista Raúl Madrigal y el guitarrista Eduardo Mustelier (1951). Separado en 1971, Llerena y Madrigal formaron el cuarteto vocal Los Mayas.

LOS BUITRES

Fundado en La Habana en 1964 por Orlando Freijo "Dino" (guitarra y voz, ex Dino & Freddy) con Jorge Calvet (guitarra), Luis García (bajo, ex Los Guardianes) y José Roberto Ovide (batería, 1944, ex Los Vibrantes). Tuvo presencia en el circuito de clubes capitalinos, y más adelante se amplió a quinteto con Pedro Melo (guitarra). Interpretaba piezas propias y versiones (Beatles y otros). Posteriormente Dino pasó a Los Cuales, y Melo a Los Dada.

LOS BULE BULE

Fue la primera banda de rock en Camajuaní, debutando en febrero de 1965 con Jesús Loreto Fariñas "Pituso" (voz, 1950), Luis Méndez (órgano, ex Los Noctámbulos), Juan Álvarez "Ponciano" en la percusión menor, Roger Torres (guitarra), Felín Leal (bajo) y Humberto Urquijo (batería), junto al manager y cantante Roberto Prieto (1928-2003). Dedicada a las versiones (Beatles, Zombies, Gerry & The Pacemakers, Guess Who, The Troggs, Scott Mckenzie, Rolling Stones, Herman's Hermits) estuvo muy activa en su zona y aledañas. Acompañó a Danny Puga en grabaciones y conciertos, influyendo además en la formación de combos como Los Hitachis.

El paso de algunos miembros al servicio militar implicó cambios en el verano de 1971, al entrar Pepe Santana y César Cabrera (guitarras), Luis Rodríguez Delgado en batería, Ismael Monterrey en la trompeta, Osvaldo Torres (trombón) y los saxofonistas Jesús Ramón García (alto) y Hugo (tenor). En 1973 la salida de Fariñas motivó la disolución temporal, aunque Santana continuó un corto tiempo con otros músicos, incluyendo al percusionista Raúl Antonio Torres. Actividades culturales, carnavales y fiestas fueron sus escenarios principales. Llegó a grabar en Radio Progreso algunas canciones propias en español.

BUM

Creado en agosto de 1999 en Sagua La Grande como Knot, asumió el nuevo nombre poco después con la integración de Jorge Damián Triana (1976) en la guitarra, Pablo Castro (voz), Richard Francia (bajo), Alexei Puig (batería) y Nadir Hernández Núñez (teclados, 1972-2011). Orientado al nu-metal, intervino en varios eventos (Placetas, Cifuentes, Santa Clara, Matanzas) y grabó en 2004 el demo *Lust*. Al ampliarse a sexteto con la entrada del bajista Yohani Fernández (Francia pasó a la segunda guitarra) se renombró In The Skin y se mantuvo activo un tiempo más.

BURBLES

Vinculado a la facultad de medicina de la Universidad de La Habana, y mezclando versiones de Beatles con temas propios de rock-pop, comenzó en 1980 alrededor de Raúl Barroso (bajo, voz y teclados) y Carlos Cobas (voz, guitarra rítmica y armónica, 1965). A lo largo de su trayectoria incluyó a Miguel Ángel Méndez (1966), Julio Rojo, Virgilio González "Villy" (1971) y Abraham Alcover (1973, ex Cuatro Gatos) en las guitarras, y los bateristas Alejandro López, Rodolfo Rodríguez (1964, ex Virgo), Leopoldo Álvarez, Edgardo Serka "Yayo", (1972), Erick Pi, Carlos Alberto Estévez (1975), Mauricio Bonfiglio, Carlos Rodríguez Obaya (1954), Osmel Prado (1972) y José.

Grabó el demo *Mareas de amor a todo blues* (1994) y el disco *Año bisiesto* (con la producción de Dagoberto Pedraja), alcanzando notoriedad con *Canción de los perros* y *Suerte de minotauro,* entre otros. Barroso mantuvo el grupo, con momentos de silencio y recuperación, hasta 2005.

BUTCHER

Fundado en Holguín en 2002 y haciendo death metal, este grupo tuvo como fuerza motriz inicial a Amauri Machado (bajo) y Alejandro Daniel Rodríguez (guitarra, 1986), sumando al baterista Carlos Artola, Antonio Reyes Zúñiga (guitarra) y José Luis Tapia como cantante. El debut se produjo en noviembre de ese año, pero tres conciertos más tarde Artola lo abandonó, por motivos de salud, y fue sustituido por Aníbal.

A partir de ahí se produjeron varios cambios en la alineación hasta la separación temporal en 2005: los bateristas Oscar Danilo Quevedo y Osmani Ramírez; los bajistas Frank Ernesto Rodríguez y Julio César Domínguez; Osney Cardoso (1976, ex Mephisto), César y Víctor Manuel (ex tecladista de Needle) como cantantes; Katia González en la segunda guitarra, y Andrés y Edilberto Laudemar Chacón en la guitarra líder tras el abandono de Alejandro (quien se unió a Jeffrey Dahmer en 2004).

En octubre de 2008, Antonio Reyes lo reformó con Pablo Rodríguez Torres (voz), Adrián Aballes (bajo), Julio Pupo Escalona (guitarra) y Alberto F. García (batería). Sin embargo, hacia finales de 2013 Reyes echó mano a tres componentes de Mortuory (el guitarrista Carlos Alvear (1983), el bajista Emmanuel Andrés Leyva y el vocalista Pablo A. Rodríguez Torres) para darle un nuevo giro al grupo. Activo principalmente en su ciudad, se presentó también en festivales nacionales.

C

C4

Con influencias de Biohazard y Rage Against The Machine surgió este grupo habanero en 2001 con Omar Milera en batería, los guitarristas Andrei Martínez (1983) y Marvin Cabrera, Luis Gustavo Mas (bajo, 1980) y los cantantes Reinier Pérez Morales y Raidel Bas Cantillo (1981). Interpretando material propio en inglés y español, alcanzó a hacer algunas presentaciones en la capital. En 2002 Yuri Vázquez sustituyó a Luis Gustavo, y salió Reinier, quedando la formación a cuarteto hasta la separación en 2003.

C4

Grupo punk fundado en Guantánamo en noviembre de 2010, con temas propios y versiones en español, debutó en concierto con Morbo. Roberto Crespo Lara (bajo), Roberto Leyva (guitarra), Andy Zorrilla (voz) e Iván Méndez (batería) son sus integrantes.

C-MEN

Formado en noviembre de 2000 en Santa Clara tras la disolución de K Punto K, con Manuel Varela (1970) y Abel Oliva (1967) en guitarras, Elio Pablo Martínez (batería), Julio Morales (1969) en el bajo y Alan Rafael Baeza (1978) como cantante. Debutó en febrero del año siguiente, junto a Trauma y Scythe. Tras la grabación del primer demo, que incluyó cuatro piezas en inglés, Baeza abandonó el grupo, entrando Conrado Morales (1976) en su lugar. Su material transitó por el grunge, toques de rock latino y trabajos experimentales. Entre quienes han pasado por sus filas se cuentan el cantante Pedro Javier Alejo (1990), el bajista Jorge Luis Rojas Artiles (1987), Pedro Luis Rodríguez (ex Eskoria) y Yusnel Marrero en percusión; los bateristas Otto Arbolaez (1981) y Otto Yasser, y el también guitarrista Loisenis Lazo, manteniendo sólo a Oliva de la estructura inicial.

Ha publicado los demos *Shocking* (2001), *Nikcohs demomix* (2002), *Live, drunk, don't rest* (2004), *Mixing your reality* (2004), *Four years of hard work* (2005) y *Live and unplugged* (2007), y el disco *Feel* (2009). Junto a su trabajo en la banda, Oliva hace producciones para otros, llevando adelante, además, su proyecto personal Naurea.

LOS CAGUAS

Banda de Sagua La Grande fundada tras la desintegración de Los Subterráneos en 1976. Con un repertorio de covers del rock anglosajón, y bajo la dirección de Enrique Isoba (batería), comprendió también a Sixto Rodríguez y Manolo Jiménez en las guitarras, Carrasco (trombón), Cachito (trompeta), El Raspao en las percusiones, Majua como bajista, y el cantante Orlando Vega. No duró mucho tiempo y dio paso a Estudio 6.

CALLES

Fundado en la Universidad Central de Santa Clara a fines de 1999 como Calles y Sueños, se mantuvo hasta finales de 2004. En diferentes etapas tuvo a Boris Artiles y Dariel Ramos Évora (1983) como bajistas, Senly Martínez en los teclados, los guitarristas Maikel Ramos, Roberto Vera y Marcos López Calvo, el baterista Douglas Pérez González (1979) y las voces de Duany Pérez y Liorki Martínez Romero (1982). Junto al material propio incluyó versiones (Metallica, The Cranberries) actuando sobre todo en eventos estudiantiles. Tras la ruptura varios de ellos dieron origen a Azotobacter.

CAMADA

Fundada en 2005 en Ciego de Ávila, sus primeros demos (*Como un aire*, 2006, y *Renacer*, 2008) mezclaron pop, punk y metal. Los dos siguientes (*Advertencia*, 2009, y *Tierra rebelde*, 2010) se inclinaron al thrash, y luego la banda dio un giro al brutal death grind en *Manipulación cerebral* (2011), *Crónicas de una matanza* (2012) y *El poder de mi inconformidad* (2012). Los creadores fueron Dairon Pérez (batería, quien salió en 2006) y Yander (bajo, que también la dejó un año después). Tuvo una alineación estable con Denis Beleño (bajo, 1983, ex Requiem Of Hell), Leosdenis Espinosa (batería, 1988), Osmel Cruz Torres (voz y guitarra, 1991) y el vocalista José Ángel Guerra (1986), aunque en otras etapas también incluyó a Orestes, Zaidy Vera y Osmani Barreira como bajistas, Eliza Ramos (1992) en la segunda guitarra, y Damiany Cepero (batería). Se ha presentado en conciertos en Jatibonico, Holguín y La Habana.

LOS CAMISAS BLANCAS

Temprano combo de rock and roll en Santa Clara, activo entre 1960 y 1962. Jorge Rodríguez (batería), Amaro Taibo (piano), Héctor de la Torre (percusión), el cantante Otto Pedraza y los guitarristas Roberto Pérez Elesgaray (1947) y Reinaldo Solía, fueron sus componentes.

LOS CAMISAS ROJAS

Grupo de Santa Clara en 1962, tocaba versiones de rock and roll. No funcionó por mucho tiempo, actuando sobre todo en cines y teatros del centro del país. Con Alberto Rodríguez Armas "Firo" (guitarra líder, 1945-2014), José Remie (guitarra rítmica), Acebey (percusión) y Juan Tremble (batería) se integró la alineación. Más tarde "Firo" formó parte de Los Praga y la Orquesta de Música Moderna de Las Villas.

LOS CÁNCER

Banda del preuniversitario Héroes de Yaguajay, en el reparto Biltmore, La Habana, comenzó en 1967 con Jorge Morales (guitarra, 1950), Gilberto Marcos (batería, 1949), Jorge Soto (guitarra rítmica), Ramón Carreira (bajo) y los cantantes Damián y Cosme. Previamente Jorge y Gilberto habían formado parte de una jazzband en la propia escuela.

Al salir Carreira se unieron dos músicos: Mario Vázquez (guitarra, 1951-2013, ex Los Hanks) y Manolo Ortega Jr. (saxo), pasando Morales al bajo. El repertorio se nutrió de covers al rock en español (Fórmula V, Pasos, Brincos, Roberto Jordán, Los Ángeles, Juan y Junior) y anglosajón (Four Seasons, Spencer Davis Group, Cream, Bee Gees, Beatles, Rolling Stones, The Kinks), así como algún tema propio. En los días finales se unió un clarinetista apodado "Manos Largas". Separado en 1970.

CANCERBERO

Grupo de death metal de Jatibonico, fundado en enero de 2005 con Yosvel Martínez (guitarra) y Eduardo Ramírez (bajo), ambos ex componentes de Leviathan, Iskánder Díaz (voz, ex Symphony Of Pain) y José Luis Rodríguez (batería). A mediados de año la sección rítmica se marchó, entrando la bajista Adilys García, y se optó por programar las partes de percusión.

En 2007 grabó la maqueta *Demons have come,* y un año después el DVD *Demons comes alive,* incluyendo filmaciones de material en vivo, fotos y datos sobre el grupo. En 2009 se agregó Ángel Eugenio Hernández en otra guitarra, pero para la grabación de *Abominations from hell* (2012) volvió a ser el trío de Iskander, Adilys y Yosbel.

LOS CANGREJOS

Grupo habanero formado en 1966 en la unidad militar 3521 (El Chico, La Habana) a raíz del tercer llamado del Servicio Militar Obligatorio. Interpretaba instrumentales y covers en español, sobre todo, junto a algunos temas de Beatles. Entre sus miembros estuvieron Argelio del Nodal (voz), Johnny (percusión), José Valentín Mederos en el acordeón, los bateristas Juan Andrés García Victoris y Julio Rivadulla (1949), y Secundino Vega (1950), Pedro Fowler y Jorge Calvet en guitarras. Duró poco tiempo, tocando en actos culturales y fiestas.

LOS CAPRY

Grupo de Cienfuegos que en 1970 mantuvo un repertorio de temas instrumentales y pop español. Tuvo varios cambios de alineación, incluyendo a Erico Burke (1955), Lázaro León y Tomás Cantero en las voces principales, Armando Cáceres, Tony Jiménez y Tony Quiñones en guitarras, Valentín Espinosa como baterista y Fermín Espinosa en el bajo, entre otros.

CARTÓN TABLA

En marzo de 1988 el trío habanero Kronos, integrado por Lino García (voz y bajo, 1963), Jesús Valdés (guitarra) y Abel Omar Pérez (batería, 1968) adoptó el nuevo nombre tras la inclusión de Pedro Pablo Pedroso (teclados y violín, 1972).

Entre temas instrumentales y cantados en español, y la musicalización de poesía (Mahfud Massis, Omar Lara), su sonido se enraizó en el rock progresivo, sobre todo tras la salida de Valdés antes de fin de ese año. Sólo alcanzó a grabar la pieza *Trilogía* en 1989. En los últimos días se sumó Danilo Molé (1967) en la guitarra. Además de compartir con otras bandas (Zeus, Metal Oscuro, Stratus) hizo algunas presentaciones conceptuales, y se separó a mediados de 1990. Lino y Pedro Pablo desarrollaron una línea similar en su siguiente grupo, Música d´ Repuesto.

LOS CATS

Este grupo, antecedente de Los Símbolos, surgió en 1968 en Cienfuegos, y se mantuvo activo hasta inicios de los 70. Se decantó por el rock-pop y versiones al rock español de la época. Dirigido por Gonzalo Bermúdez (órgano, 1952) tuvo en sus filas a Enrique Conde, Jesús García Iser y Cecilio Valdés (guitarras), Pachy y Jesús Naranjo (batería) y los cantantes Eddy Col y Emilio Utrera, entre otros. Actuó en festivales de aficionados. Luego Bermúdez pasó a Los Sic Sac, Huellas de Sangre y Los Galgos, hasta formar y dirigir el grupo infantil Ismaelillo.

CAUSAS Y AZARES

Grupo de Guantánamo que existió en la década de los años 80, dirigido por Eddy García y con Neftali Misrahi como vocalista, César Colina "Pilly" y Giralt en la batería. El repertorio se centró en covers (Bon Jovi, Scorpions, Europe).

CELHLOW

Considerada la primera banda nacional que incursionó en el noise-death industrial, se fundó en La Habana en 1991 como Delirium Tremens, haciendo grind-noise. Actuó así junto a Rotura y Zeus. A mediados de 1992 se produjo el cambio de nombre y estilo, con el mismo trío: Alain Alfonso (batería y flauta, 1974), Miguel Comas (bajo) y Gastón González (guitarra y voz, 1973). Hizo una maqueta en 1993 que incluyó una revisión al *Pierrot Lunaire* de Arnold Schonberg. En 1994 se convirtió en la base de Expreso Inconexo.

CEMÍ

Grupo de Guantánamo, activo entre el verano de 2003 y el invierno de 2004, hizo rock-pop latino, con temas propios donde figuraban elementos de reggae, ritmos tradicionales cubanos, hip hop y funk. Johnny Borges y George de Pinedo (1980) en las guitarras, Miguel Ruano (bajo), Marlon de la Iglesia (batería), Riso Borges (teclados) y los cantantes Piti, Carlos Scott y Didier pasaron por sus filas.

CÉNITH

Con muchos cambios de músicos funcionó entre fines de los años 80 y 1990 en La Habana. Los guitarristas Virgilio González "Villy" (1970), Eduardo Cassares, Rodolfo Crespo "Fito" (1970), Pedro Victorino (1970), Julián Tamayo y Miguel Labrada; los bajistas Blas Moliné y Ricardo Tamayo (1963), el cantante William Bonachea (1968) y el baterista Fernando Lorenzo (1967) transitaron por sus filas. Haciendo temas propios de heavy metal en español, fue el embrión de Estirpe.

CENIZAS DE ACERO

Entre 1970 y 1972 existió bajo el nombre de Combo de la Universidad, integrado por estudiantes de la Facultad Tecnológica Marta Abreu (Universidad Central de Las Villas). En esa etapa contó con Ignacio Martínez (guitarra y voz, 1950), Ramiro Valledor Tristá (guitarra rítmica) y el baterista Ramón Pérez Romero (1950) provenientes de Los DC5, y Jesús Loreto Fariñas (bajo y voz, 1950, ex Los Bule Bule). Con su repertorio de covers (Led Zeppelin, Marmalade, etc.) se presentó en festivales y fiestas. Al salir Ignacio, se reestructuró bajo el nombre de Cenizas de Acero, con la entrada de Alberto Mollinedo (piano) y Santiago Aguilar (voz), manteniéndose por un tiempo más. La nueva encarnación obtuvo premios en festivales estudiantiles en Santiago de Cuba y su ciudad, y se presentó en La Habana, combinando temas acústicos y eléctricos.

CENSURA

Proyecto efímero formado en diciembre de 1996 con miembros de Joker y VIH, debutó en el Patio de María junto a Tribal y VIH. Lo conformaron el cantante Gil Pla (1969), Fernando Lorenzo (1967) en la batería, Amaury Triana en la guitarra y el bajista Pedro Sainzen. Su estilo fue punk-core con textos contestatarios.

LOS CENTURYS

Fundado en marzo de 1963 en Holguín, a partir de Los Morlocks, banda local que introdujo el rock and roll en las audiencias de la ciudad, debutó cinco meses después. Durante sus años de actividad formaron parte del colectivo los bajistas Julio Mesa Teijido y Antonio Pérez Fonseca (1952, ex Los Láser), los percusionistas Jorge Alfonso Almaguer (1946) y Primitivo Carlos; los saxofonistas José Rodriguez Artigas (1950), Benito Revuelta, Mauro Álvarez, Humberto Cordero, Manuel Gayol, Ramón Castro, Juan José Herrera "Cuso" y Armando Fernández Freyre; Luis Duquesne en el trombón, los guitarristas Andrés Amado Aguilera (1946), Calixto Quevedo y Eddy González; los bateristas Narciso, Carlos Almaguer (1949) y Félix del Toro, y en las voces Verónica Torres (1944), Abelardo Cordero (que en 1967 se unió al cuarteto Los Brito) y Alberto Herrero (1946, ex Los Atómicos).

Actuó en fiestas, carnavales y la radio local, acompañando además a artistas visitantes como Martha Strada. Su repertorio incluyó versiones (Paul Anka, The Platters, Neil Sedaka, Ides Of March, Elvis Presley, Beatles, Duane Eddy, Bill Haley, Los Camisas Negras, Los Teen Tops, Ritchie Valens, Ray Anthony) pero también tuvo aportes propios (*Basta de recordar*, *La calambrina, Show man*). El grupo se mantuvo hasta 1972. Algunos de sus integrantes pasaron luego a Los Surik y Los Dada, mientras Herrero desarrolló su carrera como solista en La Habana.

CETROS

Con una mezcla de rock, blues y canción de autor surgió este grupo en La Habana después que varios de sus integrantes coincidieron en el proyecto Van Gogh. Armado en 1995 por Miguel Ulises González (voz, guitarra rítmica y composiciones, 1966), Jesús Valdés "Nene" (guitarra, ex Cartón Tabla), el bajista Ricardo Tamayo (1963) y Rodolfo Acosta (batería, 1970). Hizo presentaciones junto a otras bandas, y tuvo también como integrantes a Nelson Rodríguez Herrera (1976), Ludwig Rivero (1972, ex Joker), Pedro Victorino (1970, ex Extraño Corazón) y Armando Peláez (1977) en las guitarras, y el bajista Julio César Pérez Travieso (1973). Apareció en el compilatorio *Saliendo a flote* (1996), grabó el demo *Pura ilusión* (1997) y finalmente publicó el álbum *Creo* (1998). Poco después Miguel Ulises reunió a músicos invitados (Roberto Díaz, Virginia Peraza, Gabriel Gómez) para *Trampas de la belleza* (1999), su disco como solista que marcó el final de la banda.

Se reformó en el nuevo milenio por la sección rítmica original, Tamayo y Acosta, más Yusnier Vega (guitarra, 1988), Therina Fernández (voz, 1966), Carlos Antonio Rodríguez (voz y guitarra acústica, 1990) y William Pacheco (segunda guitarra y voz, 1980). Más adelante se incluyó al baterista Halim García, los guitarristas Lázaro Perovic y Armando Peláez (1977), y las voces de Roberto Fajardo "Keko" (1961) y Michael Becker. En 2010 grabó *Más que ayer,* demo que rescató algunas piezas de la etapa previa con otros arreglos, y nuevas creaciones que junto a covers (Thin Lizzy, Alice In Chains, Pink Floyd, AC/DC) conformaron el repertorio.

CHALLENGER

Apuntando al repertorio de versiones del rock foráneo, y algunas piezas propias, se armó en La Habana en julio de 2013 con músicos de amplias experiencias: Aramís Hernández (batería, 1957, ex Tenaz), Ángel Luis Fundichel (teclados, guitarra y voz, 1958), Agustín La O (guitarra, 1962, ex Gens) y William Bonachea (voz, 1968, ex Gens), mientras que por el bajo pasaron Richard Adelit (1962), Rachel Díaz y Ruffo de Armas (1968). Se insertó en el circuito de clubes de la capital orientados hacia este segmento del rock, además de alternar con otras bandas.

THE CHAOS NETHER SILENCE

Exponente del black metal se formó en La Habana en octubre de 2001 con Julio Pérez Guerra "Goth" en la guitarra, Frank "Deimon" (ex Lost Creation) en la batería, Javier Rodríguez Prendes "Nebiru" (bajo, 1982), Indira Labañino "Ishtar" (teclados,1985) y el vocalista Víctor Pérez Gutiérrez "Mr. Hyde". El empleo de ocasionales elementos sinfónicos marcó los demos *A hostile requiem* (2002), *Incipit tragedia* (2004) y *Transmutation* (2008).

Antes de la ruptura en marzo de 2010 pasaron en otras estructuras los bateristas Alcides Rodríguez "Thorn" (1986) y Ray Mora (1982, ex Darkening), y los bajistas Lázaro Rabelo (1981), Jason Josué Herrera, Abel Mirabal y Joel Salazar (1983). Indira se integró a Hipnosis, al tiempo que Joel, Víctor y Alcides formaron Ancestor, y Abel se unió a Abaddon.

LOS CHICOS DE LA FLOR

Vinculado al grupo hippie habanero de igual nombre, también conocido como Los Flowers, comenzó en 1965. Estuvo compuesto por Pedro Torres (batería), Antonio Vázquez "El Yuma" (1950) y Joaquín Martínez "El Jabao" en las guitarras, y el bajista Enrique Urquiaga (bajo, 1951) junto al cantante eventual Pablo. Su debut fue junto a Los Hanks en una fiesta privada, luego siguió actuando de forma esporádica hasta 1968 con el clásico repertorio de covers, y Alejandro Fernández como nuevo baterista.

CHISPA E' TREN

Banda punk fundada en Pinar del Río en octubre de 2007 con los estudiantes peruanos Luis Fernando Nina Rojas (bajo), Jeayson Wladimir Rhoddo (guitarra y coros) y Elton John Baca (batería), el boliviano Carlos Eduardo Álvarez (segunda guitarra) y el cubano Gerson Govea Rodríguez (voz). En 2009 grabó el demo *Somos punk.* Junto a temas originales incluye covers (RIP, La Polla Record, Reincidentes). En 2012 funcionó como cuarteto con Gerson, el bajista Yerandi Hernández (luego sustituido por Pedro Sainzen, ex VIH), Roberto Amador (guitarra) y Lázaro César Sánchez en la batería. Alternó con grupos del patio y los alemanes Ditte Wahl. A finales de 2013 alistaba el demo *A nosotros nos da igual.*

CHLOVER

Fundado en Artemisa como Karma, a mediados de 2001, tuvo a Milton Núñez (1986) y Alain Echeverría (1979) en la dupla de guitarras, el vocalista Abel Díaz Reyes, Noel Camarota Pérez (bajo, 1974) y Orlando Acosta (1979) como baterista. Desde diciembre de 2002 formalizó la nueva denominación, comenzando una rápida inserción en el circuito de conciertos de La Habana. Su música presentó una fusión de distintos estilos del metal, cantando en inglés y español (o una combinación de ambos). La estabilidad de su nómina se quebró en julio de 2007 con la baja de Abel; tres meses después entró Michel Hernández Castillo (1985, ex Radical). En 2011 el formato se amplió con un tercer guitarrista, Jorge Luis Camarota (1989), pero al año siguiente, la salida de Milton volvió a dejar la alineación a quinteto.

Banda muy activa en festivales por todo el país, compartiendo con grupos nacionales y foráneos, además de conciertos propios y una peña fija en su localidad, contó con los demos *Virtual madness* (2001), *Pain is weakness* (2002), *Left the pain* (2004), *Tercer azul* (2005) y *Sesión 4* (2006), el disco oficial *Primer encuentro con el lado oscuro* (2008) y los DVD *Sembrar razón, sangrar sudor* (2006), *Primer encuentro con la gira* (2009) y *La maldición* (2011), siendo la agrupación que inauguró este segmento audiovisual de modo independiente, además de una de las más premiadas en diversos certámenes. A esto se agregan contribuciones en compilatorios de distintas compañías disqueras.

En julio de 2007 integró la Agencia Cubana de Rock. A inicios de 2013 sus miembros anunciaron un año sabático para reformular el trabajo, pero finalmente el grupo se desintegró.

LOS CIANUROS

Grupo existente en Sagua La Grande en los años 70 bajo la dirección del baterista Julio Mildestein (ex Los Cometas), presentó un repertorio con baladas y covers del rock anglosajón. Aglutinó a los guitarristas Ibrahím Rodríguez y Roberto Majuán, el bajista Ramón Francisco Dubois, y los cantantes Florencio Morejón, Rolando Olano y Luis Reyes. No tuvo mucha actividad y sus ex miembros pasaron luego a otras bandas.

LOS CINCO DE ARMANDITO SEQUEIRA

Armando Sequeira Romeu (1937), conocido bajista y compositor, formó este grupo en 1963 después de haber militado en agrupaciones de jazz de pequeño y gran formato, y combos de rock como Los Átomos. Una amplia variedad de cantantes e instrumentistas transitaron por las variadas encarnaciones, que a veces funcionaron simplemente bajo el nombre de Grupo de Armandito Sequeira: en los teclados Lissette Vila (1949) y Luis Mariano Avilés "Cancañón" (1940); el acordeonista Alfredo Arias (1947, ex Los Vampiros); Armandito Romeu (vibráfono, 1944); los guitarristas David Manfugás, Rey Montesinos (1944, ex Los Corsarios), Franklin Sotolongo, Kiki Villalta, Pedro Jústiz Márquez "Peruchín" (1949) y Jorge Luis Valdés Chicoy (1955); los bateristas José Emilio Iglesias "Joe", Ángel Orille, Rogelio Rivero, Tony Valdés, Lorenzo Tamayo (1946), Humberto Lorenzo (1951) y Alberto Romeu; el pianista Gonzalo Romeu (1945); los saxofonistas Nicolás Reinoso (1939) y Paquito D'Rivera (1948), y los percusionistas Luis Valladares y Ramón Fernández "Rockinchá" (1945-2004).

Junto a su labor instrumental, incluyó también las voces de Maggy Carlés (1950) y Gilberto García "Pachy" (1950, ex Los Mensajeros). Se presentó en clubes, cabarets, televisión, teatros y fiestas, además de acompañar a Yoya Galván, Doris de la Torre, Omara Portuondo, Pablo Milanés y Regino Tellechea, entre otros. Grabó temas propios y versiones (*Viendo la chica pasar, Dame un beso, La chica de la valija*) dentro del bossa, twist, slow rock y jazz. Posteriormente su líder tocó con Los César y Los Lazos.

CITADEL

Encabezado por el guitarrista Sergio Alonso Núñez, el quinteto se completó con Roynel Morales (segunda guitarra), Yasser Ferrera (bajo), Jassiel Machado (voz) y Alain León (batería) en Morón (Ciego de Ávila) en febrero de 2009. Desde entonces se ha presentado con sistematicidad en su ciudad (incluyendo una peña en el cine Apolo) compartiendo con bandas nacionales, así como Los Kompadres Muertos (México) y Slate (Canadá). A fines de 2010 Jassiel salió del grupo. Ferrera fue fundador del proyecto cultural Utopía, dedicado a organizar conciertos en Morón.

CLAIM

Formado en Holguín a inicios de 2006 por el cantante David Schoazemet (1985) y Eduardo Louhau (guitarra, 1985). Tras un período en el cual pasaron los bajistas Raúl Vargas (ex

Needle), Alejandro y Yair Enrique Rodríguez, Yulibert Verdecia (segunda guitarra) y el baterista Oscar Danilo Pulido (ex Butcher), se consolidó con Eduardo, Onel Sánchez Teruel (bajo, 1988), Adalberto Frías (segunda guitarra,1980), Leonardo Rodríguez (batería, 1983) y David, grabando en 2009 la maqueta *Metalfire*, influida por el thrash metal.

CLAROSCURO

Fundado en Guantánamo bajo el nombre de Metal Líquido, su nómina la integraron Yuri García (guitarra y voz), George de Pinedo (guitarra, 1980), Roberto Leyva (bajo) y Manuel (batería). Trabajó un repertorio de piezas propias, en español, dentro de varios estilos (soft-rock, grunge, pop, punk), incluyendo *Si un ángel se va* (dedicada al fallecido músico Ángel Savón). Activo en 2001, luego derivó en Escorzo.

CLAUDIA CON K

Liderado por la compositora y cantante Claudia Álvarez Acosta (1986), es un grupo formado en La Habana que mezcla rock, pop y blues. Su directora había pasado por agrupaciones de varios estilos y formatos (Los Armónicos, De Cuba El Son, Signos Vitales) como tresera y vocalista, antes de encabezar su propio colectivo. Fundado en may de 2010, ha incluido a músicos como William Rodríguez, Yoisel Lemus y Alexis Bejerano (1989) en las guitarras, Alejandro González Larrondo en los teclados, y Ronald Cruz en el bajo, entre otros. Se ha presentado en festivales de rock en Cumanayagua y Pinar del Río. Dispone de las grabaciones *Cuéntame* (2010), *Signos vitales* (2011) y *Llévame a la luna* (2012).

LOS CLICK

Formado en 1972 en la Casa de Cultura de Santiago de las Vegas, incluyó a Armando Chávez (bajo), Rubén Méndez (piano), Jorge Méliz (voz), Abel Mengana (batería) y Eduardo León "Eddy El Cojo"(guitarra, 1957). Hasta 1974 se presentó en festivales de aficionados y fiestas privadas con un repertorio de versiones del rock anglosajón llevadas al español. Luego León formó su propia Guerrilla.

CLÍMAX

En 1984 Edesio Alejandro (teclados y bajo, 1958), Juan Marcos Blanco (teclados, 1953), Ruy López Nussa (batería, 1957), Carlos Salvador (batería y percusión) y los guitarristas Mario Daly (1952-1999) y Mario Romeu (1955) armaron este proyecto para presentar un trabajo que fusionó rock, danza, música electroacústica y muestras de diapositivas. La experiencia se vinculó a un espectáculo en el Teatro Musical, en diciembre de ese año, donde el grupo interpretó la pieza *Nueva ola*, mientras el resto de la banda sonora corrió al crédito de Juan Piñera y el propio Edesio. Luego actuó en la Casa del Joven Creador, y en marzo de 1985 acompañó otra puesta escénica en el teatro de la CTC. Como resultado quedó un disco inédito titulado *Suite baño de mar*, grabado sin Romeu.

COALICIÓN

Banda heavy-thrash de Pinar del Río fundada en julio de 2010 por el bajista Orestes Lemus "Kiko" (ex Terbio) junto a Yoan Alberto Díaz (batería) y Yuleisys Azcuy "Axel" (guitarra, ex Eggun). Un mes más tarde entró César Enrique Muñoz (voz), y en septiembre se integró otro antiguo miembro de Terbio, Ernesto Julio Breto, en la segunda guitarra. El debut ocurrió en febrero del año siguiente, tras lo cual siguió presentándose en su provincia, hasta que a fines de 2011 Breto y Lemus abandonaron sus filas. Luis Ángel Vives se convirtió en el nuevo bajista, pero el formato se redujo a cuarteto al prescindir de una guitarra. En 2012 presentó su primer demo.

COLLAGE

Banda habanera de rock-pop que debutó en abril de 2000 con Carlos Rodríguez Obaya (batería, 1954, ex Gens), Abraham Alcover (guitarra, 1973, ex Burbles), Patricio Amaro (voz, 1975), Ailen Solanas (teclados, flauta y voz) y Rodolfo Humpierre (1971), antiguo bajista de Los Detenidos. Enseguida grabó una maqueta homónima que le permitió darse a conocer en los medios de difusión. A principios de 2001 Obaya decidió reformar Gens, y fue remplazado por Fernando Lorenzo (1967, ex Proyecto Hola). A finales de ese año Amaro se enfocó en su trabajo como solista, mientras Ailen se unió a Gens, entrando Yamil Reyes Ballester (voz), Royter Pérez en la percusión y Eddy Fleitas (1984) en los teclados. El demo *Jugar a los reflejos* se grabó con la nueva alineación, en marzo de 2002. Cinco meses después el grupo se separó. Hubo un infructuoso intento de reformación más adelante, hasta que algunos de sus integrantes prosiguieron bajo el nombre de Magnum, con otra sonoridad. La pieza instrumental *Travesía virtual* (de Alcover) identificó desde 2002 a la Feria Internacional del Libro, en La Habana.

LOS COLUMBUS

Cuarteto vocal oriundo de Colón (Matanzas) que se mantuvo activo entre 1958 y 1963, haciendo twist, baladas y rock lento. Su formación inicial incluyó a Magaly Roda (fallecida en 2012), Ángel Marcio Roda (murió en 2006), Manuel del Puerto y Jacobo Rousseau. Más tarde incorporó a Tino Sotolongo y Alberto Soroa hasta la entrada del mexicano Enrique Gové Vergara en 1959, manteniendo siempre a los tres primeros músicos citados. Actuó también en México, donde grabó el disco *Variaciones en ritmo* (1961). Tuvo éxitos como *El vagabundo*, *Electricidad*, *Susana la coqueta* y *Ruega por mí*, entre otros.

COMBAT NOISE

En agosto de 1996 debutó este grupo habanero que pronto se consagró como uno de los punteros en la escena. Usando secuenciadores ante la falta de un baterista, Juan Carlos Torrente (voz, 1969, ex Krudenta), Jorge Marín (1970, ex DNA) y Alberto González "El Chino" (1972) en las guitarras, y el bajista Jorge Luis Reyes "Colo" (1968) se estrenaron ante el público de El Patio de María. En febrero de 1997 Alejandro Padrón (batería, 1978) cubrió la vacante en los tambores, consolidando un sonido death metal con textos alusivos a la guerra, el militarismo y toques sociales, todo interpretado en inglés. Hasta 2013 se mantuvo intacto el núcleo de Torrente, "Colo" (que en julio de 2005 dejó el bajo por la guitarra) y Padrón, mientras pasaban por las guitarras Yumileysis Torres (1980, ex Hipnosis), Reidal Roncourt (1980, ex Teufel) y Jorge García Rodríguez "Indio" (1985, ex Congregation), y en el bajo Vaniet Gil (1978, ex Blinder), Randy de Armas (1985) y Lázaro Rabelo (1981, ex The Chaos Nether Silence).

Su demografía abarca *Marching of terror* (1996), *For military supremacy* (1999), *Awakening in holocaust* (2001) y *Radical with the war enemy* (2002), junto a los discos *Soldiers must like to kill* (1998, sencillo), *After the war, the wrath continues* (2004, recopilatorio), *Under my rifle's fire* (2003, sencillo), *Frontline offensive force* (2008, con la colaboración de Pat Hoed "El Fantasma", cantante de la banda mexicana Brujería), *Cuba death metal: The great war 1968-1898* (2011), *Anthems of carnage* (2012) y el EP *In war we trust* (2013). Ha estado muy activo en eventos y conciertos por toda la isla. Entre 2000 y marzo de 2013 Alejandro Padrón encabezó, de forma paralela, el grupo Escape; tras su salida fue sustituido, dos meses después, por el ex Septum, Andry Hernández (1987).

COMBO DE GILBERTO

Combo que funcionó en el preuniversitario de Santa Clara entre 1967 y 1968. Dirigido por el guitarrista Gilberto Hurtado (1951) interpretaba calipso, bossa y versiones instrumentales a temas de The Beatles. Lo completaron Isidoro Ayala "Norton" en la otra guitarra, el bajista Ramón Cárdenas y el baterista Freddy Gutiérrez Barberi. Se presentó en fiestas y eventos estudiantiles. Más tarde Gilberto formó un dúo dentro del Movimiento de la Nueva Trova.

CONGREGATION

Cuando debutó en El Patio de María, en marzo de 2000, con una apuesta de death metal, este grupo representó más que una derivación de Trance, popular banda que funcionó en La Habana en la década anterior y de la cual provenían algunos de sus miembros. El baterista Ariel Bustamante Suárez (1973) dirige este colectivo del cual han formado parte, entre otros, los guitarristas Fabio Loredo Torres, Eddy Olano, Jorge García Rodríguez "Indio" (1985, ex Cyborg), Erick Pérez Padilla (1970, ex Pasos Perdidos), William Martínez y Víctor Feliú Méndez (1974, ex Amnesia); los bajistas Mandy, Eriberto Martínez, Joel Salazar (1983), Iván Rafael de la Paz (1973, ex Extraño Corazón) y Dennys Abreu, así como el cantante Lázaro Castro (1972-2007), cuyo fallecimiento significó un rudo golpe, superado con el ingreso de Iván Suri Torres (ex Cyborg) en su lugar, quien más tarde dio paso a Leandro Chamizo (1989).

Sus demos incluyen *Dead future* (2002), *Scream of death* (2004) y *I become stronger* (2008). Ha actuado en todo el país e integró la Agencia Cubana de Rock. A finales de 2012 tuvo cambios de alineación.

CONVIVENCIA SAGRADA

En 1995 varios músicos con experiencias en otros grupos, formaron en Santa Clara esta banda de power-thrash: la bajista Mayelín Pérez (1972) y el baterista Javier Leiva (1964) que venían de Eskoria; el matancero Yuri Aguilar Trillo (1972) que había sido guitarrista en Distress, y el cantante Vicente Hernández Moya (1968). Su debut se produjo en Sagua La Grande en marzo de 1996, con el recién llegado Ezequiel García Fernández (1973) en la segunda guitarra. Alternó con varias agrupaciones del centro del país, interpretando temas originales y algunas versiones. No tuvo mucha actividad y mutó en King Of Kings poco después.

CORAZÓN DE METAL

Banda de Calabazar activa a inicios del Tercer Milenio con Noel Pérez (guitarra líder, ex Extrangers), Michel (segunda guitarra), Yoel Pérez (bajo) y Ernesto (batería). Se presentó en el Festival Alamar 2001, pero no tuvo continuidad.

LOS CORSARIOS

Combo formado en 1957 en Pinar del Río por Leslie Lluis (saxo tenor) con el cantante Enrique Sotolongo, José Luis Llanes en la batería, el guitarrista Rey Montesinos (1944), Aníbal Cruz (violín y trombón), y un bajista cuyo nombre no ha trascendido. Se mantuvo activo hasta 1961 con versiones del rock and roll (Presley, Haley, Richard). Tras instalarse en La Habana, Montesinos integró grupos como Batchá, Los Mensajeros y Los Violentos, entre otros.

COSA NOSTRA

Tras un proyecto que no llegó a cuajar en la línea del doom metal, Eduardo Mena (bajo, 1972, ex Zeus), Joel Bejerano (guitarra, 1973) y Sergio León (batería, 1974) reclutaron a David Blanco (1973), quien había hecho voces en Rotura, para dar vida a este grupo en La Habana, en abril de 1992.

En 1994 Wilson Pérez (1971,ex Dinastía) entró por León (ocupado simultaneando con Garaje H y Debajo) aunque éste regresó en febrero de 1995, para permanecer hasta ser definitivamente sustituido por Javier Pérez (1976, ex Joker) en julio. En febrero de 1996 Evelio del Barrio (guitarra rítmica) se convirtió en el quinto miembro del grupo solo por unos meses, hasta que se retomó el formato previo.

El año 1997 implicó nuevos cambios: Richard Castillero (1976, ex Bolsa Negra) y Marcos Tudela (ex Cuatro Gatos) pasaron como bateristas, y en mayo Joel (quien había estado tocando en la banda de respaldo del trovador Gerardo Alfonso) abandonó el grupo, dando paso a Ernesto Bravo primero, y Santiago Chamizo (ex Gens) después. Tras la grabación de los demos *Killing your childhood* (1992), *La cosa* (1994) y *Xilocibina* (1996), y la participación en un recopilatorio en Francia (*Las luchas de la juventud*, 1995) se concretó el disco *Invisible bridges* (1998) con Víctor Navarrete (1977, de Síntesis) como guitarrista. Paradójicamente, fue el canto de cisne para la banda, que se separó a principios de 2000. Con un grunge criollo que el grupo definió como "rock mestizo", cantado en inglés, actuó en la capital, Placetas, Sancti Spíritus, Camagüey y Matanzas, junto a bandas nacionales (Metal Oscuro, Rotura, Havana) y extranjeras (Dut, Platero y Tú). Hizo dos pequeñas giras por Canadá (1996 y 1999). En 2002 no fructificó un intento de reunión con Mena, Blanco, el baterista Rodolfo Acosta (1970) y Jorge Marín (1970) en la guitarra.

COSTA NORTE

Agrupación efímera de Sancti Spíritus, sólo actuó una vez en el cine Duplex de su ciudad, en 1990. La formación tenía a Marlene Mango (voz), Jorge Garriga (bajo), Miguel Ángel Valdivia (batería, 1962) y el guitarrista Tirso Beltrán que luego formó Albatros.

CRONOS

Esta banda nació en 1991 en la Universidad Central de Santa Clara, inicialmente con Erick Domenech (voz, 1970), Jorge Luis Fleites y Freddy Brandaris (1967) en las guitarras, David Pantoja en el bajo y el baterista Eduardo Medina, luego sustituido por Joel Pérez "Billy La Mole". Actuó en abril de ese año junto a Vértigo en el cine Somos Jóvenes, con material propio y en español, dentro del heavy metal (*Campo de concentración*, *Señor de las plagas y las fiebres*). Fue la antesala de Médium.

LOS CROWS

Grupo de versiones activo en La Habana entre 1974 y 1975. Incluyó a los guitarristas Israel Díaz (1956, luego pasó a RH), Salvador Blanco (1953) y Dagoberto Pedraja (1957, ex Los Rolands), el baterista Juanito "Show", Guillermo Tapia como bajista, y los cantantes Ricardo Quintana y Arturo Hernández.

CRY OUT FOR

En marzo de 2004 los músicos que habían funcionado como Escarcha decidieron un cambio de nombre y estilo, con este nuevo grupo en Santa Clara: Humberto Martínez Cristo (voz, 1980), Humberto Rodríguez Carrazana "Hielo" y Yoandy Prieto (que venía de Firmament) en las guitarras, Daniel Lezcano (bajo, 1985) y el baterista Pedro Rodríguez Castro. Orientado al metal melódico con influencias de diversos estilos, temas propios en inglés y español, más un puñado de covers, se afianzó a través de presentaciones en directo. En 2007 alcanzó el premio a la mejor agrupación novel en el programa Cuerda Viva (TV).

Otros músicos que han sido parte de sus alineaciones son el tecladista Dennis Mayor, los guitarristas Reilán Cortés Garnier y Alejandro Negrín (ambos ex Diamond Dust), el baterista Saumell Alonso (ex Feed Back) y el bajista Jorge Luis Rojas Artiles (1987, ex C-Men). En octubre de 2012 Martínez Cristo salió del grupo. Los demos *No mientas a tu corazón* (2007) y *Mirage* (2010) así como varias compilaciones, son el legado hasta el presente. De forma paralela Reylán y Lezcano se involucraron en el proyecto Evenfall (2007-2008) junto a miembros de Resistenzia.

CRYING MOON

Trío habanero activo entre 2008 y 2010, luego dio paso a Septum. Integrado por Fabiel Pérez (guitarra, 1975), David P. Quenedit (bajo,1985) y Roberto Fernández (batería, 1988). Fabiel había formado parte de Dante, Aingerluz y Ancient Wings, mientras Quenedit tocó con Nephilin, Sick, Doble A, el grupo de la cantante Milada Milhet y otros.

LOS CUALES

Grupo profesional, muy cambiante, en la línea del rock-pop en sus primeros días, se formó en La Habana en 1970 y alcanzó difusión con el tema *Cuando las hojas caen*. Se mantuvo activo durante la década del 70, trabajando en cabarets, clubes y televisión, sobre todo entre Varadero y la capital, con temas propios y versiones. El cantante Orlando Freijo "Dino" (ex Los Buitres) fue su figura frontal. Tuvo entre sus componentes a los guitarristas Pedro Jorge Rodríguez (1947, ex Combo de Franco Lagana), Julián Maneiro (ex Los Bristol), René Soler (1950, ex Los Watts) y Pedro "El Mulo", Salvador Terry (saxo, ex Los Vampiros), Luis García y Nelson como bajistas, Wiki en la batería, Miguel en el piano, "Fritura" (ex Última Edición) como percusionista, y otros.

CUARTO DE MÁQUINAS

Proyecto techno paralelo a Teufel, con los hermanos Aljadis (bajo, 1985) y Lázaro Pruna (máquina de ritmo). Junto a Roberto González, cantante de Escape, hizo unas grabaciones, y se presentó con Alcides Rodríguez (batería, 1986) en un concierto en Boyeros.

CUARTO ESPACIO

En el verano de 1989 Ernán López-Nussa (teclados, 1958), Omar Hernández (bajo y voz) y Fernando Calveiro "Teo" (guitarra) abandonaron el grupo Afrocuba para formar este colectivo con el baterista Julio César Barreto (1967). Debutó en febrero de 1990 con una propuesta de jazz eléctrico en temas propios instrumentales y cantados. A inicios de 1991 Barreto se unió a la banda de Gonzalito Rubalcaba y fue remplazado por Jimmy Branly (1972). En 1993, tras la salida de López-Nussa (que comenzó su carrera como solista de jazz) y Calveiro, entraron Sergio Cervelio (teclados, ex Sonido X) y Daniel Pedraza (guitarra, 1972). Actuó sobre todo en festivales de jazz y conciertos esporádicos hasta la separación definitiva en 1994. Poco antes se había sumado el saxofonista Carlos Valdés (1970). El único disco, homónimo, se grabó en 1991 aunque fue publicado seis años más tarde. De su repertorio destacaron *Momo* (con varias versiones por otros intérpretes) y *Vive la libertad*.

CUATRO GATOS

Nucleado en junio de 1994 alrededor del cantautor Kelvis Ochoa (1970) en La Habana, estuvo entre los que apuntaron a la electrificación de la trova en los albores de los años noventa. Con varios cambios de personal se mantuvo hasta 1996, figurando en

DESTROZER

DOBLE A

EMPTY SPACE

EXPRESO INCONEXO

LOS ESPONTÁNEOS

ÉXODO

ESTADO DE ÁNIMO

EGGUN

ESTIGMA DC

ESKORIA

ESCAPE

ELECTRA

EXTRAÑO CORAZÓN

LOS EMBAJADORES DEL ROCK JAZZ

LOS FANTÁSTICOS

LOS FANTASMAS

FLASH

FEED BACK

FLOWERS OF EVIL

LOS FARISEOS AMÉN

FM

FND

FLASH BACK

LOS FANTOMAS (SAGUA LA GRANDE)

FOLKLÓRICA

GARAJE H

GÉMINIS (HABANA)

LOS GATOS NEGROS (HABANA)

LOS GATOS NEGROS (GUANTÁNAMO)

LOS GAFAS

GÉMINIS (ARTEMISA)

el disco compilatorio *Habana Oculta* (1997) además de grabar un par de maquetas (*En busca de un poco de luz*, 1994; *Nada*, 1995) que lograron cierta difusión. Entre sus músicos estuvieron los guitarristas Nam San Fong Arce (1972) y Abraham Alcover (1973); los bajistas Humberto Fernández (1965), Arnaldo Rodríguez (1974) y Erick Alvarado (1973), y los bateristas Alain Alfonso (1974), Carlos Alberto Estévez (1975) y Marcos Tudela. Kelvis se unió luego al colectivo Habana Abierta, con sede en España.

CUERPO Y ALMA

Cuarteto de Holguín activo en 1991, con Rodolfo Ricardo "Fofi" (guitarra), Gustavo Adolfo Asencio (bajo, 1975), Amílcar Israel Guerra (voz) y Alidranad García (batería, 1970). Sólo hizo un concierto en 1991 y terminó cuando sus integrantes pasaron al grupo Aries.

LOS CUERVOS

Fundado en Bauta a mediados de los años 60, duró poco tiempo. Sus miembros fueron Armando (guitarra), Carlos Pérez Pérez (guitarra rítmica), José Antonio Acosta (bajo, 1954) –quien después formó Los Magnéticos– y Manuel Cribeiro (batería; más tarde fue parte de Zenith).

CYPHER

Banda grunge de Cienfuegos con material propio en inglés y algunas versiones (Nirvana, Oasis) funcionó entre 2001 y 2002 con Pepe O'Farrill (1985) en guitarra y voz, el bajista Maykel Llanes (1984) y Otto Arboláez (batería, 1981). Con posterioridad Pepe trabajó con varios trovadores de Santa Clara y armó su propio grupo de jazz-rock, Llanes se unió a Eskoria, y Otto pasó a C-Men.

D

D'AZUR

El baterista Alain Alfonso (1974) y el bajista Miguel Comas, que habían formado parte de Expreso Inconexo, crearon este grupo habanero de rock-pop en 1996, junto a Sigryd Rojas (voz y teclados), Alberto Echenique (guitarra) y Eduardo Longa (1975, ex Garaje H) en la batería. Se dio a conocer rápidamente con la canción *Eso le sucede a cualquiera.* Más adelante se amplió con Jorge Valtuille (percusión, 1975) y Armando Peláez (1977, ex Evasión) en la segunda guitarra. Sin embargo, a finales de 1996 se separó, pasando Alfonso a Moneda Dura.

LOS DADA

Activo durante tres décadas, debutó a cuarteto en octubre de 1964, en La Habana, mientras sus miembros pasaban el servicio militar: Alfredo Arias (acordeón, 1947), Raúl Pastora (bajo,1949), Alejandro Martínez (batería), todos ex integrantes de Los Vampiros y el percusionista Carlos Godínez (1946). Luego tuvo otras alineaciones, participando en festivales de las FAR mientras se cohesionaba su propuesta. Al pasar a la vida civil, ya como grupo profesional, se caracterizó por alternar piezas propias y versiones, aunque en un inicio priorizó la música instrumental hasta la entrada en 1966 de su primer cantante, Manolo Calviño (1951). Manteniendo sólo a Pastora y Arias como integrantes fijos desde la fundación, una treintena de músicos pasaron por sus estructuras. Entre ellos los guitarristas Pedro Melo (1944, ex Los Guardianes), Roger Acevedo, Juan Sebastián Montes "Chano" (1951, ex Los Bristol) y Fernando del Toro (1953, ex VC); los percusionistas Igor Arias, José Castillo, Pedro Barcelá "Guapachá" (fallecido en 1984) y José Espinosa; el vibrafonista Federico Chea (1947); los bateristas Lorenzo Tamayo (1946, ex Los Bambas), Rodolfo Miró (1946), Guillermo Goizueta "Willy Palo" (1951), Jorge Vázquez (fallecido en 1975), Héctor Barrera "Ringo" (1951-2009, ex Los Barba), Rodolfo Rodríguez (1964) e Ignacio Cao (1956, ex Los Magnéticos); Mike Porcel (1950) y Pedro Luis Ferrer (1952, ex Los Nova) en voces y la guitarra rítmica; los cantantes Arturo Aruca, Lázaro Morúa (1949, ex Tommy y sus Satélites), Víctor Valdés (1958), José Antonio Peña y René Laronte; los saxos de Mariano Tena (1956-2000), Tirso Roches (1955), José Rodríguez Artigas (1950, ex Los Centurys), Rogelio Pardo y Lázaro Barrizonte (ex Los Barba); los trompetistas Edilio Caridad Montero, Frank Padrón y Reinaldo Suárez (1961) y el trombonista Hugo Morejón (1956), así como José Arnaldo Oliva (1946-2007, ex Los Mensajeros) quien se turnó entre teclados, bajo y voz líder ocasional.

Actuó en cabarets, clubes, carnavales, fiestas privadas y populares, teatros, televisión y festivales como Varadero 70 e Invierno Caliente (1981), además de respaldar a Mirtha & Raúl en grabaciones y conciertos. A finales de los 80 se distanció del rock hasta la separación en 1994. En su repertorio destacaron tanto las versiones (Beatles, Petula Clark, Steve Miller Band, Los Bucaneros, War, The Kinks, Kansas, Santana, Los Bravos) como los temas escritos por sus miembros o colaboradores (Ceferino A. Milián, Gilberto Peralta): *Rocky, Ciclos, A pesar de todo, Los años verdes, Scarface, No te hallará mi canción, Démonos la mano con la flor, Letras en jarrones de cristal* y *No quiero ser distinto.* En su época de rock fue uno de los grupos más sólidos en su entrega.

DAGO

Utilizando su apodo para nombrar al grupo, Dagoberto Pedraja (guitarra y voz, 1957) organizó este proyecto a mediados de 2002, tras su salida de Los Kents. Ese año grabó el disco *Nieve en La Habana*, con colaboraciones de Instinto (trío femenino de hip hop) y Silvio Rodríguez, alzándose con el Premio Cubadisco 2003 en música rock. Con anterioridad había circulado un demo personal (*Tropical metallic tour*, 1996).

Su banda integró al bajista Abdel Gallegos (1959), los bateristas Rolando Fernández (1966) y Richard Castillero (1976), y en la guitarra rítmica Virgilio González "Villy"(1970, ex Pasos Perdidos), Ludwig Rivero (1972) y Diego Sandoval (1971, ex Caffé del Barrio), el percusionista Juan Carlos Pena, y las vocalistas Yuni Fundora y Daray Gutiérrez. Se mantuvo hasta 2004, tras lo cual grabó otro demo (*Bolero hippie*, 2005), fundó Roca de Almendra por una temporada, y retornó a las filas de Los Kents. También Dagoberto formó parte –a veces como bajista– de Los Planetarios (a fines de 1968), Black Ground, Los Iron Flowers (con el baterista Rafael Hernández, y Nelson Ondarza Carbonell y Félix Guillermo Sánchez "Toto"en las guitarras), Los Crow, Los Rolands, Los Kew y otras agrupaciones.

En sus facetas de productor o músico ha colaborado con Extraño Corazón, Bolsa Negra, Cosa Nostra, Burbles, Garaje H, Elévense, Omar Hernández, Izquierdo Reservado, Carlos Varela, Raúl Gómez, Adrián Morales, Edesio Alejandro, Viviana García, Clodobaldo Parada y David Torrens, entre otros, además de componer para televisión, radio y cine. Entre fines 1999 y principios de 2000 grabó unos temas bajo la denominación M5, con elementos de techno y ambient, junto a la cantante y coautora Mariley Reinoso. A finales de 2013 dejó a Los Kent formando Silver Hammer Band.

LOS DALTON

Grupo de Santa Clara que, al parecer tuvo dos versiones. La primera fue alrededor de 1972 con el baterista Jorge Luis Gómez Gutiérrez (1954) cuando éste formaba parte de Impacto. La segunda estuvo activa entre 1983 y 1989, incluyendo a Humberto Arias Brunet en el bajo, Adrián García Pedroza en el órgano, Tony Pérez Martín (batería), Miguelito "El Chino" y Félix Martínez compartiendo la voz principal, José Antonio Garbey como percusionista, y los coros de Norma Castellanos y Emirta Lara. En la segunda etapa se dedicó a los covers (Eagles, Kool & The Gang, Foreigner).

DAMSELFLY

Grupo de dark metal con temas propios y covers (Kittie, Six Feet Under) formado en la Universidad de Ciencias Informáticas (La Habana) en 2006 por los alumnos Lilier Pérez Pérez (batería), Yaima Regla Oviedo (voz), Lianna Teruel (guitarra) y David Leonardo Nieves (bajo). Sólo actuó dentro del centro de estudios, incluyendo el festival Cyber Metal. Separado en 2007 cuando cada uno regresó a su provincia de origen.

LOS DAN

Una de las bandas que más destacó en el temprano pop-rock, se formó en La Habana en 1967. Su extensa trayectoria estuvo signada por múltiples cambios de integrantes, pese a lo cual mantuvo un sonido influido por sus similares españoles, lo que fue reflejado en dos discos publicados en 1970 y 1985. Con estancias más o menos prolongadas estuvieron los guitarristas Jorge O. Sosa, Roberto Sosa, Víctor Sarabia (1949-2012, ex Los Sigma), Daniel Jardines, Rafael Lombana (ex Lomby y sus Estrellas) y Ernesto Hernández; los bateristas Raúl Herrera, Gustavo y Eddie Larena (1950, simultaneó con Los Sigma); los bajistas Ricardo Rodríguez Menchaca (murió en 1996), Roberto J. Núñez (1950, ex Los Watts) y José Luis Pineda, y los cantantes Jorge Cárdenas (fallecido en 1996) y Orlando Jardines, entre otros.

Con canciones como *Yo te di todos mis sueños*, *La gente de los altos*, *El mejor mundo* y *Ser lo que esperas* (tema del programa radial Nocturno) conquistó amplias audiencias entre 1972 y mediados de los años 80, incluso generando imitadores. Actuó en el festival de rock Invierno Caliente (1981), así como en teatros, televisión, carnavales y fiestas en varias provincias. A inicios de los años 90, después de una gira por Europa, entró en un impasse hasta reformarse en 2009 con Jorge O. Sosa, Jorge Denys (voz y guitarra, ex Sputnik) y un plantel de nuevos integrantes, incorporando a su repertorio algunas versiones (Beatles, grupos españoles de los años 60).

DANA

Grupo de black metal fundado en Cienfuegos en 2004 con Edel Toledo "Puntonet" (guitarra), Liesvy Hernández (bajo, 1985), Fabio Bosch Miguel (batería, 1985) y Adrián Lee (voz). Al año siguiente salen Liesvy y Lee, entrando Dairon Luis Santana (voz,1987), Daniel Alujas (bajo,1984) y Gilberto Sánchez (teclados, 1981), con quienes se presentó la maqueta *A curious dream*. En abril de 2006 se grabó el disco *The new age*, y a fines de ese año Yadián Perdomo sustituyó a Toledo, hasta ser remplazado a su vez por Yunior Moíña (1982). En 2009 apareció el disco *The ancient's return*, y para 2012 Daryl Joel había entrado como guitarrista, simultaneando con su trabajo con In Rage. El grupo es anfitrión del festival Rockasol, en Cienfuegos, además de actuar en la mayoría de los eventos del género. Junto al repertorio propio incursiona también en las versiones.

LOS DANDYS

Formado en el capitalino barrio El Vedado a inicios de 1963, actuó en fiestas y carpas interpretando versiones de rock and roll. Lo formaron Emilio Ramírez Vila (1946) y Gerónimo Quevedo en guitarras, el contrabajista Luis Bueno, Jorge Suárez en la batería y el cantante Miguel Casuso. A mediados de ese año, tras algunos cambios en su nómina dio paso a Los Dinámicos.

LOS DANGER

Formado a mediados de 1972 en La Habana, tras el desmembramiento de un grupo previo llamado Puntos Suspensivos, con Mario Aldo Barrios (guitarra rítmica, 1948), Jesús Rodríguez "El Yeso" (voz), Víctor H. Ramos (bajo) y Rafael Arredondo (batería, 1954). Poco después entraron Manuel Echevarría "El Salsa" (1950) como cantante y Antonio Vázquez "El Yuma" (1950) en la guitarra líder. Se mantuvo activo durante el resto del año con un repertorio de covers (Creedence Clearwater Revival, Jimi Hendrix, Grand Funk Railroad) hasta dar paso a Nueva Generación.

DARK CHOICE

Ex miembros de Necrófago y Praes formaron ese grupo de death y thrash metal en Placetas, en septiembre de 2010. Con Boris Fernández (bajo), Alejandro Martínez en la guitarra líder, Roiler Méndez en la segunda guitarra y la voz principal, y el baterista Roberto Méndez, debutó en Placetas Metal Fest en julio del año siguiente. Desde entonces se mantuvo activo, actuando fundamentalmente en su zona.

DARK MILL

Formado en Puerto Padre (Las Tunas) en abril de 2012, se integró con los guitarristas Eudaldo "Vampiro" y Carlos "Vomitor", el bajista Daniel "The Beast", y Yodelyn Leyva "Joe Thunder" (voz, guitarra y compositor, 1973), más la colaboración de Luis (teclados) y empleando secuenciadores en lugar de batería. Su estilo se orientó al death y thrash con temas propios, aunque su demo debut (*War zone, 2013*) incuyó una versión de Motorhead.

DARK NABERUS

Banda habanera de black metal que debutó en abril de 2012 junto a Ancestor en el teatro Maxim Rock. Sus miembros usan pseudónimos: Dark Dakalfor (voz), Dark Sovek y Dark Hrym (guitarras) y Dark Tervillian (bajo), trabajando con batería secuenciada.

DARK SIDE

Fundado en Pinar del Río en agosto de 1993 por Antonio Viera (batería) y Orestes Lemus "Kiko" (bajo), al mes siguiente se les unen Juan Carlos Rodríguez y Liván Rodríguez en las guitarras y el cantante Leonel Martínez "Lile". Comenzó influido por

Black Sabbath trabajando material propio, y debutó en noviembre junto a Sarcoma. En febrero de 1994 salió Liván por Danay Reyes, actuando en julio de 1994 en el concierto Unión junto a Tendencia, Sarcoma y Réplica. Al mes siguiente Félix de la Paz "Pusky" sustituyó a Danay, y a fines del mismo año Lemus también lo dejó para formar Trauma, entrando Emilio Caraballo brevemente hasta ser remplazado por Michael Boza (1979) en los primeros meses de 1995, quien tampoco permaneció mucho tiempo, pasando a Tendencia, con lo cual "Pusky" asumió el puesto de bajista. La ruptura sobrevino en noviembre de 1995. Su repertorio consistió en temas propios en español (*Polvo y gloria*, *Travesía*, *Hasta que salga el sol*) y versiones (The Who, Ángeles del Infierno, J. J. Cale).

DARKENING

Banda de death metal propio en inglés, formada en La Habana en agosto de 2003. Estuvo integrada por Oscar Pita (guitarra, 1979), Jason Josué Herrera (voz), Javier Rodríguez Prendes (bajo, 1982) y el baterista Ray Mora (1982). Duró poco tiempo y alcanzó a grabar el demo *Where the sool winter burns my eyes*. Poco después Pita se unió a Zeus, marcando el final.

DARKNESS AND BLIZZ

Grupo de black metal de Cienfuegos, formado en noviembre de 2006 con Jaziel García "Aztaroth" (voz), Pablo Martínez "Antichrist" (batería), Maikel Quesada "Nocturnus" (bajo) y Adonay Morejón "Blasphemus" (guitarra, 1980). En 2009 grabó el demo *The arrivals of Darkness and Blizz*, y se presentó en festivales por todo el país, alternando con Dana, Narbeleth, Ancestor, Noise Pollution, Asgard y otros.

DARKNESS FALL

Formado en San Agustín (La Habana) en abril de 2008 con dos ex miembros de Alliance (Miguel Ángel Jiménez en la guitarra, y el baterista y director Alex Ricardo) y el cantante Rafael Maurell (1981) quien venía de proyectos abortados como The Gray y Space Box. Luego incorporaron a Yan Sanabria en el bajo y Axel Fernández Granados (ex Space Box) en la otra guitarra, comenzando a actuar de modo ocasional.

En 2010 Maurell y Xanabria fueron remplazados por Yoan García Medina y Eleixis Triana respectivamente, si bien Yoan no permaneció mucho tiempo (apenas tres conciertos, incluyendo Metal HG 2010) y fue sustituido por Humberto Álvarez "Pico" (1984), proveniente de Estigma DC. Ese mismo año Alex comenzó a colaborar con dos bandas holguineras, Jeffrey Dahmer y Mortuory. Su estilo se inclina a un híbrido donde destaca el metalcore, cantado en inglés y español. En 2012 ingresó en la Agencia Cubana de Rock. Hasta el presente cuenta con los demos *Darkness Fall* (2008) e *In silence* (2009), el disco *Dominio* (2011) y su inclusión en compilatorios.

DAWN OF MADNESS

Este fue un proyecto de death-black melódido encabezado por Oscar Pita (guitarra, 1979) que nunca usó bajista y alcanzó a hacer una sola actuación. Coincidió con la estancia de Pita en Porno Para Ricardo, y lo completaban William (guitarra, ex Dark Fire), Ray Mora (batería, 1982), Jason Josué Herrera (voz) y Marlén Pita (teclados, 1987). Hizo unas grabaciones en las que Pita asumió todos los instrumentos, empleando solo a Herrera como cantante.

LOS DC5

También conocido como "el combo del Pre Osvaldo Herrera", funcionó en Santa Clara entre 1966 y 1969 con estudiantes de esa institución: Ignacio Martínez (guitarra líder, 1950), Ramiro Valledor Tristá (segunda guitarra y voz), Ramón Pérez Romero (bajo, 1950) y Jesús Solernou Álvarez "Suso" (batería, 1951). El acordeonista y cantante Antonio García Perdomo, y Ramón Fernández Padrón (pandereta, fallecido en 1999) fueron colaboradores ocasionales. Junto a los covers (Gilbert O'Sullivan, Simon & Garfunkel, Beatles) acompañó a solistas, dúos y cuartetos en los festivales de aficionados.

DEAD POINT

Formado en La Habana en diciembre de 2006 por dos ex integrantes de Perfect Clone, proyecto previo creado en el Instituto Tecnológico Osvaldo Herrera y que nunca debutó: Sergio Fabián Ramos (guitarra, 1988) y el cantante Dairon Abreu González (1988). Ambos se unieron durante los primeros meses de 2007 a Gabriel Orestes Cruz Doncel (batería, 1987, ex Read Between The Lies), el bajista Ricardo Alberto Hernández (1989, ex Herein) y el guitarrista Irwin Derliz Cao (1988) quien había pasado por Food Chain, Easy Job y The Last Forgotten Day.

El demo *Born to kill* se presentó en abril de 2007 con un concierto en el cine Ambassador (Playa). En 2009 la inclusión del DJ Frank Haze dio un giro a su música, con mayor presencia de elementos de electrónica, y en mayo de 2011 entró Antonio Luis García (1989) para hacerse cargo de la segunda voz. Su álbum *Palabras vacías* (2010) obtuvo Premio en la categoría rock en Cubadisco al año siguiente. En 2012 publicó un nuevo disco, *Seis veces más*. Organiza el Massacre Fest, evento anual de bandas de metal.

DEBAJO

El cantautor Boris Larramendi (1970) actuó a dúo con Nadia Nicola y respaldo de Estado de Ánimo en el concierto Lennon in Memorian de diciembre de 1993 en La Habana, y en febrero de 1994 formó este grupo con una mezcla de elementos grunge, funk y rítmica cubana.

Tuvo varios cambios de músicos: Sergio León (1974) y Kiki Ferrer (1976) en batería; Azary Alom (1971) y Elmer Ferrer (1973) en guitarra; los bajistas Ángel Frómeta y Julio

César Pedroso; Raúl Martínez en la percusión y las coristas Lizzy Gutiérrez (1977) y Nubia Chericián. En mayo 1994 hizo unas grabaciones y poco después participó en el compilatorio *Habana Oculta*. Tras algunos conciertos, dejó de existir a principios de 1997.

DEEPER WORDS

Banda grunge de Perico (Matanzas) que funcionó poco tiempo a inicios del siglo XXI con Alexander Riera "Tinito" (batería, 1974, ex Delirio G), los guitarristas Yossiel Landín y Carlos Izquierdo, Félix Martínez en el bajo y el cantante Yunior Landín.

DEFORMITY

Fundado en diciembre de 1994 tras la ruptura de Madness, en La Habana. Al inicio con Jorge Lázaro Ramírez y Julio en guitarras, Eduardo Longa (1975) en la batería y el bajista Giordano Serrano (1976), pero poco después Jorge Marín (1970, ex Krudenta) sustituyó a Julio. Con un sonido orientado al death-metal y material propio en inglés, más adelante pasó a denominarse Desolate, pero se desintegró al poco tiempo. En septiembre de 1995 Marín pasó a The Window.

DELIRIO G

Uno de los primeros grupos que incursionó en el sonido grunge, provenía de Colón (Matanzas) donde se fundó a inicios de 1995 tras la disolución de Quimera Negra, con 3 de sus ex componentes: Duniesky Pérez Puga (1976) y Félix Alejandro Peñafuente (1968) en las guitarras, y el baterista Iván González (1971), junto al cantante Alexander Riera "Tinito" (1974) y el bajista Francis Gutiérrez (1976). Poco después Roberto Quesada (1972, ex Scrah) entró por Iván. En octubre de 1996 grabó el demo *After all*. A principios de 1997 Darío Ochoa (1971, ex Scrah) entró por Peñafuente. Actuó en su provincia y La Habana, con canciones propias interpretadas en inglés que acentuaron la inclinación al llamado "rock alternativo" de la época. Se rompió a inicios de 2002.

DELTA

Esta agrupación se formó en 1984 con alumnos del Instituto Superior de Lenguas Extranjeras Pablo Lafargue en La Habana. Desde el inicio alternó composiciones propias y versiones (Beatles, Deep Purple, Rolling Stones, Led Zeppelin). Hasta 1987 pasaron diversos músicos: Abel Rodríguez (1963), Ignacio Elejalde Jr. y Judith Hidalgo Gato en las voces; los bateristas Rogelio Valdés, Mario Izquierdo, Rubén Rodríguez y Alexis de Armas (1966); los guitarristas Rodolfo Torrente "Fito" (1971), Julio Rojo, José Ángel Pérez, Ismael Bedias (1965) y Pedro Licea, y el bajista Ruffo de Armas (1968). En el verano de 2002 dos de sus antiguos integrantes (Ruffo y Bedias) reflotaron el grupo para la grabación de la pieza *Como una estrella fugaz*, junto a Roberto Fajardo "Keko" (voz, 1961) y Gisell Vives (teclados). Fue, principalmente, una banda escolar, aunque llegó a hacer actuaciones en diversos puntos de la capital.

LOS DELTA

Activo en Placetas entre 1961 y 1970 tuvo muchos cambios de integrantes, incluyendo a Homero Mier (batería, 1948), Paco Suero (voz), los guitarristas Luis Garabito, Jorge Rodríguez (1955) y Pepín Pedroso, Pepe Herrera en el bajo y los teclados, el bajista Pablo Cuéllar, y el organista Jochy Áreas. Con cierta influencia de jazz, tocaba versiones a piezas extranjeras de la época, y composiciones propias.

LOS DELTA

Fundado en Matanzas en diciembre de 1968, aunque se estabilizó en abril siguiente para debutar un mes más tarde. Hacía versiones a piezas de Beatles, Animals, The Turtles, Michael Polnareff, Matt Monro, Jay & The Americans, Rolling Stones, Bobby Solo, Box Tops y algunos temas propios (*Ella entró por la ventana*, *En mi invierno*) instrumentales y cantados. Compuesto por el cantante Manolo Castro (1948), Noel Toledo (piano y vibráfono, 1950), el baterista Ernesto Martínez (1950), y los bajistas Reynaldo Abreu (1948) y Carlos Fernández Gómez (1949). Se mantuvo activo hasta 1970.

LOS DELTAS

Grupo pop-rock fundado en 1967 en Santiago de las Vegas, con el baterista Evelio Carballo (1949), Ramón García "Monchi" en el órgano, y los hermanos Zequeira Cossío: Raúl (1949) y Jorge (1955) en guitarra y bajo respectivamente, más la colaboración eventual de Juan Ferrari en pandereta y coros. La primera etapa concluyó en 1969, tras lo cual se produjo una reformación en 1970, más orientada hacia el rock latino con la entrada de Samuel y Julio en percusiones, y el guitarrista Miguel Martell, junto a Carballo y los hermanos Zequeiras. Cuando ese mismo año Raúl se incorporó a Los Gafas, el grupo desapareció.

DEMENCIA

Cultor del death metal, este grupo surgió en Santa Marta (Cárdenas, Matanzas) en enero de 2002 bajo el nombre temporal de Tragedia, con Ignacio Moreno y Jorge Enrique Montero en las guitarras, Leonardo Valdés en el bajo, René Castiñeiras en la batería, y el vocalista Yuniel González "El Pipi" (1984). Su debut ocurrió en diciembre de ese año en Matanzas junto a Amenthis. Después del festival Atenas Rock 2003 actuó en varias provincias y Yandi Gordillo entró como nuevo baterista. En 2005 sacó un primer demo, *Out of mind*, grabado con la bajista Lizandra Moreno, seguido tres años más tarde por *Severe physical pain*. Al momento de la separación, en agosto de 2009, contaba con Castiñeiras, Ignacio, Lizandra, Montero y "El Pipi".

DEMENCIA ALKOHÓLICA

Exponente del punk en Trinidad, se estabilizó a mediados de 1994, aunque la idea venía desde 1990. Su primera actuación, en diciembre, en Sancti Spíritus, la compartió con Eskoria del Odio. El formato original incluyó a Daimel Cuervo (bajo, voz, 1976), Orelvis (batería) y Carlos Galdona (guitarra y voz), aunque en los días finales Yoly sustituyó a Orelvis. Desapareció a mitad de 1995.

DESENCADENADOS

Funcionó de modo efímero en Holguín, en 1997, como proyecto de hard-rock, con José Gerián Durán (guitarra, 1977, ex S.O.S.), Isnader J. Rodríguez (ex Ley Urbana) en la batería, y el bajista Gustavo Adolfo Asencio (1975).

DESTROZER

En junio de 1991 tres músicos holguineros formaron Morbo, que apostó por el death grind. Ellos fueron Alexander Jorge Parra (voz y guitarra, 1972), Marcel Soca (bajo, 1976) y Jonier Rodríguez Sales "Johnny" (batería). Poco después cambiaron de nombre a Destrozer manteniendo la sonoridad. En 1993 salió Jonier, pasando Marcel a la batería, y entrando Pedro Legrá "Peter" como bajista. En agosto 1994 Frank Martínez (1976) sustituyó a Marcel, y cinco meses más tarde Gustavo Adolfo Asencio (1975, ex Aries) se hizo cargo de las cuatro cuerdas.

Sus actuaciones se repartieron entre Holguín y festivales en Caibarién y La Habana, compartiendo con Los Beltas, Los Detenidos, Médium, Gens, Sectarium, Necrófago y Agonizer. En su primer demo, *Asesinatos en masa* (1991) los temas fueron en español; para los siguientes se adoptó el inglés: *The extinction of human race* (1994), *Live death* (1995) y el EP *Blaspheme orgies* (1995). A mediados de 1996 el grupo finalizó, pasando sus ex miembros a Ley Urbana y Testigos Mudos. Por los años de actividad de Destrozer, Parra fungió como editor del fanzine Evilness.

LOS DETENIDOS

Grupo punk habanero formado en octubre de 1992 tras la ruptura de Futuro Muerto, con Abel García (voz, 1969), Manuel Mendyl Méndez (guitarra, 1973), Sergio León (batería, 1974) y Rodolfo Humpierre (bajo, 1971). Entre abril de 1993 y septiembre de 1994 grabó tres maquetas (*Detenidos*, *Justicia* y *Pesadilla*) la última de ellas con el nuevo bajista Julio César Pedroso. Hizo muchas actuaciones en la capital, y en febrero de 1995 se transformó en Bugs Bunny (antesala de Garaje H). Poco después figuró en el recopilatorio *Las luchas de la juventud*, publicado en Francia, junto a Cosa Nostra y Médium. Música sencilla e intensa, textos contestatarios: punk a lo cubano.

LOS DIABLOS MELÓDICOS

Dúo integrado por Ignacio Aymet Castro "Richard" (voz y guitarra, 1943) y Félix Pérez Castro "Sammy" (voz, 1943-2014) se mantuvo activo entre 1961 y 1964 en el circuito capitalino de clubes, cines y teatros, actuando también en radio, televisión, escuelas y recitales en varias provincias.

Figuró en el filme *Soy Cuba* (1964) del realizador soviético Mikhail Kalatozov, cantando una versión en español de *Crazy love* (Paul Anka). Su repertorio incluyó versiones a éxitos del rock and roll y slow rock. Se hizo respaldar por orquestas de estudio y combos (como Los Fantasmas, en Santa Clara). Luego Ricardo pasó a tocar en el conjunto de Pello El Afrocán, y "Sammy" integró las agrupaciones Ritmo Oriental y Charanga Habana All Star.

LOS DIABLOS ROJOS

Grupo de Santa Clara, fundado en 1959 con Eddy Romero (guitarra), Mayito Cárdenas (piano), Reinaldo Escobar (bajo), Fernando Soria (percusión) y el baterista Wilfredo López. En 1960 agregó al también guitarrista Lorenzo López (1945). Hacía versiones al rock and roll de la época. Acompañó a Luis Bravo en 1960 en esa ciudad, y alternó con Wilson y Su Combo, entre otros. Alcanzó notable éxito en la radio santaclareña, e inauguró un espacio musical en el sótano del teatro Cloris. Se desintegró en 1961.

DIADEMA

Quinteto de rock melódico en Holguín, influido por Epica, fundado en agosto de 2011, debutó en enero siguiente en el municipio Bartolomé Masó. Inicialmente con Yaisel Pozo (voz, 1989), Alexander Jorge Parra (1972, de Jeffrey Dahmer) y Marcos Tejas (1986) en guitarras, Julio César López (batería) y Rubén Reyes como bajista, aunque los tres últimos se marcharon en marzo de 2012, entrando dos ex integrantes de Other Brain, Reinier Martínez (1990) y Pedro Ángel Torres (1989) en guitarra y bajo respectivamente, a la vez que se optó por secuenciar la batería. Ese año se grabó el disco *The forgotten tale*, e hizo varias presentaciones.

LOS DIAMANTES

Grupo perteneciente a la Casa de Cultura de Playa (La Habana) entre 1966 y 1967 con el cantante Manuel Pedroso, los guitarristas Julio Ley (1950) y Enrique Quintela, el bajista David de Castro (1951) y Roberto Lorenzo en la batería. Con un repertorio de versiones compartió escenario con Los Golpes Duros en un evento en el teatro Jesús Menéndez (Marianao). Luego Ley pasó a Los Takson y el grupo desapareció.

LOS DIAMANTES

Considerada la primera banda de rock en Cienfuegos, se mantuvo activa entre 1963 y 1964 haciendo versiones (Paul Anka y más). Entre sus integrantes, en distintos momentos, estuvieron el cantante Otto Herrera; los guitarristas Alberto Regueira (1946), Arturo Valenzuela, José Benjamín López "Bilo" (1942-1970), Lázaro García (1947) y José Miguel González; Orlando Borrel (1943) en el bajo, y el baterista Carlos Subero. En 1967 se reformó por unos meses, hasta que algunos de sus miembros se unieron a Los Jaguares.

DIAMOND DUST

Banda de Santa Clara fundada en junio de 2005, debutó en mayo de 2006 en El Mejunje. Aunque llegó a presentarse en el festival Ciudad Metal de ese año, no tuvo mucha trascendencia y se separó al poco tiempo. Decantada por el metal progresivo bajo el mando del baterista Javier Leiva Rodríguez (1964), incluyó a Reylán Cortés (guitarra), Alejandro Negrín Montecelo (guitarra y violín), Dennis Mayor (teclados), Rafael Ramos (bajo) y las vocalistas Glenda González (1987) y Zammys Jiménez (1990).

DIMENSIÓN VERTICAL

Fundado en el Cerro (La Habana) en 1967, a partir de Los Dakotas, llegó a ser uno de los líderes del underground capitalino, con un sólido repertorio de versiones y constantes cambios de integrantes que, sin embargo, no mermaron su calidad. En su etapa inicial contó con los cantantes Félix Dickinson (1952) y Alberto "El Cura"; los bajistas Waldo O'Farrill (1949, ex Los Ovnis), Roberto Pujadas (ex Los Yetis) y Julio Quintana (1951, ex Los Peniques); los guitarristas Eduardo Martínez, Fernando del Toro (1953, ex Fariseos Amén), Guillermo Buesa (1951-2007, ex Los Peniques), Ángel Luis Alonso (1951) y Omar "El Cristo" (ex Los Tifones), y los bateristas José Rodríguez "Pepe El Guayabo", Oscar Quesada (ex Quinteto Negro), Alfredo Canales (ex Fariseos Amén, fallecido en 2015), Héctor Arcos (1951) y Gualberto del Prado. Se presentó fundamentalmente en fiestas privadas en La Habana, hasta 1973.

Reformado en 2002 conservando a Dickinson, Buesa (guitarra rítmica, teclados, coros y bajo) y Quintana de sus miembros anteriores, y con Jesús Vázquez "Chucho" (guitarra, 1955, ex Sesiones Ocultas), Ángel Mario Rodríguez (segunda guitarra, 1962, ex Tercer Millenium), Guido García (voz, 1952, ex Los Yens), Nelson Rodríguez Barcia "Charlie" (batería, 1952, ex Los Signos) y Alberto Hernández Plasencia (voz y teclados, 1969). Con esa formación —excepto la sustitución de Quintana por Livio Estrada (1961, ex Red X)— grabó el disco *Rock club* (2005) totalmente de covers (Beatles, Kansas, Toto, CCR, ZZ Top, Free, Peter Frampton). En esta temporada se presentó en clubes, festivales y teatros, además de ser galardonado por el programa Cuerda Viva como "mejor agrupación de covers".

Tras el álbum se produjeron cambios: salieron "Chucho", Ángel Mario, Livio, Plasencia y Dickinson, ingresando, en diversos momentos, Eddie Escobar (voz y guitarra, 1970, ex EFA), Ángel Luis Fundichel (teclados y voz, 1958, ex Los Takson); los guitarristas Félix Finalé (1976, ex Los Kents), David García Joubert (1953, ex Última Generación), Jorge Marín (1970) y Lázaro Perovic (ex Cetros), el bajista Richard Adelit (1962, ex AM), el baterista Rolando Fernández (1966, ex Dago), el tecladista y saxofonista Jorge Byron (ex Oasis) y el percusionista (y baterista ocasional) Daniel González. Se ha mantenido tocando covers.

DINÁMICA

Banda en Holguín que mezclaba rock, jazz y ritmos cubanos. Fundada tras la separación de Testigos Mudos en 1996, de donde provenía Fidel Brizuela (guitarra, 1975) quien había tocado también con el trovador Ramiro Gutiérrez. Sus colegas fueron Yudelkis Aguilera (teclados y voz), Nataniel García (bajo,1972), Alidranad García (batería, 1970) y Alfredo Peña (voz, 1971). Incluyó la participación de invitados como Esteban Vargas (violín) y Pucho (saxo). Duró poco tiempo.

LOS DINÁMICOS

Grupo activo entre 1962 y1966 en Sagua La Grande, actuó en fiestas y carnavales, con versiones del pop internacional. Lo integraron Manuel Méndez (saxo), Humberto Larrondo en la percusión, José Martí Rey (batería), Frank Fernández Carratalá (cantante, 1924-1992) y los hermanos guitarristas Rómulo y Antonio Gallego.

LOS DINÁMICOS

Formado a mediados de 1963 en el barrio habanero Vedado por Rogelio Medina Codinach (voz y percusión, 1947) con Julio Piedra (guitarra), el saxofonista Felipe Ortiz, y cuatro ex integrantes de Los Dandys: Emilio Ramírez Vila (1946), Luis Bueno en el bajo, el cantante Miguel Casuso y el baterista Jorge Suárez. En 1965 entraron Sixto Márquez como cantante, Fernando Portela (percusión) y Eduardo Saumel "Machy" en la batería, Oscar Mas Peláez "Balón" (1947) sustituyó a Piedra en la guitarra rítmica, y Medina pasó al contrabajo. Su repertorio consistió en instrumentales y versiones (Beatles, The Byrds, Chuck Berry). Se mantuvo activo hasta 1966 tocando sobre todo en fiestas.

DINASTÍA

Fundado en el verano de 1992 en La Habana, incursionó en el heavy progresivo con Pedro Victorino (guitarra, 1970, ex Estirpe), Mario Javier F. Vinat "Neni" (batería, 1973, ex Symphony of Doom), Ludwig Rivero (guitarra, 1972, ex Metal Oscuro), Eddy (voz) y Erick Alvarado (bajo, 1973). Hizo actuaciones, incluyendo el Festival Rock por la Paz, en agosto de 1993 en el Anfiteatro de la Habana Vieja. Poco antes "Neni"se había unido a Havana, entrando Wilson Pérez (1971). En octubre de ese año Alvarado y Rivero pasaron a Joker, tras lo cual el grupo se desintegró.

DINO Y FREDDY

Conocidos también como Los Príncipes del Calypso o Los Príncipes del Rock, influidos por Everly Brothers y Jan & Dean, el dúo de Orlado Freijo "Dino" y Freddy Ramírez se mantuvo entre 1961 y 1963. Aunque por lo general se acompañaban con una guitarra eléctrica (interpretada por "Dino"), de modo ocasional invitaban a instrumentistas, como el baterista José Roberto Ovide (1944). Actuaron en clubes, teatros, cabarets y cines. Previamente "Dino" había trabajado con el grupo de Rey Diaz Calvet. Más tarde Freddy se promocionó como El Cantante Enmascarado, actuando en 1964 en el cabaret Alí Bar, mientras Dino formó Los Buitres.

DISTRESS

Fundado en julio de 1994 en Santa Clara, antes había funcionado brevemente como Ataxia. Haciendo thrash metal con material propio en inglés, lo componían Danny (voz), Manuel Varela (guitarra, 1970), Alejandro Gari Ibarra (bajo) y Javier Leiva Rodríguez (batería, 1964). Con la entrada de Yuri Aguilar (1972) en remplazo de Ibarra, se mantuvo hasta finales de 1994, pero desapareció sin haber logrado presentarse en vivo.

DIVERSAS RAZONES

Grupo existente en Camajuaní entre fines de los años 60 y 1973. Su repertorio consistió en covers de pop y rock (Sandro, Herb Alpert y otros). Formado por Héctor Polanco (batería), José Ramón García Morales (saxos alto y tenor), Rogelio S. Barriga y Freddy Gari compartiendo las voces, César Cabrera (bajo) y los guitarristas Jesús Concepción y Miguel Mundy. Luego aparecieron también Arnaldo Gómez (trompeta), Luis Rodríguez Delgado (batería), Héctor Barreto (percusión) y Jesús Manuel Linares (guitarra rítmica, 1955). Actuó en fiestas y actividades en su localidad, Jatibonico y otros sitios. Algunos de estos músicos pasaron a integrar otros combos de rock.

DNA

Fundado en junio de 1996 en La Habana, debutó al mes siguiente en el Café Cantante junto a Gerardo Alfonso y Amenaza (futuro Orishas). La dirección recayó en Carlos Rodríguez Obaya (1954), ex baterista de Gens, y la alineación se completó con William Bonachea (voz, 1968), las guitarras de Jorge Marín (1970) y Agustín La O (1962), César Rodríguez en el bajo, y Juan en los teclados. Poco después del debut Marín lo dejó para unirse a Combat Noise.

Actuó en el concierto de homenaje a John Lennon en noviembre, con Dagoberto Pedraja (guitarra) como invitado. En enero de 1997 salió Juan, mientras Obaya decidió resucitar a Gens, desarmando el grupo. Sin embargo, en abril de 1997 algunos de los músicos intentaron una reformación con el baterista Marcos Tudela (ex A-19), pero la salida del bajista César provocó la ruptura definitiva, dando paso a Mantra.

DOBLE A

Activo desde agosto de 2001 en La Habana, apostando por el hard pop y rock latino, pasó por cambios de integrantes en diferentes etapas de tanteo hasta consolidar un trabajo que combina material propio y versiones. En 2012 su formato incluyó a Ariel Pérez Gallart (guitarra y dirección, 1981), Narryman Peña (teclados, 1984), Yenier Pérez-Urria (guitarra, 1984, ex No Parkeo), Sayuri González (bajo y coros, 1989), Josué Cala Soler (batería, 1983, ex Viento Solar) y Yisel Pérez (voz, 1986, ex Wena Onda). Previamente había integrado a David P. Quenedit (1985) y Ariel Macías "Tuty" (1981) como bajistas; Eduardo Hernández Otero (voz), los tecladistas Sergio Acosta del Río y Jany Cruz; Ariel Pérez Cordero y Fabián en las guitarras; Alex del Río López (batería) y otros. Ha actuado junto a Dimensión Vertical, Septum, Alisson y Los Gafas. Desde 2011 comenzó a presentarse con regularidad en el club Submarino Amarillo con un repertorio de covers. Tiene varias grabaciones: *Ayúdame* (2003), *De noche y de día* (2008) y *Debiéndote amor* (2012).

D.O.C.I.S.

Creada en diciembre de 2001 en Guáimaro (Camagüey) se caracteriza por mezclar heavy y rock progresivo. El nombre proviene de las iniciales de sus fundadores: el cantante Daniel Olazabal, el bajista Ornelio Herrera, Carlos en la guitarra, Iván Oliva (batería) y Sergio (guitarra), aunque más tarde Carlos y Sergio fueron sustituidos por Daniel Pérez Palmero y Daniel Estrada. Se presentó con regularidad en el festival Sonidos de la Ciudad (Camagüey).

LOS DORADO'S

Grupo de Playa Baracoa, al oeste de la capital, formado en 1963 bajo el nombre de Barabana que cambió en 1967, asumiendo el apellido de su director, Manuel Dorado Urquíza (guitarra rítmica y voz). Con diversos cambios se mantuvo hasta 1980. Por sus filas pasaron, entre otros, Carlos Hernández (batería), Rogelio Juan Galletti (1947) y Juan León (percusión), Leonel Hernández (guitarra) y Panchito Bejerano (bailarín y coros, fallecido en 2012). Interpretó versiones del rock y pop internacional.

DOWNTRIP

Banda de hardcore fundada en marzo de 2007 en Sagua La Grande con el cantante Conrado Morales (1976), la dupla guitarrística de Yandri Quintero Falcón y Jorge Damián Triana Valdés (1976), Michel González Pombal en la batería, y Richard Francia en el bajo. Su debut se produjo en agosto en El Mejunje, junto a Blinder. Triana y Francia venían de In The Skin y BUM; Morales había formado parte de C-Men, y Quintero y Pombal contaban con experiencias en bandas de pop-rock. Grabó el demo *A downward trip* con varios temas cantados en inglés, y se separó en 2009.

LOS DUENDES

El guitarrista y cantante Jaime Alfredo Rivero Benemelis la creó en Camagüey en 1966, convirtiéndose en la banda puntera del rock en su provincia. Con piezas propias y versiones, entre el rock-pop, el funk y algo de jazz, se mantuvo activa con tal línea durante varios años hasta derivar hacia la música popular bailable (cambiando el nombre a Los Duendes de la Salsa). Actuó en el festival de Varadero 1968. Tuvo muchos cambios, y entre sus integrantes se contaron Juan Armando Guzmán (bajo), Leoginaldo Pimentel (batería, 1951), Pupy (guitarra), Rogelio Betancourt (trompeta, 1964), Julián Blanco (saxo alto), Rebeca (teclados), Enoe Nápoles (voz, 1943) y otros. Jaime falleció en enero de 2014.

LOS DUPLEX

Grupo que funcionó entre 1963 y 1964 en la Habana Vieja. Lo integraron Rolando Ávila y Luis "Coppelia" en las guitarras, el cantante y también guitarrista Frank Hernández, y Ramón Aja en la batería. Interpretaba temas de Del Shannon, Everly Brothers y otros éxitos de la época. Posteriormente Frank hizo música para la televisión.

ECLECTIC POWER

Surgido como prolongación de Tekilla, en octubre de 1996 en Pinar del Río. Su sonido fusionaba power metal, hip hop, thrash y grunge, cantado en inglés y español. Los guitarristas Michael Fuentes (1975) y Pável Arencibia, Michael Boza (bajo,1979) y los sucesivos bateristas Antero Trujillo, Pepo y Wilber García fueron sus miembros. Actuó poco durante 1997 y hacia fines de ese año desapareció para dar paso a Enlace.

ECLIPSE

Grupo habanero aficionado formado en 1964 con Nelson Branly (voz, 1942), Carlos Enrique García Fernández (1950) y Carlos Felipe en las guitarras, Sabino en la batería y Fernando González Vizoso como bajista. Interpretaba versiones de rock and roll, y tras la ruptura en 1965, Carlos Enrique pasó a Los Átomos, y Branly trabajó con Los Caribes, Los Lems y Onda Siete, entre otros.

ECLIPSE

Perteneciente a la Facultad de Lenguas Extranjeras de la Universidad de La Habana, comenzó en octubre de 1984 con Frank Sánchez (bajo, 1966), René Toledo (guitarra y teclados) y Humberto Fernández (batería, 1965). A inicios de 1985 se incoporó Miguel Ángel Méndez "Miguelín"(1966) en la segunda guitarra. Participó en festivales estudiantiles en los que obtuvo premios a partir de un material propio en español y arreglos muy elaborados. Tuvo algunos cambios de integrantes y se separó en 1987 cuando algunos pasaron a Ecos.

ECOS

Grupo que funcionó en La Habana durante la segunda mitad de los años 80. Incluyó en su personal cambiante a Eduardo Giralt (teclados y dirección), René Toledo y Alejandro Cimadevilla como bajistas, Carlos Miguel Hernández (voz), Erick Pi y Humberto Fernández (1965) en la batería, y los guitarristas Orlando Bernal "Landy" (1965), Miguel Ángel Méndez "Miguelín" (1966) y Julio César López "Pachy" (1969).

EDMUND

Fundado en La Habana en octubre de 1991, con las guitarras de Oscar Martínez y Rodolfo Torrente "Fito" (1971, ex Horus), Ernesto Guedes Mendoza en batería, Vladimir Guedes Mendoza "Ballington" (1965) en el bajo y Xavier Márques en los teclados, aunque más adelante también pasaron Ahmed Medina (1974) sustituyendo a "Fito", y Julio César López "Pachy" (1969) como cantante, con quien se grabó el tema *I wonder (if our God exists for them)* en 1992. Poco después el grupo se separó.

EFA

Trío de voces y guitarras acústicas, especializado en la duplicación casi exacta de temas de Beatles, se reunió de modo informal en noviembre de 1996 para el Primer Coloquio Internacional sobre la trascendencia de la obra del cuarteto británico, convocado por la UNEAC en la capital. Lo integraron Eddie Escobar (1970), Frank Muñoz y Adrián Lelyén (1970). Llegó a ser el "grupo oficial" del Club Beatles Soul de La Habana. Se mantuvo actuando de modo esporádico hasta fines de 2000 en que anexó a varios músicos y pasó a nombrarse Ner Tamid, y luego Aeternum. Con los años ha hecho reformaciones para conciertos y eventos, aunque cada uno pasó a trabajar con otras agrupaciones.

EGGUN

Banda de Pinar del Río cuya existenca transcurrió entre febrero de 2002 y abril de 2005. Dejó los demos *Lies and sins* (2003) y *Eggun* (2005). Formada por Tomás Rafael Junco (batería), Maikel González (1978) y José Luis Muñoz en guitarras, y el ex bajista de Pesadilla, Noliosky Echevarría (1980), aunque también contó con los guitarristas Yuleisys Azcu y Reinaldo Martínez Perugorría por una temporada.

EL GRAN FOGÓN

Grupo de Placetas, fundado en 1973 y separado en 1975, se dedicó a tocar covers de Led Zeppelin, BTO, Grand Funk, Deep Purple, Edgar Winter, Alice Cooper y otros. Entre sus integrantes estuvieron Homero Mier (voz y batería, 1948, ex Sección Rítmica del Sur), Luis Garabito y Omar Castro como bajistas, Jorge Juan López Jorrín "Nene"(batería, 1950), y en las guitarras Jorge Rodríguez (1955, ex Los Delta), Víctor López Jorrín "Pucho"(1956-2012), Carlos y Pedro Jiménez "Jimmy".

ELECTRA

Moviéndose entre Calabazar, Santiago de las Vegas y Bejucal, con un repertorio de covers (Thin Lizzy, AC/DC, Foreigner, Tommy Tutone, Mike & The Mechanics), funcionó desde los años 70 hasta 1985. Actuó en el festival Invierno Caliente en diciembre de 1981. Pasaron muchos músicos por sus filas, entre ellos el bajista Alfredo Monaga,

Juan Lemus y Ricardo Álvarez (1962) en los teclados; Nelson, Manolo "El Chaparro" y Ulises Seijo (1959) en guitarras, Jorge en la batería, Miguel Alfonso (saxo, 1964) y Manso como vocalista.

ELÉVENSE

Grupo habanero que fusionó elementos de rock, pop, música cubana, trova y funk, debutó en agosto de 1996. Con una trayectoria irregular, marcada por frecuentes cambios de alineación, grabó el disco *Sobreviviendo* (1998), actuó en foros culturales y festivales, sobre todo en la capital. Entre sus miembros han figurado Sergio Valdés (voz y guitarra); los bajistas Jorge Ernesto Arce, Néstor del Prado (1976, ex Garaje H) y Alfredo López (1980); los guitarristas Emigdio Pérez (1971, ex Moneda Dura), Jorge Herrrera Franklin (1981), Andrei Martínez Agras (1983), Iván Leyva (1973) y Hansel González; los bateristas José Calixto Sánchez, Kiki Ferrer (1976, ex Debajo), Alexis Carrillo (ex Lucha Almada) y Awalis Ernesto; Karina en los coros, el saxofonista Carlos Averhof Jr., y Pedro Bandera (1974) y Raúl Fernández en las percusiones.

LOS EMBAJADORES DEL ROCK JAZZ

Activo en La Habana entre 1963 y 1964, tocando calipsos y versiones de rock and roll, se fundó tras la separación de Los Gatos Negros con algunos de sus ex miembros: Pedro Jorge Rodríguez (guitarra, 1947), Ángel Eng (guitarra rítmica), Ignacio "Machete" en la percusión, Lorenzo Tamayo (batería, 1946), Alfredo Arias (1947) en el acordeón, y Bobby como cantante. Animó varias fiestas privadas y en instituciones.

EMPTY SPACE

Fundado en La Habana en julio de 2010 por dos ex integrantes del grupo Andrea: Liván Marrero Manresa (guitarra y coros, 1989) y Osmel Vasallo (batería, 1994). A ellos se unieron Sarah Lías Montero (voz, 1990) y Fernando Peña Rodríguez (bajo, 1990) que venían de Herein, y Alex Herrera Pérez (guitarra, 1991, ex Painkiller). Con una orientación al punk-pop compartió cartel con otras bandas en escenarios de la capital y grabó los discos *Buenas nuevas (para todos)* (2010) y *Teoremas* (2012). Se desintegró en febrero de 2012, tras lo cual Sarah, Liván y Osmel formaron Habana en Serio.

EN NOTA

Fundado en febrero de 2011 con estudiantes del Instituto Superior Politécnico José A. Echevarría (ISPJAE, también conocido como CUJAE), este grupo de happy punk se mueve entre San Antonio de los Baños y Artemisa. Dirigido por Adrián Pérez Céspedes (guitarra y coros), con Alejandro Serrano (guitarra), Daniel Simón Placeres (bajo), Rubén Véliz Amaro (voz) y Luis Alberto Varona (batería), compartió conciertos con Hot Zone, Switch, Inercia y otros.

ENEMIGOS DE LA SOCIEDAD

También conocida como Enemies Of Society, y formada en febrero de 1992 en Sancti Spíritus, fue una banda punk con William García Periut (voz, 1974), Eric Mango en la guitarra, Iván Miguel Díaz (batería) y Tirso Beltrán (bajo y voz); este último militó en diversos proyectos desde fines de los 80 (Plasma, Costa Norte, Albatros). En mayo Mango abandonó sus filas, por lo cual William asumió la guitarra. Se mantuvo activa sobre todo en el centro del país, alternando con Los Detenidos, Joker, Eskoria y Fantomas y sus Alcohólicos. El baterista Javier Leiva (1964) fungió como invitado para un concierto. Se deshizo en 1996.

ENIGMA

Activo en La Habana desde 1986 con los guitarristas Octavio Trillo y Hansel Arrocha (1968), el bajista Jorge Gámez "Yoyo" (1966), Iván en la batería y Eddy Jorge como vocalista, se adentró en el heavy metal. Se mantuvo actuando y casi al final de sus días Ariel Soler (1972) entró por Iván. El grupo se desintegró en 1988, pasando "Yoyo" a Zeus. Hansel se involucró en un proyecto trunco (Urania) y se unió a Alianza.

LOS ENIGMAS

Grupo formado en 1967 por Raúl Villegas (guitarra) en la Escuela de Arte de Matanzas, junto a Eduardo Cepero (guitarra rítmica), Luciano Marrero (batería) y Leonardo (voz). En 1968 agregó a Leandro Gutiérrez (acordeón, 1956), mientras poco después Jorge Alemán sustituyó a Cepero. Se mantuvo activo hasta 1973 tocando versiones de Shocking Blue, Beatles y clásicos del rock and roll.

ENLACE

Grupo derivado de Eclectic Power, funcionó en Pinar del Río hasta fines de 1998, con Israel González Ávila (batería, 1978), el percusionista Wilber García, Pável Arencibia en la guitarra, Michael Boza (bajo, 1979) y el vocalista Michael Fuentes (1975). De manera paralela Boza mantenía un grupo llamado Vueltabajo, orientado hacia la trova. Con un sonido enraizado en el heavy metal sólo alcanzó a actuar en dos ocasiones, una de ellas junto a Extraño Corazón.

E.P.D.

Influido por Iron Maiden, con canciones propias en español, y al inicio bajo el nombre de Calibus, este grupo surgió en Holguín en 1989, con Fidel Brizuela (guitarra, 1975), Rolando Rosa (cantante), Luis Moreno (guitarra), Misael Martínez (bajo) y Luis Raúl Leyva (batería). A los pocos meses del debut Rocky sustituyó a Leyva. No hizo muchas actuaciones y grabó el demo *Metal EPD* en 1991, antes de la ruptura al año siguiente, con lo cual Brizuela fundó Abstracto, y Rosa pasó a S.O.S.

ESCAPE

Tras un proyecto tentativo (Problema) surgió este grupo en La Habana, en los meses iniciales de 2000, alcanzando su estabilidad un año más tarde con el director y baterista Alejandro Padrón (1978, de Combat Noise), Ewar Acosta (voz, 1981), Yanio Lee (1977) y Justo Valdés (1978) en guitarras, Jennifer Hernández (teclados) y Alejandro de la Torre (bajo, 1978), aunque en sus inicios contó con los vocalistas Roberto González y Giovanny Milhet (1975). Más adelante entraron Yando Coy (1984) y Jezabel Sigler (1993) por Ewar y Jennifer respectivamente. Su música combinó hardcore, metal industrial y elementos góticos, siendo uno de los colectivos más activos de la escena en peñas, conciertos y festivales. Cuenta con los demos *Face your fear* (2000), *Escape to nowhere* (2002), *Death and dreams* (2002) y *Breaking the silence* (2003), junto a los discos *The beginning of the end* (2007) y *La hora de la verdad* (2012, Premio en Cubadisco), compilatorios y la participación en la banda sonora del filme *Habana blue* (Benito Zambrano, 2004). En 2011 Alejandro, Justo y Yanio se enrolaron de forma paralela en Kallejeros Kondenados. Dos años después el grupo se radicó en Estados Unidos.

EDDIE ESCOBAR Y SU GRUPO

Después de formar parte de varias agrupaciones (EFA, Dimensión Vertical, Alma Azul), Eddie Escobar (voz y guitarra, 1970) formó su propio grupo, debutando en septiembre de 2012. Se basó en covers (America, Heart, Alice Cooper, Beatles, Bill Haley, Black Sabbath,Queen) haciendo presentaciones en diversos foros capitalinos. Por su formación han pasado los guitarristas William Pacheco (1980) y el noruego Steinar Seland (1968), Raúl Suárez (bajo, 1976), la tecladista Naivy Concepción y Daniel González (batería).

LOS ESCORPIONES

Fundado en el municipio Ciro Redondo (Ciego de Ávila) en abril de 1970 como derivación de Los Samurais, incluyó a Pablo González, Jorge Sosa López y Eladio Delgado, entre otros. Comenzó haciendo versiones del rock y pop de la época, pero a mediados de la década se inclinó por la música popular bailable.

ESCORZO

Grupo rock de Guantánamo, derivación de Claroscuro, funcionó entre el otoño de 2001 y el verano de 2003 con George de Pinedo (guitarra, 1980), Yuri García (bajo y voz, sustituido luego por Enrique Mustelier) y Roberto Leyva (batería). Grabó un demo.

ESFINGE

Grupo de covers (Quiet Riot, ZZ Top, Van Halen, Dio, Rush), funcionó en La Habana durante los años 80. Contó con el bajista Frank Mosquera "Paquito" (1956, ex Sílex), Rafael Negrín e Iván Domenech (1961) en las guitarras, el cantante Juan Alfaro (1953), Otto Caballero

(1965) y Sergio García en los teclados, y los bateristas Rolando Fernández (1966) y Manuel Rodríguez Leston (1952, ex Nueva Generación) en diferentes encarnaciones. Se presentó en actividades culturales y fiestas hasta desaparecer en 1991.

ESKARCHA

Fundado en abril de 2000, en Santa Clara, fue el embrión de Cry Out For. Yoani Sánchez (ex Sombras) como vocalista, Humberto Rodríguez "Hielo" y Humberto Martínez Cristo (ex Secuela) en las guitarras, Idalberto Machado en el bajo, y Jarol Carlos Pérez en la batería armaron la alineación original, que luego contó con Johana Arronde en los teclados, el cantante Yohandy Prieto (ex King of Kings) y el bajista Daniel Lezcano (1985). Se presentó en las ediciones de 2002 y 2003 del festival Ciudad Metal, pero no dejó grabaciones. En 2004 se transformó en Cry Out For.

ESKORIA

Fundado como Eskoria del Odio, en Santa Clara en febrero de 1994 por Wiliam Fabián (voz y guitarra, 1971-2010), quien devino el único miembro estable en la historia del grupo punk más destacado en la zona central y, quizás en todo el país. En su primer momento fue un trío con la bajista Mayelín Pérez y el baterista Ramón Sánchez.

Con posterioridad pasaron Yadira Pérez, Maykel Llanes (1984) y Yadira Simón en segunda guitarra, los bajistas Ernesto Rodríguez (1967, ex Focos) y Pablo Riverón "Pollo" (1986), Juliet Suárez en teclados, y como bateristas Javier Leiva (1964, ex Distress), Ramón Ruiz Carpio (ex Madness House), Pedro Luis Ríos (1980), Saumell Alonso (1984), Ricardo Triana (1984) y Reynel Rodríguez, además de Karel Fleites Barales (1985) quien alternó el bajo y la batería en distintas etapas. Abel Oliva, Michel González y Otto Yasser colaboraron o hicieron suplencias en diferentes momentos.

Se presentó con asiduidad en Santa Clara y otras ciudades, impulsando un movimiento punk reflejado en las bandas armadas por sus ex miembros. En 1995 grabó el demo *Puta vida*, de escasa calidad, continuado por *Al fin, por fin* en febrero de 2003. La carrera del grupo, marcada por los altibajos y períodos de inactividad, se vio truncada por el asesinato de su líder el 31 de enero de 2010. Desde entonces se han organizado varios conciertos para su recordación.

ESPOLETA

Alternando entre hardcore, grunge y etno-rock, se formó en Holguín en octubre de 2013. Sus fundadores fueron Jorge Pérez (voz), Julio César López "Castillo" (batería, 1996, ex Mortuory), el percusionista Juan Carlos López, Isaac Delgado (guitarra) y dos ex miembros de Let It Be: Kevin Chaperón (guitarra) y Brian Rojas (bajo).

LOS ESPONTÁNEOS

Debutó en 1966 en La Habana, sustituyendo a Los Cinco de Armandito Sequeira en el club Olokkú. Cambió varias veces de integrantes, con Luciano Rodríguez "Chany" (bajo y batería, 1949, ex Los Roller), los guitarristas Emilio Ramírez (1946, ex Los Dandys), Leobaldo, Andrés y Cristian, el baterista José Rodríguez "El Guayabo", los bajistas Ángel Alfonso y Eduardo Alonso Mirabal (1948); Enrique Amigo en el acordeón, y los cantantes Andrés "Yuli"y Pedro Pardo, aunque Jorge Conde (1948-2008) también figuró como vocalista por una breve etapa. Haciendo covers de Beatles y Dave Clark Five, entre otros, se presentó en Camagüey y Morón, hasta 1969 en que se convirtió en Sonido X.

ESTADO DE ÁNIMO

Ensamble de jazz-rock o jazz eléctrico, cuyo trabajo se manejó en dos líneas: la proyección como colectivo creativo, y el acompañamiento a distintos intérpretes, tanto para grabaciones como en conciertos. Respaldó a Julio Fowler, Gema y Pável, Boris y Nadia, Athanai y de modo bastante estable a Santiago Feliú (entre 1991 y 1997). La formación más reconocida incluyó a Roberto Carcassés (teclados, 1972), Descemer Bueno (bajo,1971), Elmer Ferrer (guitarra,1973) y Ruy López-Nussa (batería,1957), aunque en otros momentos estuvieron también Equis Alfonso (teclados,1972), Yadam González (bajo). Ahmed Barroso Jr. (guitarra), el trompetista Julio Padrón (1971), los saxofonistas Alexander Batista (1971) y Yosvany Terry y los bateristas Leonardo García y Julio César de la Cruz. Se presentó sobre todo en las ediciones del festival Jazz Plaza y algunos conciertos en la capital. Aunque no dejó ningún registro oficial de su trabajo, existe una grabación en vivo realizada en España, durante una gira como banda de Santiago Feliú.

ESTIGMA DC

En agosto de 2007, integrantes de Sektor Oeste apostaron por un nuevo grupo. Ellos fueron Humberto Álvarez Mérida "Pico" (voz, 1984), el guitarrista Vartan Pérez Kalachian (1983) y Pedro Luis Cruz Márquez (batería, 1977).

En 2008 el formato se completó con Pablo Capdet Trinchet (de breve estancia) y Oswaldo Covas (otro ex Sextor Oeste) en guitarras, y el bajista Mauricio Martínez (1986, ex Chamber 32). En 2010 Humberto dio paso a Leonardo Nuevo Moreno (1994), al tiempo que se incorporó Axel Fernández Granados (1982) en la tercera guitarra. La presencia de tres guitarristas (con instrumentos de 8 cuerdas) ha sido uno de sus rasgos distintivos, apuntalando un sonido de metalcore y deathcore.

La siguiente movida ocurrió en mayo de 2012 con la sorpresiva salida de quien fungía como director, el baterista Pedro Luis. Su puesto fue ocupado por Roberto Fernández Mejías (1988, ex Septum). Los demos *Laberintos de fe* (2008) y *Bajo mi sombra* (2010) sirvieron de preparación para el disco independiente *Sobrevivientes: O* (2012). En junio de 2013 Alejandro de la Torre (1978, ex Escape) entró por Mauricio.

GENS

GIRÓN

LOS GNOMOS

GOD CRYING

LA GUERRILLA DE EDDY EL COJO

LOS GOLPES DUROS

HABALAMA

GRINDER CARNAGE

HABANA BLUE

HABANA EN SERIO

HABORYM MASTEMA

HABANA EXPRESS

HERE UNDER

HIGH GRASS

LOS HERMANOS BRAUET

HAVANA

LOS HANKS

HIPNOSIS

HOT ZONE

HIRDEN

LOS HULMANS

HOJO X OJA

HELGRIND

LOS JAGUARES (CIENFUEGOS)

LOS HOT ROCKERS

LOS HURACANES (HABANA)

ICEBERG

INSIGNIA

JOKER

JEFFREY DAHMER

ESTIRPE

Formado en La Habana a fines de los años 80, desapareció en 1992 tras actuaciones ocasionales y la participación en el primer festival Ciudad Metal, en junio de 1990 en Santa Clara. Hacía heavy metal en español y sufrió varios cambios: el cantante William Bonachea (1968), los guitarristas Pedro Victorino (1970), Roberto Ramírez (1975), Virgilio González "Villy" (1970) y Jorge Frómeta (1967), los bajistas Ernesto López (1973) y Juan Javier Hernández, y el baterista Fernando Lorenzo (1967).

ESTUDIO 6

Banda de Sagua La Grande, fue la continuidad de Los Caguas, ganando un festival de aficionados con su versión a *Verano de amor* (Michel Legrand). Acompañó a solistas locales como Purita Arredondo, Beatriz Manero y Amadito Fernández. Dirigida por el veterano baterista Enrique Isoba, incluyó a William Torres (voz y percusión), Moisés La Rosa (flauta), Conrado Morales (órgano, 1953), José Vega y Trino Morales (bajo), Héctor Larraude (guitarra) y Lázaro Ibáñez (percusión). Estuvo activo poco tiempo a mediados de los 70 y tras la disolución algunos de sus ex miembros pasaron a Ollantay, grupo perteneciente a la Nueva Trova provincial.

EVASIÓN

Fundado a fines de 1997 en Alamar (Habana del Este) con Lixandro Vega Pérez (voz y guitarra rítmica, 1973), Frank Muñoz (bajo y voz), Yoel Betancourt (guitarra, 1971, ex Viento Solar), Ana Martín (guitarra), Ibrahím Hernández (teclados, 1973) y el baterista Luis Cabrera (1971, ex Anima Mundi). En enero de 1998 hizo sus primeras grabaciones (*Aquella mujer*, *Contrastes*, *Suerte fatal*) y su debut escénico. Tras la salida de Ana se incorporaron Alain Michel García (teclados, 1970) y Armando Peláez (guitarra, 1977, ex D´Azur). Muñoz (quien de manera lateral formaba parte del trío EFA) también se marchó, para ser remplazado por Víctor Guerra (1972). Igualmente se integraron de modo ocasional Rafael Linares en los coros y Ricardo Alarcón (percusión). El grupo desapareció a fines de 1999, dando paso más adelante a Extress. Grabó el demo *Sueños apuntalados* (1998) y acompañó al trovador Alexis Méndez en *Quiero ver la luz* (1999, demo). Actuó en el festival Alamar 99 obteniendo un reconocimiento del jurado. Más adelante Vega se dedicó a trabajar de solista, como compositor en una vena rock-pop similar a la enunciada por este colectivo, y montó el Estudio Limbo (junto a Ibrahím) para grabar a otros músicos.

EVOLUCIÓN

Formado en Morón en 1979 como combo de covers, lo integraron Ermenegildo Valenzuela y Clodoaldo Parada (1957, ex Plectrum) en las guitarras y voces, Julio Cid (bajo y voz) y Orbelio Morales (batería). Un año después Parada pasó al grupo Turiguanó (de la Nueva Trova) pero el trío restante siguió trabajando. A mediados de los años 80 hubo un cambio de bajista y poco después regresó Parada, incorporando canciones de su autoría al repertorio de versiones, hasta la disolución en 1986.

ÉXODO

Fundado en La Habana por el guitarrista Radamés Upierre (1957), mezcló funk, jazz y rock en piezas de su autoría, instrumentales (*Mareas sobre costas lejanas*) y cantadas (*Resplandor*). Su líder había pasado antes por Sexta División, Sonido X, Los Magnéticos, los Combos de Franco Lagana y Jorge Estadella, Alicia & 3 Más 1, Z-7, Los Barba, Cauce y múltiples sesiones. Aunque debutó a sexteto en noviembre de 1991, en mayo siguiente quedó la alineación estable con Dayani Lozano, que compartió la voz líder con Radamés, Pedro Mayor (teclados), Israel López (bajo, 1970) y Eleuterio Silva (batería, 1966). Participó en conciertos homenajes a Miles Davis (agosto de 1992) y Carlos Emilio Morales (mayo de 1994), además de otras presentaciones. En 1992 grabó una maqueta que obtuvo cierta difusión. A inicios de 1993 Mayor salió del grupo, y posteriormente también Israel y Dayani (pasaron a Luz Verde). Con el bajista Félix Lorenzo (1970), que sustituyó a Vladimir Guedes "Ballington" (1965), se hicieron otras grabaciones en agosto de 1994, más los invitados Mayra Yanes (voz) y Ernán López-Nussa (piano). En abril de 1995 el grupo recesó su trayectoria.

EXPRESO INCONEXO

Banda rock-pop formada en La Habana a inicios de 1995, con Yadira López (1971), ex cantante de Paisaje Con Río, Adiané Perera (1975) como tecladista y los integrantes de Celhlow: Gastón González (guitarra,1973), Miguel Comas (bajo) y Alain Alfonso (batería,1974). Más adelante hubo otros miembros, como los guitarristas Ari Rius, Rolando Morales (1974), Antonio Pérez Quesada y Nelson Rodríguez (1976); Damián Jane en el bajo, y David Suárez (1970) en la batería, manteniéndose el núcleo de Yadira y Gastón.

Contribuyó en el compilatorio *Saliendo a flote* (1996) y se separó en mayo de 1998. Más adelante Yadira inició una intermitente proyección como solista, Suárez se unió a la banda de Carlos Varela, Damián entró a Proyecto Hola antes de formar su grupo de corta duración Plátano Macho y los restantes músicos se enrolaron en otros colectivos.

EXTRAÑO CORAZÓN

Concebido como dúo acústico, el núcleo de Javier Rodríguez (guitarra acústica, 1964, ex Heavy Metal Boys) y Roberto Fajardo (voz y armónica, 1961, ex Van Gogh) se mantuvo durante años como la representación de lo que pronto asumió un formato de banda. El estilo se mantuvo dentro del country-rock, con ocasionales atisbos de rock-pop y rock sureño. Debutó en marzo de 1992 en La Habana, contando en los primeros tiempos con los invitados Rubén Chaviano (violín, 1969) y Jorge Luis Almarales (guitarra,1967). Entre períodos de silencio y reformaciones, ha incluido a los bajistas Lázaro Cuza (1969, ex Proyecto Hola), Aldo Nosti (ex Habana Blue), Alejandro TC (ex Neutro), Ruffo de Armas (1968), Jorge Luis Barba (1969), Adem Rodríguez (1978), Ricardo Tamayo (1963) e Iván Rafael de la Paz (1973); los bateristas Rodolfo Acosta (1970), Eddy Sardiñas y Rolando Fernández (1966, ex Sexto Sentido); Joel Vilariño en teclados, acordeón y armónica, Karla Suárez (1969) y Miguel

D'Oca (1960) en voces y guitarras acústicas; los coros de Lizbet Díaz, Odette Pérez (1972) y Yamel Oms (1974), los cantantes Javier Bode (1971), Luben García e Issan Ortíz (1978) y los guitarristas Julio César López "Pachy" (1969), Maikel Belette (1983), Seriocha Serret (1968, ex Tenaz), Virgilio González "Villy" (1970), Iván Leyva (1973, ex Sahara, también como vocalista), Rodolfo Torrente (1971, ex Edmund), Víctor Alonso, Nelson Aróstegui, Pedro Victorino (1970, ex Dinastía), Emilio Ramírez (1971) y Amed Medina (1974). A ellos hay que sumar un largo número de colaboradores en conciertos y grabaciones, como Ove Brun, Dagoberto Pedraja y más. Tanto Fajardo como Issan han trabajado en distintas etapas con el grupo. Sus demos incluyen *Extraño Corazón* (1992), *Cristal al caer* (1993), *El inútil sueño de Jessie Rainbow* (1994), *Santa Fe* (1995), *Es tiempo de tomar un nuevo rumbo a tu favor* (1996) y *Bitácora de regreso* (2008). Su discografía oficial abarca *Solitario* (1998), *No preguntes* (2002) y *Bitácora* (2011, Premio Cubadisco), junto a varias compilaciones. Alcanzó status de profesional desde 1995, se presentó en España en 1998 y 1999, e integró en 2008 la Agencia Cubana de Rock, aunque más adelante se desvinculó de la misma.

THE FACELESS

Proyecto unipersonal de Carlos Enrique Cepero (1980) tras la disolución de Sed en 2012, aunque originalmente fue un dúo con Carlos A. González, otro ex integrante de dicha banda. Inscrito en la línea del doom gótico, comenzó haciendo covers de Drak Tranquility, In Flames, Tiamat, Paradise Lost y otros, antes de dar paso a los temas propios. En 2013 grabó el demo *Akeronta* con Jessica Cavalrey (voz) y Adrián Díaz (guitarra, teclados, batería) como invitados.

FAKELESS

Fundado en la Universidad Carlos Rafael Rodríguez (Cienfuegos) funcionó entre 2004 y 2007, con Maykel LLanes (voz y guitarra, 1984), Carlos Brunet González (bajo), Delvis Díaz (batería, 1984) y el guitarrista Demis Peraza. Actuó en su ciudad, y en el festival Rockasol, con temas propios en inglés, un sonido grunge y versiones (Radiohead). Posteriormente Brunet pasó a Limalla.

LOS FAKIRES

Caso singular, Los Fakires fue un conjunto surgido en julio de 1965 en Santa Clara que no incursionó en el rock hasta la entrada de varios ex miembros de Los Fantasmas. De tal manera su vínculo con el género se redujo a una etapa específica durante fines de los 60 y principios de los años 70. En ese período se presentó en fiestas, programas de radio y festivales, compartiendo con Los Praga y Eddy Canals. Entre sus componentes estuvieron los guitarristas Ramiro Bustamante (1943, ex Los Fantasmas), Lorenzo López "Larry" (1945, ex Los Fantasmas), José Mederos y Gustavo

Rodríguez (1934-1988); los cantantes José Luis Bastidas (1947) y Rigoberto Martínez (1947, ex Los Fantasmas); los saxofonistas Ramón Mederos, Silvio López (1947) y Flores Becerra (también tocó bajo); Víctor López "Pucho" (teclados, 1956-2012), el trompetista Arnaldo Suero "Dana", el baterista Luis Diego Ramírez (1948, ex Los Fantasmas), Gilberto Peralta (1948) en la percusión, y el bajista Félix Esteban Rego "El Zurdo". En su repertorio incluyeron temas propios y versiones que iban desde una obra de Chucho Valdés hasta piezas del rock anglosajón.

FAKTORÍA

Como derivación de Factoría Latina, este grupo se estrenó en Camagüey en 2006, al inicio en una línea de covers, aunque más tarde incursionó en el rock-pop con material propio, reflejado en sus demos *Historia X* (2008) y *Atadura* (2012). Dirigido por Nailén Núñez (voz), incluyó a los guitarristas Rodolfo Valentino Acosta, Adolfo Martín y Selvin Alain Danger, el baterista Pedro Luis Romero (ex Monserrat), Carlos Morán (teclados), Cecilia (saxofón), la percusionista Deisy Salfrán Palmero (1962), y los bajistas Adalberto Lluch, Luis Alberto Gómez y Eduardo Hernández (ex Grinder Carnage). En marzo de 2008 actuó en el evento El Rock más Largo.

FALLING UP

Grupo habanero que funcionó entre 2007 y 2008. Sus miembros fueron Sarah Lía Montero (voz, 1990) y José Luis Ramírez (guitarra) que luego pasaron a Herein; Ricardo Alberto Hernández (guitarra, 1989, se unió a Dead Point), el bajista Roger Mario Fuentes (1989), que se enroló en Andrea, y el baterista Alejandro "El Guayaba", incorporado a la banda del reguetonero William "El Magnífico".

LOS FANTASMAS

Organizado a fines de 1961, debutó en enero de 1962 en Santa Clara. Se mantuvo hasta 1964 con formaciones variables: los guitarristas Lorenzo López (1945), Ramiro Bustamante (1943), José Manuel Lafont (1946-1975) y Roberto Pérez Elesgaray (1947, ex Los Camisas Blancas); Felipe Mendilahaxon, Enrique Pla (1949), Luis Diego Ramírez (1948) y Carlos Bermúdez "El Bolo" (1947, también en percusión), en la batería; los bajistas Pepe Sarduy y Elizardo Fraga, Rigoberto Martínez (1947) en piano y voz, Miguel Pinto Campa (1945-2013) en el saxofón, y el cantante Rogelio Sanzarini. Se presentó en festivales, fiestas, programas de radio y teatros, alternó con Los Astros (de Raúl Gómez) e hizo una gira junto a Alexis Machín, Arty Valdés y Lady Soto. Se dedicó a las versiones de rock and roll en español. Más tarde algunos de sus ex miembros se unieron a Los Fakires, mientras Pla desarrolló su carrera en La Habana tocando con la Orquesta Cubana de Música Moderna e Irakere.

LOS FANTÁSTICOS

Comenzó en La Habana en 1962 dirigido por el baterista Ángel Orille, e incluyendo a Luis Adolfo, Álvaro Insúa, Toto Ortega, Tony Lezcano (guitarra rítmica) y Miguel Ángel Rasalps

"Lele" (voz, 1944). Hizo versiones de rock and roll y canciones propias, actuando en círculos sociales, teatros, televisión y clubes. Se presentó junto a los combos de Senén Suárez y Franco Lagana, Los Dada y otros, hasta fines de los sesenta. Asimismo, formaron parte de sus alienaciones el guitarrista Jorge Calvet "Coky", los bajistas José Roberto Ovide (1944) y Armandito Sequeira (1937), el cantante Alberto Blanco, y Walter Martínez en teclados y acordeón.

LOS FANTOMAS

Banda activa desde 1965 en Sagua La Grande se mantuvo por varios años con un rock melódico de versiones al cancionero internacional, y acompañando a solistas locales como Reglita Valdés. Por sus filas pasaron Pedro Santos Celestrín, Manolo Jiménez Moreño "Mañi", Rafael Glean y Ramón Duque (guitarras), Tomy Miranda (batería, falleció en 2011), Gustavo Duque (bajo, falleció en 2005), Raúl Velazco "Rule" (percusión) y el cantante Honorio Morales. Más tarde Honorio integró la Orquesta Revé, y Celestrín pasó al Combo de Frank Fernández.

LOS FANTOMAS

Grupo de San Germán, Holguín, dedicado a tocar versiones del rock anglosajón e hispano. Funcionó en la segunda mitad de los años 60. El baterista Ramiro Gómez, Ramiro Gutiérrez (guitarra,1948), Alcibiades Zaldívar (guitarra rítmica), José Aguilera como bajista y su hermano en el saxo alto conformaron la alineación. Con posterioridad Gutiérrez ingresó en el Movimiento de la Nueva Trova.

LOS FARISEOS AMÉN

Banda del reparto Sevillano (La Habana) formada en 1969 por Elaine Rodríguez (coros y segunda guitarra, 1947) y el bajista Raúl Rodríguez (1947). Su estructura cambió con los años: Fernando del Toro (1953, ex Los Tifones), Alejandro Moreira y Jorge Fernández "Pepino" (1953, ex Los Wells) como guitarristas; Alfredo Canales (fallecido en 2015) y Armando Arias "El Gago"(1951-1990) en la batería, y los cantantes Nelson Gómez y Francisco Cabrera. Llegó a presentarse en Matanzas e Isla de Pinos, además de actuar en la capital en fiestas y actividades, con un repertorio de versiones (Three Dog Night, Shocking Blue, The Doors, The Animals). En 1972 se desarmó, cuando Elaine y Raúl fundaron Primera Generación. En la segunda mitad de los 70 hubo una corta reformación con Cabrera (voz), Pablo y Ulises Seijo (1959) en las guitarras, Joaquín Chirino (teclados y bajo) y Rolando Flores en la batería, acudiendo de nuevo a las versiones.

FE

Creado en La Habana en 1988 tuvo muchos cambios de integrantes, siempre bajo la dirección del guitarrista y compositor Ángel Mario Rodríguez (1962). Su estilo apuntó al hard rock, con piezas propias escritas en español: *La huella, Amistad, Pequeñas notas de Raquel a Fátima, Almas errantes.* Pasaron por el grupo: Lázaro Martínez (bajo), los bateristas Daniel Cuza "El Sisi" (1968), Hernán Valdés (ex Volumen Dos) y Marcos Díaz Guerra (ex VIH),Osmany Romero (1978) que alternó entre la guitarra rítmica, el bajo y la batería, y las voces de Cris Vázquez y Richard Adelit (1962). Separado en 1997, Ángel Mario y Adelit formaron Tercer Millenium.

LOS FEDAYINESS

Grupo habanero de versiones, existente entre fines de 1969 y noviembre de 1970. En realidad eran los mismos músicos de Private Property, que cambiaron de nombre para competir en un festival de aficionados efectuado en el teatro Mella. Estuvo integrado por Castelio Saborit (bajo,1951), Jorge Redondo "Coquy" (voz, 1951), Andrés McCoy (batería), Heredio Castillo (guitarra líder) y Enrique Onis Téllez (guitarra acompañante, 1950).

FEED BACK

Gestado desde finales de 2003 en Santa Clara, se concretó en abril de 2004 con Genryk Depnis Rodríguez (voz, 1982), Bárbaro Rodríguez Bacallao "Yaity" (voz, 1986), Jesús (bajo), Yosbel Torrijos (guitarra) y Rasiel Morales Ríos (batería, 1982). La estancia de Jesús fue muy breve, siendo remplazado por Ricardo Espinosa Manzo (1986).Al inicio apostó por composiciones originales de nu-metal y hardcore en inglés, para cambiar luego al español. Con esta alineación se grabó un demo pero por su mala calidad no se promovió. Durante el año 2004 se adicionó a Jorge Luis Rojas Artiles (guitarra, 1987), hasta debutar en junio de 2005 en Camajuaní junto a Blinder, con Yuniel Beltrán por Espinosa (que había entrado al servicio militar). Desde entonces continuaron los cambios, pasando Suzanne Figueroa (1990) y Ana Margarita Acuña (1982) en los teclados, los guitarristas Maykel Llanes (1984, ex Cypher), Roberto Ávalos (1991), Carlos A. Sánchez Mesa (1985), Edel Herrera Roche y Yoandy; los bajistas Landy Chaviano (1986), Richard Díaz (1988) y Lester, y Saumell Alonso (1984) y Yansel Muñoz (1991) en la batería. En 2009 Marta Margarita y Rasiel pasaron a Resistenzia, con lo que quedó Genryk como único integrante original. Alternó con bandas nacionales como Eskoria, Unlight Domain y Dana en distintos eventos. Cuenta con los demos: *Problems* (2005), *Feed Back* (2006), *Lapsus* (2007) y *Respuestas sin palabras* (2011).

FÉNIX

Activo en La Habana entre octubre de 1985 y el verano de 1989, incursionó en el heavy metal con piezas propias en español. Tuvo cambios en sus filas, pasando los bajistas Rusland López (1966), Jesús (ex Stratus) y Saulius Liutkus Ibarra (1970), el baterista Ariel Soler (1972); Abel Rodríguez (1963) y Jorge como cantantes, Hilyak Brito (1971) y Ramón en teclados, y los guitarristas Israel (ex Stratus), Rodolfo Crespo "Fito" (1970) y Mario Martínez Caro (1969). El grupo Red lo apadrinó en sus inicios. Se presentó junto a Los Takson, Metal Oscuro y otros.

COMBO DE FRANK FERNANDEZ

Fundado en Sagua La Grande en noviembre de 1966 por el cantante Frank Fernández Carratalá (1924-1992) que antes había sido parte de Los Dinámicos. Su repertorio fue un híbrido con boleros y guarachas junto a versiones mayormente interpretadas en español del rock y el pop foráneos, e instrumentales (Blood, Sweat & Tears, Chicago).

Como agrupación de notable reconocimiento local muchos músicos pasaron por sus filas en diversas temporadas. Entre ellos los bateristas José Ramón Miranda "Kiko"(ex Los Melódicos) y Pedro Pablo Santos; los saxofonistas Tomás Quintero "Tito" y Manuel Méndez; Iván Mata y Pedro Valle Cortiña en las percusiones, Pablo Alfonso Valdés como trompetista; el guitarrista Ignacio Brito; José Toriza, Pedro Santos Celestrín (ex Los Fantomas) y Rómulo Gallego en el bajo, y los también vocalistas Jesús Pérez Triana (1949, ex Los Juveniles) y Leo Rey (1956). Más adelante el grupo fue continuado por descendientes de su líder, pero con un sonido diferente.

ELMER FERRER BAND

El guitarrista y compositor Elmer Ferrer Orsini, nacido en Sancti Spíritus en 1973, y con amplia trayectoria en grupos y proyectos (Estado de Ánimo, Interactivo, Debajo, Habana Ensemble) así como múltiples sesiones, debutó como solista en 2002 con el álbum *Metrópoli* (premiado en Cubadisco), grabado con músicos invitados (Ruy López-Nussa, César López, Jorge Alexander "Sagua", Oliver Valdés, Roberto Carcassés, Alexander Brown, Carlos Averhof Jr. y Emilio del Monte Jr.) y dos con los que conformó su banda: Alexis Bosch (teclados, 1966) y Juan Pablo Domínguez (bajo, 1976). La entrada de Ahmed Mitchel (batería,1978) y Eliel Lazo (percusión,1983) completó el equipo. La misma formación funcionó por un tiempo de manera paralela bajo el nombre Pasaje Abierto (enfocada en composiciones de Bosch). Su estilo se afincó en el jazz-rock instrumental, destacando su líder como uno de los mejores intérpretes de la guitarra eléctrica en Cuba. En 2005 figuró en el DVD *Jazz Cuba today* y grabó su segundo disco *Fango dance*, con Jalidan Ruiz en las percusiones y los cantantes canadienses Anders Drerup, Shawn Tavernier y Peter Voight. Posteriormente optó por un formato a trío con Rodney Yllarza Barreto (batería, 1984) y el bajista Roberto Riverón, luego remplazado por Gastón Joya (1987). Con predominio de material propio, su repertorio incluyó también versiones (Charlie Parker, Stevie Ray Vaughan, Beatles). Desde 2004 viajó con regularidad a Canadá para actuar en festivales de jazz, hasta instalarse en ese país.

FIRMAMENT

Fundado en Santa Clara en marzo de 2000 por Javier Leiva Rodríguez (batería, 1964), se orientó al thrash progresivo en composiciones propias (*Con los pies en el cielo, Culpable de todo, La voz*) y versiones (Dream Theatre). Su debut se produjo en septiembre junto a Scythe y Eskoria, y una alineación completada por Enrique Jesús Carmenate (1980, ex Los Sombras) y Gerardo Ríos en las guitarras, Yoandy Prieto (bajo), Mario Prieto (voz) y Maydana

Gálvez (teclados). Luego pasaron Giandy García Morffi (1976) y Sariolka Rodríguez en teclados; Roberto Gil (1979, ex Grace Touch), Ernesto William Cabrera (ex Médium) y Daniel Ginori (ex K Punto K) en las guitarras, y el bajista Tony. Actuó principalmente en Santa Clara y festivales como el Yayabo Metal (Sancti Spíritus) hasta su disolución en 2003.

FLASH

En julio de 1981 se inició el trío habanero de Mario Romeu (guitarra y voz, 1955), Lázaro Valdespino (bajo, 1952) y Florencio Silvera (batería, 1955), presentándose en diciembre bajo el nombre del guitarrista en el festival Invierno Caliente, aunque prosiguió como Flash. Valdespino (ex Escrituras Hebreas) y Silvera (ex Los Yogas) habían coincidido antes en Red. Los cambios de personal y formato marcaron el derrotero del grupo a lo largo de una década. Realizó grabaciones (como las bandas sonoras para el serial *Ernesto* y el documental *Los delfines*), apariciones en televisión y conciertos, además de trabajar junto al trovador Gerardo Alfonso y el colectivo Danza América.

En distintas épocas integró a Iván Domenech (1961), Alfredo Losada (1955), Erasto Torres (1957), Jorge Martínez (1959), Jorge Vázquez (1956), Octavio Trillo y Sergio Pérez en guitarras; el baterista Jorge Torres (1963); los teclados de Ángel Luis Fundichel (1958), Nelson Ortega (1969), Ismael Martínez, Ada Valdés (1959) y Joel Romero; Ángel Rivero en la percusión, Cristóbal Rivero García en saxo, los violinistas Abraham Rivero y Fabio, y los cantantes Virgilio Torres (1957) y Toni Basanta (1955). Aunque puso énfasis en las composiciones propias, incursionó también en los covers (Kiss, Beatles, Europe, Paul McCartney, Lionel Ritchie). Se desactivó como grupo de rock en 1992 tras un concierto en el anfiteatro de Marianao.

FLASH BACK

Especializado en versiones del rock internacional, debutó en San Antonio de los Baños en noviembre de 2008 en su concierto Roof Top II, como homenaje a la presentación de Los Beatles en la azotea de Abbey Road. Juan José de Armas "Pepe W" (guitarra y voz, 1959, ex La Guerrilla de San Antonio) reunió a Yaima Medina (voz, guitarra y teclados, 1981), el bajista Jimmy Rodríguez (1983) y Rafael Rodríguez Amaro (1956, ex Los Zombis) en la batería. Se ha presentado en actos culturales y fiestas.

LAS FLORES PLÁSTICAS

Con ex integrantes de Los Apaches y La Hermandad del Sacrificio surgió este grupo en Bauta en 1970. La primera formación tuvo a Raimundo García "Rinito" (1949) y Rolando Calderín Lemus en las guitarras líder y rítmica respectivamente, el bajista Miguel Arocha, Peto en la batería, Juan Bermúdez en el órgano y el vocalista Diky.

Basó su repertorio en versiones (Marmalade, Kinks, Beatles). Activo sobre todo en la periferia habanera y la propia capital, en fiestas y festivales de aficionados, se mantuvo hasta 1980. En la década siguiente se reformó por menos tiempo, hasta desaparecer. El bajista Roy Rodríguez

(1957), Omar Pitaluga (guitarra, 1955), Manuel Cribeiro (batería) y Eliezer Montesinos (voz, ex Los Pitecántropus) también integraron sus filas. Fue uno de los grupos relevantes del rock underground de los años 70. Raimundo y Cribeiro tocaron más adelante durante una temporada con Rock Zenith.

FLOWERS OF EVIL

Comenzó en 2009 como un proyecto de Julio Pérez Guerra "Goth" (voz, guitarra y teclados, 1983, ex The Chaos Nether Silence) en La Habana, haciendo doom gótico. Su primer demo, homónimo, incluyó piezas originales en inglés y un cover de Type O Negative; grabado con Reidal Roncourt (programaciones y bajo, 1980), entre octubre de ese año y enero de 2010. En 2011 actuó brevemente como trío con Julio, Lázaro Rabelo (bajo, 1981) y el guitarrista Carlos Armando González Gómez (1980, de Sed). A fines de 2012, tras la grabación del disco doble *My day, my ways* (que contó con Malena en algunas voces, y José Santiesteban –de Kallejeros Kondenados– en guitarra, como invitados) Guerra abandonó el grupo.

FM

Formado en La Habana en 1981 por Jesús Santana (bajo, 1957) y Guillermo Tapia en la guitarra, junto al cantante Gustavo Fernández y Aramís Hernández (batería, 1957), su línea fueron los covers (Queen, Led Zeppelin, Judas Priest, Rainbow, Loverboy). Activo hasta 1987 contó en otros momentos con Jorge Fernández "Pepino" (1953) y Lucio García (1971) en las guitarras, Ángel Luis Fundichel (teclados, 1958), los vocalistas Virgilio Torres (1957) y Alejandro Castillo (1958), el bajista Frank Mosquera (1956) y Ricardo Alfonso (1957) en la batería, entre varios músicos más. Tuvo bastante actividad en fiestas privadas en la capital, y alternó con Nueva Generación y otras bandas. A inicios de 1991 Tapia, Fundichel, Virgilio y Mosquera, junto al baterista Jorge Torres (1963) se unieron bajo el nombre de Viceversa, actuando hasta julio del mismo año.

FND

Con las siglas de Fluor Noise Destroyer, se formó en 1990 en Alquízar, tras una fallida experiencia previa (Káncer). Duró hasta mediados de 1992, haciendo temas propios de heavy metal. La base fija la integraron Edgar García (voz y guitarra, 1971), Joel Linares (bajo) y Osvaldo Oliva en la batería. Por una temporada contó con Guillermo García como cantante. Se presentó en su zona y también en el festival de Caibarién.

FOCOS

Banda cienfueguera, fue de las primeras en incursionar en el grunge, con temas propios en inglés y español. Se formó a fines de 1991 con dirección de Omel Gallardo (guitarra y voz) junto al bajista Ernesto Rodríguez (1967) y Gregorio "El Goyo" (batería).

Se presentó en el festival de Placetas, en agosto de 1992, obteniendo el primer lugar con *Pesimismo*. Tras unas actuaciones más (usando como cantante a Ernesto Medina, ex baterista de Cronos) se separó en febrero de 1993 sin haber grabado.

FOFI

Seudónimo de Rodolfo Ricardo Ramírez (1975), guitarrista y compositor holguinero, que formó parte de Aries, Cuerpo y Alma, y Rhodas. Desde 1994 trabaja de modo individual en instrumentales del rock foráneo y piezas propias con las bases programadas, en una tónica heavy. En 2008 se convirtió en profesional, combinando sus actuaciones en festivales del género y centros turísticos. Cuenta con los discos *Elipsis* (2001), *Extremas precauciones* (2004), *Fragil* (2008), *Mil canciones, una guitara* (2010), *Living* (2013), *Double talking live* y un DVD distribuidos de manera informal.

FOLKLÓRICA

Banda habanera activa entre enero de 2003 y 2007, haciendo metal gótico con tintes progresivos. Yuley Pérez (guitarra y voz, 1981), Sonia Rodríguez (teclados), William Sotolongo (bajo), Carlos Armando González Gómez (guitarra, 1980), Carlos Enrique Cepero Valdés (batería, 1980) y Arsel Álvarez (violín y viola) le dieron vida, aunque también contó con Laura Díaz (voz) y Miguel Jiménez (guitarra, que entró por Carlos Armando). En 2004 grabó el demo *Sin esperanzas*. Separada después de grabar la segunda maqueta (*Cómplices del tiempo*, 2006), Yuley pasó a Alliance, al tiempo que González, Cepero y Sotolongo formaron Sed.

FORBIDDEN TREE

Trío de Holguín que comenzó en 2004, presentándose ese mismo año en el festival Metal HG. Leonardo Amador Sánchez (voz y guitarra), Luis Jiménez (bajo) y la cantante Ana Medina conformaron su estructura, empleando batería pregrabada en grabaciones y conciertos. Un año después facturó un demo y actuó nuevamente en el evento de metal de su ciudad. Luego Leonardo se unió a Mephisto.

THE FRATERNS

Cuarteto vocal formado en Santiago de las Vegas, en 1958. Siguió la línea de Platters y Frankie Lymon & The Teenagers. Lo integraron Juan Luis Cobo, Rolando González, Manolito Santos y Wuelfo Huergo Gutiérrez (1942-2006). Se presentó en televisión. Más tarde Wuelfo formó parte de la Sonora Matancera.

FREE ACCESS

Este grupo trabajó una mezcla de elementos de rock, jazz, ambient y world music desde su debut en marzo de 1993. Su director fue el guitarrista beliceño Iván Durán, que a la sazón estudiaba en la ENA. Lo completaron alumnos del mismo plantel como Osier Fleitas (teclados),

Daniel Stable (bajo), Dafnis Prieto (batería, 1974), Roberto Pérez (trompeta y trombón) y los percusionistas Francois Zayas y Sidartha Siliceo. Apenas duró un año, durante el cual se grabó el disco independiente *Yu pretty but yu kian come in* (1994), Luego sus músicos continuaron en Interactivo, Temperamento, Dafnis Prieto Quintet y Aries.

FREEDOM

Cuarteto de nu-metal formado en Artemisa en diciembre de 2003 con Adrián Ulloa (batería), Rey Miranda (bajo), Eliécer Pérez (guitarra) y Abel Gurriel (voz). Participó en el festival Revolución Rock 2004, y compartió escenario con Chlover en el cine Juárez de su localidad ese mismo año.

FUEGO

Activo en La Habana entre 1975 y 1977, organizado por Luciano Rodríguez "Chany", quien dirigía Sonido X pero les facilitaba sus equipos de sonido para las actuaciones. El repertorio consistió en versiones (Peter Frampton, Deep Purple, Led Zeppelin, Grand Funk, Rare Earth, Santana, Doobie Brothers). La alineación fue compuesta por el baterista Jesús Matamoros, Rodrigo Lominchar en la voz, Abdel Gallegos (bajo, 1959) y Mario Wong en la guitarra. Por un tiempo también participaron los guitarristas Dagoberto Pedraja (1957) y Roberto Miranda. Se presentó en Isla de Pinos y fiestas en la capital.

FUEGO ADENTRO

Esta formación dedicada al rock-pop se gestó en Santa Cruz del Norte en junio de 1988 con la dirección del baterista Alfredo Hernández (ex Sprint). La completaron Orestes Waldemiroff como vocalista (1966, ex Star), Javier Ernesto Masvidal (guitarra), Danny Rojo (bajo, 1970, ex Sprint) y en los teclados Marcos Gutiérrez y el ex Géminis, Alberto Fabelo (1967, también en el saxo). Su repertorio integraba temas propios en español (*Una vez más, Arena, Prisionero*). Hizo algunas grabaciones y se desarmó cuando Fabelo fue convocado para entrar en Los Magnéticos.

FUNERAL

Grupo de Placetas cuya existencia se movió entre abril de 1991 y mediados del año siguiente. Contó en sus filas con Hanoi Pérez (voz), Raúl Díaz (batería), Iván Mayea y Rafael Naranjo (guitarra) y los bajistas Alfredo Alonso y Ariel Aceval. Con un sonido grind-noise solamente alcanzó a tocar unas pocas veces en su ciudad y Caibarién. Alfonso pasó luego a Necrófago y otros fundaron Káiser.

FUTURO MUERTO

Antecedente directo de Los Detenidos, fue fundado en 1991 en La Habana por Abel García (bajo, 1969). Lo respaldaron Manolo Méndez (1973) y Joel Bejerano (1973) en las guitarras, y el baterista Reinaldo Parets (1974), aunque se contó también con Gilbert Turrent (1970) como guitarrista invitado en un par de conciertos. Definió una línea de hardcore y punk radical retomada por los siguientes proyectos de Abel y Manolo. Se separó a mediados de 1992 sin dejar grabaciones.

LOS GAFAS

Con una trayectoria de más de cuatro décadas, se formó en La Habana en agosto de 1968 con ex miembros de Los Pop: Efraín Rodríguez (guitarra, voz y dirección, 1947), Pedro Ismael Chávez (bajo, falleció en 1977) y el cantante Arturo Alonso (1945-2003). A ellos se unieron Ángel Moreno Boyd (segunda guitarra, 1945) y el baterista Delvis Acosta (1945-2004). A fines de 1969 Raúl Zequeiras Cossío (1949, ex Los Deltas) entró por Chávez, conformando una dupla con Efraín que transitó por el resto de las etapas.

Desde el comienzo su estilo tomó del rock-pop, y mezcló sus propias piezas (*Cuando te miro temprano*, *Cantando el nana* y *Saltando sobre el cemento*) con versiones al cancionero foráneo. Se hizo profesional rápidamente, lo cual le permitió acceder a los medios de difusión, y actuar en centros nocturnos, teatros, escuelas y fiestas populares, además de acompañar a solistas como Maggy Carlés y Héctor Téllez.

Los cambios de personal incorporaron a los tecladistas Andrés Alén (1950), José Alén "Pepín"(1949-2012), Baikal Gurcen y Alfonso Martí; las voces de Roberto Dueñas, Benjamín Castillo, Rodolfo Chacón (1942), Armando Castellanos y Cynthia Rodríguez (1983), los percusionistas Gustavo Guerra, Pablo Castillo (1946) y Raúl Álvarez; José Luis Quintana "Changuito" (1948) como baterista; Nairienys Jiménez (voz y flauta) y Patricia Morales (voz y percusión menor, 1984). Desde 2010 quedó a sexteto con los veteranos Efraín y Zequeiras, Efraín Rodríguez González (voz, percusión y secuencias, 1968), Carlos Hurtado (1967) en la batería, Yolaine González (voz y teclados, 1985) y Legna Vázquez (voz, 1989). Se presentó en sitios como el club Submarino Amarillo, con un centenar de versiones de rock y pop internacional.

LOS GALLOS

Combo creado en la Escuela Nacional de Arte (La Habana) entre 1967 y 1968, por Pablo Menéndez (guitarra, 1952) junto al pianista Emiliano Salvador (1951-1992), el baterista Eddy Riol, Álvaro Collado (trombón, 1949), Humberto Hugo Perera (bajo) y los cantantes Rafael Almazán y Pablo Labañino (1944). Poco después los dos primeros integraron el Grupo de Experimentación Sonora del ICAIC. Se presentó en la propia escuela y otros foros habaneros con versiones de soul (Otis Redding, James Brown, Sam Cooke) y rock, y las colaboraciones de varios instrumentistas.

GARAJE H

Después del proyecto fallido Bugs Bunny, Abel García (voz, 1969) emprendió una nueva aventura en abril de 1995, mezclando punk, hip hop, funk y rock. Manolo Méndez (guitarra, 1973) y Sergio León (batería, 1974) que lo habían seguido desde Los Detenidos, formaron el trío básico, rodeados de un plantel que cambió con el tiempo. Erick Alvarado (1973), Miguel Comas, César Rodríguez, Néstor del Prado (1976), José García "Fuñy"y Julio César Pedroso (ex Debajo) pasaron por el puesto de bajista; Ari Rius (ex Expreso Inconexo) y Roberto González se ocuparon por turnos de la segunda guitarra, mientras Luis Alberto Suárez y Eduardo Longa (1975, ex D'Azur) fueron sus percusionistas. Actuaciones compartidas con Gerardo Alfonso, Garrote Vil (España) y buena parte de los grupos activos en la capital a fines de los años 90, se completaron con dos giras españolas (1998 y 1999). Laboró de manera cercana con exponentes del hip hop (Triple A, Amenaza, Grandes Ligas). A finales de 1995 grabó el demo *Garaje dinamita*, y pactó con el sello vasco Esan Ozenki los discos *Sin azúcar* (1997) y *Al duro y sin guante* (1999), contando en ambos con diversos invitados. Separado en el verano de 1999, Abel prosiguió con el nombre del grupo y otro disco años más tarde.

GERMÁN GARCÍA

Cantante matancero (1932-2011), comenzó componiendo boleros, pero a fines de los años 50 se adentró en el rock and roll y el calipso, Junto a su éxito *Le quito el corcho a la botella*, hizo versiones a *Telegrama* (Monna Bell) y *Miriam* (recreación de *Puppy love*, de Paul Anka). En su faceta de compositor dejó obras de rock lento (*Vamos a navegar*, *Y quién*, *Como un manantial*). Estuvo activo en el circuito de clubes hasta emigrar en 1962.

GATILLO

Banda de Sancti Spíritus formada en noviembre de 2009 con el vocalista Ángel Pozo, Carlos Brunet "Chachy" (ex Fakeless, toca a la vez en Limalla) y Orelvis Muro en guitarras, Rainier Enríquez en la batería y Rainer Arrieta en el bajo. Inclinada al hardcore punk con textos en español, ha compartido escenarios con Arrabio, Cancerbero y The Vicious Cycles (Canada) entre otros. En el disco *Fabricando tornillos* (2012) entró un nuevo bajista, Maykel.

LOS GATOS NEGROS

Comenzó en La Habana en 1960 con el guitarrista Pedro Jorge Rodriguez (1947), Felipe Cid (voz y percusión), Pedro Sosa (batería), Ángel Eng "El Chino" (bajo), Bobby (voz) y Robertino (acordeón). Más adelante incluyó a Lorenzo Tamayo (batería, 1946) y al percusionista Machete. Actuó en fiestas y clubes de la capital, con un repertorio de versiones (Elvis Presley, Paul Anka y más). Al separarse en 1962 algunos pasaron a Los Embajadores del Rock Jazz.

LOS GATOS NEGROS

Grupo de Guantánamo activo de 1962 a 1965, llegó a actuar en cabarets, teatros y fiestas entre Santiago de Cuba y su ciudad natal. Hacía covers de Elvis Presley, Richie Valens, Beatles, pero también bossa, merengue, baladas, jazz, blues y temas de su director, el guitarrista Armando Calderón. Lo respaldaban el baterista Pedro Soler (1946), Armando García "Mandy" en la voz solista, Manuel Calderón en la guitarra rítmica y Agustín Campello en el contrabajo. Tras la separación Soler pasó a tocar con los Hermanos Brauet, y "Mandy" impulsó una corta carrera como solista.

GÉMINIS

Fundado a fines del verano de 1980 por el guitarrista-concertista Luis Manuel Molina (1959), hizo su debut en octubre de ese año en el conservatorio Amadeo Roldán, donde estudiaban sus miembros. La alineación original incluyó a María Elena del Nodal, Marlén Fabelo Brito (1961), Silvia Alonso (1962), Gisela Crespo Brito (1957) y Sally Ramos (1962) en las voces, Diana López (1962) y Alicia Crespo en flautas, la cellista Ana Ruth Bermúdez, Agustín Gómez (batería, 1959), Javier Alfonso en el bajo y Molina en la guitarra. Tras actuar en varios eventos (Jazz Plaza, Homenaje a John Lennon en 1981, Festival Invierno Caliente) hizo grabaciones con la dirección artística de Carlos Medina, y las entradas de Fidel García Cañizares (1960) en la batería y María de los Ángeles Cruz en la voz. Tras una etapa donde primó la intención acústica, se inclinó al rock sinfónico, destacando los elaborados arreglos vocales en un repertorio que incluyó temas propios, musicalizaciones de obras teatrales y versiones (Queen, Beatles, Pink Floyd). Ya en esa época (1982) el grupo se renovó: permanecieron Diana, Marlén, Silvia y Alicia, entrando Lucía Rodríguez (1962) y María Aracelys Padrón en las voces, el percusionista Julio Peraza (1958-2014), María del Henar Navarro (1956) y Carlos Faxas García (1956) en los teclados, el baterista Jorge Félix Rodríguez (1957), Manuel Ramos (guitarra) y Molina que pasó a ocuparse del bajo. En 1983 presentó su cantata rock *Gesta luminosa* (para coro mixto, grupo de rock y banda magentofónica). A mediados de 1985 se redujo a sexteto con Marlén, María de los Ángeles y Martha Medina en voces, Alberto Fabelo (teclados, 1967), Rolando Fernández (batería, 1966) y Molina, hasta la ruptura a mediados del año siguiente. Su última actuación fue en marzo de 1986.

GÉMINIS

Con el mismo nombre de su grupo anterior (1980-1986) pero con un trabajo sonoro distinto, el guitarrista Luis Manuel Molina (1959) fungió como asesor para este quinteto que a finales de 1986 incursionó en el hard rock con temas originales (*No hay nadie, Maniobras de tu razón, Dueña de la ciudad*) y versiones (Europe). Alberto Fabelo (teclados, 1967) y Rolando Fernández (batería 1966) de la estructura final de la banda previa, se unieron a Alejandro Muñoz (teclados, ex Los Álamos), Jorge Velázquez (voz), Danny Rojo (bajo, 1970) y Javier Masvidal (guitarra). Más tarde pasaron Juan Alfaro (1953) y Virgilio Torres (1957) como cantantes, y Frank Mosquera "Paquito" (bajo, 1956) enfatizando en las versiones. Terminó en el verano de 1988.

GÉMINIS

Se fundó en septiembre de 1994 en la Universidad de Santa Clara, con Manuel José Herrera Boudet (bajo y voz, 1976, ex Tiempo Extra), los guitarristas Ianier Muñoz (1972, ex Orión) y Eduardo Felipe Pena Chiang (1976) y Mario Leyva a la batería. Con un sonido enraizado en el heavy metal, su balada *Y me despierto* obtuvo primer lugar en un festival universitario en Santiago de Cuba, en noviembre de 1996. Se presentó sobre todo en eventos estudiantiles. En otros momentos Dariel León (voz, ex Vórtice), Víctor (segunda guitarra) y Alexei Pérez (batería) formaron parte de la agrupación. Se rompió a fines de 1997, dejando el demo *Cuando quieres gritar* como testimonio de su labor.

GÉMINIS

Grupo formado en Artemisa en 1987, mezcló versiones (Twisted Sister, Police, Bon Jovi) y temas propios. Integrado por el bajista Leonardo Gallardo Arocha, Rolando Pérez (teclados, 1965), Amed Medina (1974) en la guitarra y Jorge Gallardo (batería y voz, 1969). Hizo algunos conciertos hasta desaparecer en 1988 cuando Medina pasó a estudiar en la Escuela Nacional de Arte, en la capital, desarrollando una trayectoria posterior con A-19, Extraño Corazón y la banda de Carlos Varela.

GÉNESIS

Grupo de Punta Brava con repertorio de covers. Sus inicios datan de 1977 con una formación a trío: Rogelio Pérez "Pipo"(guitarra, ex Los 5 de 13), Sabino Yong (bajo) y Pepito Borges (batería). La entrada del tecladista Bernardo Iglesias (1957) y el cantante Luis Armando de la Riva completó el elenco más conocido. Haciendo temas de Grand Funk Railroad y otros, se movió sobre todo por la periferia de la capital, además de presentarse en la televisión y alternar con Los Magnéticos y Los Barba. También Jorge Vázquez (guitarra rítmica, 1956) y Juan Carlos Arbelo (voz) pasaron por sus filas. Fue desintegrado de modo forzoso en febrero de 1981, tras una maniobra policial que también involucró a Almas Vertiginosas, a raíz de un concierto en Santa Fe. Posteriores intentos de reunión durante esa década, incluyendo a los cantantes Gustavo Fernández y Virgilio Torres (1957) no garantizaron una continuidad.

GENS

Formado en La Habana a inicios de 1978 por el baterista Carlos Rodríguez Obaya (1954) quien ha permanecido como único miembro estable en todas las alineaciones. El grupo ha pasado por diversas etapas, tanto en lo sonoro como en estructuras, con más de una veintena de integrantes a lo largo de los años: los cantantes José Luis (ex Los Tempus), José García, Jorge Ortega (1953), Gustavo Fernández, Alfredo García (1958), Alexis Morejón (1967, ex En Vivo), Juan José Melián, William Bonachea (1968, ex Estirpe) y Noa; los bajistas Roy Rodríguez (1957, ex Las Flores Plásticas), César Rodríguez López, Raúl Barroso (ex Burbles) y Ariel Macías "Tuty"; Soren Triff, Tony Eguía, Ismael Martínez (ex Los Takson), Abel Omar Pérez (1968, ex Cartón Tabla),

Thais, Aileen Solanas y Diana en los teclados, y los guitarristas José Aguirre, Manolo González, Dagoberto Pedraja (1957,ex FA-5), Rubén Martínez (1959), Julio César Perera (1953), Rodolfo Crespo "Fito"(1970), Agustín La O (1962, ex Metal Oscuro), Santiago Chamizo, Ernesto García Gómez y William Martínez (ex Teufel).

Comenzó haciendo covers diversos (Eagles, Steely Dan, Peter Frampton, Bee Gees) para concentrarse luego en temas de Beatles. Más tarde recurrió al cancionero de Silvio Rodríguez (alrededor de 40 títulos) adaptados al rock, presentando el concierto De Los Beatles a Silvio, en enero de 1986. Desde mitad de los años 80 se decantó por las composiciones de sus miembros: *El pequeño príncipe*, *Techo de vidrio*, *Emelín*, *Extraña historia de una marioneta*, *Brindis por los pocos*, *Mi amigo el cuentatiempo*, *Nací culpable*, y otras, aunque sin descartar por completo las versiones (Charly García, Carlos Varela). A partir de 2003 recuperó los covers en su repertorio hasta la actualidad, adaptando también al rock temas conocidos de la música popular y tradicional cubana. Con etapas de inactividad (durante las cuales Obaya formó parte de Metal Oscuro, Paisaje con Río, DNA y Collage) Gens ha participado en festivales y conciertos por todo el país, además de laborar de modo ocasional con invitados como la cantante Viviana García (ex Arte Vivo). Entre mediados de los años 80 y la década siguiente fue uno de los grupos más consistentes en la escena nacional. En 2003 se publicó su disco *Contra el tiempo*.

GEYSER

Grupo de Marianao (La Habana), activo entre 1973 y 1974, se le conoció indistintamente como La Banda del Gallego o La Banda de Pitaluga. Incluyó en varios momentos a Omar Pitaluga (1955, ex Las Flores Plásticas) y Alejandro en las guitarras; "El Gallego" (bajo), Alexis (percusión), Daniel Blanco "Danny" (1955) y Eddy como cantantes, Manuel Montenegro (batería) y Walter Fernando "El Bemba". Tocó en fiestas y en el Río Club. Su repertorio abarcó covers de Led Zeppelin, Santana, Deep Purple, Barrabás y otros.

GEYSSER

Funcionando al este de La Habana desde los años 80, alternó entre las versiones (Deep Purple, Rare Earth, Beatles, Barón Rojo, Van Halen, Grand Funk) y piezas propias (*Noches de rock and roll*, *Luces en el cielo*, *Cae la lluvia*, *De nuevo en mi ciudad*, *Resplandor*). Participó en los festivales de Alamar de 1991 (obteniendo un premio) y 1992. A lo largo de su carrera pasaron varios músicos por sus alineaciones: Roberto González, Manuel Rodríguez Leston (1952) y Eduardo en la batería; los cantantes Jorge y Miguel Ángel Maya "Miky"; Rodolfo González en los teclados, Adrián Ginés (bajo, 1956) y José Alejandro Pérez Labrador (guitarra, 1955). Su existencia se rastrea hasta mediados de los años noventa.

GIRÓN

Grupo de Camagüey creado a partir de Los Migs en mayo de 1969 por el bajista Julio César Fonseca (1935), con lazos fuertes al Movimiento de la Nueva Trova. Más tarde la dirección recayó en el guitarrista Rogelio Acosta (1951), quien junto al organista José Alberto Estévez (1953, ex Lágrimas Negras), Enrique Pérez Iznaga (batería), Álvaro Cadena (bajo) y Heriberto Reinoso (voz,1949) conformaron la estructura más estable. Además de colaborar con algunos trovadores de la provincia (como el mismo Reinoso) acompañó a Farah María, Raúl Gómez y Leonor Zamora, y mantuvo covers del rock y funk anglosajón cantados en español. Se presentó en Hungría, España, Estados Unidos y Canadá, además de actuar en diversos escenarios nacionales. Con otros formatos y sonoridades siguió en activo hasta inicios del siglo XXI.

GMR

Antes de formar GMR, el guitarrista habanero Mario Romeu (1955) integró Trébol (1968-1974), Flash, Climax, Síntesis, la banda del cantautor Amaury Pérez Vidal, el dúo de guitarras Vallejo-Romeu y proyectos informales durante sus años de estudiante en la ENA y el Conservatorio Amadeo Roldán. Bajo el nombre de Trío de Mayito Romeu (con el bajista Lázaro Valdespino y el baterista Florencio Silvera) se presentó en el festival de rock Invierno Caliente (1981). Posteriormente armó grupos de formato variable, hasta fundar esta agrupación en 1989. En su trayectoria incluyó, además, al cantante Adán Rey Cabrera (1964), Ulíses Seijo (1959) en la segunda guitarra; Erick Pi, Frank Marticorena y Eleuterio Silva (1966) en la batería; los tecladistas Juan Carlos Rivero (1968) y Alberto Fabelo Brito (1967, ex Géminis) y el bajista Jesús Santana (1957, ex FM). Con influencias de hard rock, blues y heavy metal en las composiciones propias cantadas en inglés y español hizo grabaciones (*Misión de amor*, *Rockeando bajo el sol*, *No a los ciclones*, *Obstinada*) y se presentó en conciertos y programas de televisión. Separado en 1995.

LOS GNOMOS

Quizás el primer power trío en el rock hecho en Cuba, sus comienzos fueron a cuarteto con Humberto Campanioni como cantante, Rafael "El Crudo" (batería), Pedro Cañas (guitarra, 1952) y José E. Ortiz (bajo, 1951, ex Los Yetis), antes de prescindir de los dos primeros e incoporar al baterista Héctor Arcos (1951). Activo en La Habana entre 1969 y 1973 alcanzó notoriedad con ese formato, pero también agregando teclados y una cuerda de metales. En un momento Guillermo Fragoso (bajo y voz, 1953, ex Los Apaches) sustituyó a Ortiz, mientras pasaban los tecladistas Eduardo Moras, José María Vitier (1954, ex Los Yetis), Alfredo Gómez (1952), Pachito Alonso (1955), Jesús Rubalcaba e Hilario Durán (1953); "El Yuma" en la percusión, los trompetistas Alfredo Pérez Ramos (1953), José Carrillo (1955), Nildo Hernández y Jorge Alberto Rubio; los saxofonistas Jorge Rodríguez Barrios y Ricardo Delgado (1950, ex Los Hanks); el trombonista Berto Lam Díaz; Ignacio Berroa (1953) en la batería, y los bajistas Juan Carlos González y Julio Quintana (1951).

El repertorio se adaptó según el formato, con versiones de Cream, Foundations, Chicago, Los Canarios, Guess Who, Blood, Sweat & Tears, Tommy James & The Shondells y más. Por otro lado incluyó piezas originales en español e inglés (*Regresará*, *Something sweet*).

Alternó en fiestas y eventos con Los Signos, Los Pencos, Los Penikes, Los Barba y otros, como una de las bandas más activas de su tiempo.

GOD CRYING

Formado en Cienfuegos en julio de 2007, cultivó el death metal industrial, con covers y algunos temas propios. Duró sólo hasta 2008, y por sus filas pasaron los guitarristas Daryl Santana Ravelo (1988), Adonay Morejón Reyes (1980), Daniel Martínez Espinosa (1992) y Alejandro; los bateristas José Darry y Dayron González (1985); Abigail Hernández en el bajo, y (de forma breve) Yaremy González en los teclados. Alcanzó a grabar un demo homónimo en 2007. Tras la separación Adonay y Daniel integraron Asgard.

GODES YRRE

Proyecto encabezado por Abel Oliva (1967) quien se encargó de guitarra, programaciones, bajo y voz solista, auxiliado por Franto Paul Hernández (1970-1998) como vocalista invitado y Ernesto Prida en teclados. Funcionó en Caibarién, orientado al doom metal, y grabó el demo *A divine image* en mayo de 1994 con temas compuestos por Oliva y la musicalización de un texto de William Blake.

GOLDEN POPEYE'S THEORY

Más una propuesta estética conceptual que una banda propiamente de rock, apostó por el punk sonoro y el anonimato visual y nominal: sus miembros se ocultaron tras máscaras, seudónimos y disfraces. Nimrod 20.02 (voz), Joslov (bajo) y Shaft (batería) fueron el trío inicial, hasta la entrada de Rolento en la guitarra, y Tra La La que remplazó a Shaft en los tambores.

Las grabaciones *Co/meta (Ciclo 1)* (2004), *Ciclo 2 de la mierda* y *Ciclo 3 de la amistad*, contaron con invitados diversos, entre ellos Iván Vera (guitarrista de Zeus) y miembros de Chlover, entre otros. Sus conciertos teatralizados, incluyendo la mutilación de animales, generaron fuertes polémicas. En 2006 colaboró en la obra *"La stravaganza"* de la Compañía de Danza de Rosario Cárdenas. Recibió varios premios por sus propuestas audiovisuales (en conjunto con el realizador Alejandro Jústiz).

GOLDEN ROCK ERA

Banda de Sancti Spíritus, activa entre 2002 y 2004, se rompió cuando algunos de sus miembros pasaron a Saxum. Conformada por Ariam Fernando León Quintero (1981) en la guitarra líder, Carlos González Monteagudo (voz y segunda guitarra, 1979-2015), el bajista Osmani Puertos, y Miguel Ángel Valdivia (1962) en la batería, llevó adelante una peña de igual nombre en la Casa de la Música local. Interpretaba covers (Queen, Deep Purple, Peter Frampton, America) y grabó un demo en 2003.

LOS GOLPES

Grupo de Guantánamo activo entre 1968 y 1974 con Ángel Savón (1952-1999) que lo dirigió, además de alternar entre el bajo y la guitarra. Con David García Joubert (1953) en la segunda guitarra, el bajista Rolando Alcalá; Pile y Roberto Ruiz Rebó (1952) como cantantes, y Eury y Manuel Pachot (1955) en la batería, hizo covers de rock, funk y rhythm and blues, así como algunos temas propios.

LOS GOLPES DUROS

Grupo habanero fundado en 1967, se mantuvo activo hasta 1978, interpretando versiones en inglés y español del rock foráneo, y temas propios. Su nómina principal incluyó al baterista Ezequiel Abreu "Kelly" (1950, ex Los Readys), David Roice (voz), Néstor Pérez como bajista, y los guitarristas Rolando Ávila y Eduardo Abreu (1946, ex Los Readys). Se presentó en fiestas, clubes y festivales de aficionados, alternando con Los Gafas y Los Signos. Con posterioridad trabajó un breve tiempo como Vibraciones Sonoras. Durante una etapa incluyó a varios integrantes de Sexta División.

GOMA LOCA

Banda de corta duración que funcionó en 1994 como apoyo al cantautor José Luis Medina. Al inicio con Rangel Ravelo (bajo y coros) y Rangel Rodríguez (guitarra y programaciones), aunque más adelante incluyó a Leonardo Rodríguez (1971) en la batería, el guitarrista Julio César López "Pachy" (1969) y Julián Fernández (bajo, ex Moncada). Hizo pocas presentaciones. Medina grabó como solista para los compilatorios *Rock pop joven* (ArtColor) y *Habana oculta* (Nubenegra), ambos en 1995, con músicos invitados, para más adelante formar parte del proyecto Habana Abierta.

GRACE TOUCH

Esta agrupación comenzó en Santa Clara en diciembre de 1998, como derivación de Galilea, proyecto que había sido dirigido por el baterista Javier Leiva (1964). En su primera etapa lo acompañaron Yaíma Morales (voz, 1979), Juan Enrique Paz Viera (1969) y Roberto Gil (1979) en las guitarras, y Julio Morales (1969) en el bajo. Inclinado al power-thrash progresivo, más adelante incluyó a Daidi Toledo y Michel Portela (1981) en las voces. Solamente alcanzó a actuar en dos ocasiones y finalizó en octubre de 1999. Paz Viera retuvo el nombre para su proyecto personal, grabando los demos *The strangest dream* (2000), *Renacer* (2004), *Rocking the choir* (2006) y *Biographic* (2009) con invitados ocasionales.

GREEN PEACE

Iniciado en agosto de 1999 en Sancti Spíritus, debutó en octubre, incluyendo a dos ex miembros de Enemies Of Society: Iván Miguel Díaz Rodríguez "Jimmy" en la batería y William García Periut (1974) en la guitarra. En diversas temporadas incluyó a los bajistas

Aynel Zequeira (1980), Daimel Cuervo (1976) y Reinier Quintero (1986); los cantantes Yialbert Ramírez y Jorge Benavides, y Ariam Fernando León Quintero (1981) como guitarrista. Grabó los demos *Libertad de expresión* y *Batalla de ideas.*

GRINDER CARNAGE

Banda de Camagüey, fundada en noviembre de 2001, aunque su debut se sitúa en marzo de 2003, y que incursiona en una mezcla de death-metal y grind core. Pável Ernesto Guerra (1981) es su director y guitarrista, junto a Luis Alberto Pelaez (segunda guitarra, 1980), Alberto García Fayad (bajo, profesor de cello e integrante de la orquesta sinfónica provincial), Glen Gracia Yánez (batería) y Lester Rojas como cantante. Muy activa en conciertos y festivales, a fines de 2011 grabó el demo *They talk too.* Tiene además un DVD promocional y compuso música para la serie *Hala Alma, hala* de Radio Cadena Agramonte. Ha tenido muchos cambios de miembros, entre ellos los bateristas Liber D. Matos (1984), Juan M. Fernández y Asniel A. Pérez Santos (1980); los cantantes Dieter Castelló y Roberto D. García de la Rosa (1984), los bajistas Eduardo Hernández y Fernando Hernández Pardo (1987), y en las segundas guitarras Oleg Molina (1977) y Lester Padilla. Participó en diversos eventos incluyendo el Brutal Fest 2011.

LOS GUARDIANES

Banda habanera de rock and roll formada en 1962 por el guitarrista Pedro Melo con los hermanos Reinaldo (batería) y Luis García (bajo). Nunca tuvo un cantante fijo, aunque Manuel Guzmán "Jimmy", Cristobal Espinosa y Manolo Sabín (1949) pasaron como vocalistas ocasionales. En actuaciones acompañó a Luis Bravo, Ricky Orlando y Alberto Blanco.

LUISA MARÍA GÜELL

Cantante y compositora nacida en La Habana en diciembre de 1940, despuntó desde 1964 como actriz, animadora de programas en televisión e intérprete de pop, twist y rock and roll. Su carrera se extendió en el país hasta 1968, para luego proseguir fuera de Cuba. En sus discos *Cuando el sol* y *Estás lejos* contó con arreglos de Adolfo Pichardo, Armando Sequeira, Mario Romeu, Roberto Marín y Rembert Egües, siendo respaldada por los combos de Chucho Valdés, Eddy Gaytán, Franco Lagana y Rey Montesinos, Los Átomos y las orquestas de Rafael Somavilla y Tony Taño. Formó un grupo de respaldo por el cual pasaron José Espinosa "Pepín" (1937-2000), Pablo Santamaría (1947) y Carlos de la Arena como bateristas; los bajistas Eduardo Macías y Carlos Quijano; Alfredo Pérez Pérez (1944) como pianista y director musical; y los guitarristas Rey Montesinos (1944) y Julio Ramírez (1950) entre otros.

Obtuvo éxito con versiones a temas conocidos por Gigliola Cinquetti (*No tengo edad*) y Domenico Modugno (*Dio como ti amo*), junto a *Y digo no, Escríbeme, Puppy* (Chucho

LOS JETS

KILL THE FISH

LOS KENTS

LOS KININ

LOS KIOWAS

KORPUS

KAOZ

LOS LLASGREM

LOS LASSERS

LEGO

LOS KULPABLES

LIGA SOCIAL

LOS LLOPIS

LCD

METÁSTASYS

MOWAL

MAGICAL BEAT

MALAS NOTICIAS

MORTUORY

MONEDA DURA

Valdés), *Tema que no fue* (de Tony Taño, para la película *El huésped*, de Eduardo Manet), *Bachiana* (Rembert Egües) y composiciones de su autoría (*Es mi juventud*). En esa etapa fue una de las figuras de mayor popularidad.

LA GUERRILLA DE ARÍSTIDES

Grupo de covers fundado en San Antonio de Los Baños, en 1975. Dirigido por Arístides de Armas (guitarra) incluyó también a los bajistas José Antonio de Armas (1962) y Pedro Pablo "El Jimagua", Raúl Mederos (guitarra rítmica, ex Los Cambios), Eduardo León "Eddy El Cojo" (voz, 1957) y Palma (batería), entre otros. Funcionó hasta entrada la década siguiente, actuando en carnavales y fiestas, utilizando a veces el nombre Escorpión. Más tarde Arístides pasó a Yawar, grupo de corte trovadoresco.

LA GUERRILLA DE BEJUCAL

Aunque nombrado Los Damper, se le conoció como La Guerrilla de Bejucal por su procedencia, y también por la zona donde desarrolló lo principal de su actividad a partir de 1972. Focalizando el repertorio en los covers (Deep Purple y Grand Funk fundamentalmente) incluyó a Miguel Álvarez (voz y guitarra líder, 1948), Tomás González (guitarra rítmica), Longino Valiente "Chachi" en el bajo, el baterista Eduardo Arce, y Jesús Serra en las percusiones y coros. Miguel alternó su estancia aquí con su paso por Nueva Generación y Los Watts. Poco antes de la disolución en 1980 se agregó el tecladista Juan Carlos Alfonso (1963), futuro líder de la orquesta salsera Dan Den.

LA GUERRILLA DE DONNY

El guitarrista y cantante Donny Sicard Ortiz, de procedencia norteamericana, dirigió este grupo en la zona de Fontanar (La Habana) entre 1972 y 1977. Incluyó temas propios (en inglés) y las consabidas versiones. El trío era redondeado por Rubén Fajardo (bajo) y Eduardo "Perifollo" (batería), aunque este último fue sustituido más tarde por Juan Carlos Pérez (1953). También durante una etapa Juan R. Wust (1954) colaboró como invitado en la segunda guitarra.

LA GUERRILLA DE EDDY EL COJO

Aunque se le conoció como La Guerrilla de Santiago de las Vegas, trascendió más el apelativo derivado de su director, guitarrista y cantante Eduardo León "Eddy El Cojo" (1957, ex Los Click). Tuvo varios cambios de alineación, pero el trío principal y más estable lo completaron Jorge Concepción (batería, 1953) y Carlos Díaz (bajo, 1955). Se especializo en covers (Grand Funk, Deep Purple, Guess Who, CCR, Eric Clapton, Black Sabbath, Foghat) actuando desde 1977 hasta 1980 en fiestas y eventos. Por sus filas transitaron David González, Víctor Torres y Ricardo Ramos (1955) en la guitarra rítmica; el bajista Carlos Cordoví; los cantantes Teo Barrios (1960) y Leonardo

González Guerra; Roberto Hallado (batería, 1955), el percusionista Jorge Díaz, y el tecladista Lucas. Tras la separación sus ex miembros se reunieron de forma ocasional para algunos homenajes tributados por los grupos 24 Horas y No Parkeo.

LA GUERRILLA DE LANDY

(Ver Sexta División)

LA GUERRILLA DE LEYVA

Activa en Marianao en la segunda mitad de los años 70, fue dirigida por el guitarrista Juan Antonio Leyva (1956), quien ya había formado parte de Los Lee, la Guerrilla Presión y otros proyectos. Tuvo formatos variables, y combinó covers y material propio. Entre sus miembros figuraron los tecladistas Rafael Mariño y Arturo Menas (1959), los bateristas Eduardo Percia y Antonio López; Arnaldo Jiménez (1960) y Papito en el bajo; Dagoberto González en violín y Alejandro Castillo (1958) como cantante. Luego, una parte de la banda pasó a laborar con Bobby Carcassés, hasta la entrada de Leyva en Arte Vivo.

LA GUERRILLA DE EL RINCÓN

Funcionó a inicios de los años 80 en la zona de El Rincón (Santiago de las Vegas). Entre sus miembros: Oscar Luis Perdomo (batería), Juan Lemus (percusión y piano, 1953), Luis Terry Areas (guitarra), Onir Vichot (bajo, 1953) y Jesús Hilario Cardo Pérez (voz, 1951). El guitarrista Eduardo León "Eddy El Cojo" (1957) estuvo durante una breve temporada.

LOS GUYATONES

Fundado en 1967 con alumnos de la escuela secundaria Antonio Maceo, en Cerro (La Habana), incluyó a Roberto J. Núñez (bajo, 1951), Jorge Luis Díaz "Yuyo" (guitarra, 1952), Carlos Enrique García Fernández (guitarra rítmica, 1950, ex Los Nuevos), Julio Caballero en la batería y el cantante Rubén González-Camero Rego, con un repertorio de covers. Más tarde pasaron el bajista Domingo Víctor Díaz (1951) y el baterista Alberto Frontela "Toto". Se mantuvo hasta 1969, alternando en varias ocasiones con Los Watts y actuando en festivales de aficionados y fiestas privadas.

H

HABALAMA

Grupo de La Habana formado con integrantes del Club de Motos Harley-Davidson (anexo a Latin American Motorcicle Association, LAMA, de donde tomó parte de su nombre). Fundado en noviembre de 2009, debutó al mes siguiente en el Parque Lenin, con Luis Magín Ramírez (bajo y dirección, 1965), Ricardo González Sarría (batería), Jorge González Lucas (cantante) y los guitarristas Andrés López de Arma, Moisés Ferrer Vallín (1991) y Yasser Vijande. Se decantó por las versiones al rock anglosajón (Black Crowes, ZZ Top, Beatles, Whitesnake, Eric Clapton, Joan Osborne) y algunos temas propios (*Sexo*, *Este es el fin*). A comienzos de 2010 se enroló también la vocalista Yadira Parra Vera (1990), pero poco después Andrés abandonó la banda. A finales de ese año entró Héctor Fernández (1969) en la batería (pasando Ricardo a los teclados) y de manera muy breve estuvo el guitarrista Pellicel.

A principios de 2011 hubo una reestructuración, donde permanecieron Yadira, Moisés, Héctor y Luis Magín, entrando Miguel Rosales (voz y guitarra, 1985). Tras una estancia de Oscar Santiago, Vicente Fernández "Kiko" (1991) se ocupó de la segunda guitarra, ya en 2012.

HABANA BLUE

Grupo habanero que funcionó con un repertorio de covers a partir de 1996. Formado por Jesús Santana (guitarra y voz, 1957), proveniente de FM, GMR y Los Takson, junto a Aldo Nosti (bajo), Florencio Silvera (voz y percusión, 1955) y el baterista Rolando Fernández (1966). Más adelante pasaron los bajistas Paquito Mosquera (1956) y Julio César López "Pachy" (1969), y los guitarristas Guillermo Tapia y Seriocha Serret (1968). Tras una serie de actuaciones en clubes de la capital y en otras provincias, la experiencia puso punto final en 1997.

HABANA EN SERIO

En marzo de 2012, un mes después de la desintegración de Empty Space, dos de sus ex integrantes, el guitarrista Liván Marrero (1989) y el baterista Osmel Vasallo (1994) decidieron continuar trabajando juntos, formando la base de esta agrupación habanera. Con la entrada de la cantante y tecladista Sarah Lías Montero (1990) y el bajista Rodolfo Martínez se completó el cuarteto, orientado a una mezcla de rock, pop y música electrónica que en pocos meses grabó su opera prima *Renacer* (2012). Marrero se ha dedicado a la producción de otros artistas, como Foxy.

HABANA EXPRESS

Fundado en 1976 y separado en diciembre de 1979 en La Habana, fue una mezcla de músicos cubanos y búlgaros, entre ellos: Javier González (1951, ex Los Jets), Guillermo Tapia, Benjoyce, Mijail Mijailov y William Martínez (1962) en guitarras, José Luis González "Pepe El Ruso" (batería), Georgui Lazarov (1956) en el bajo, Juan Camacho (1954) en la voz, Tzani Koev (1957) en el saxofón, y Segundo Duque (teclados, 1959). Se asentó principalmente en los covers, y formó parte de la delegación de Bulgaria para el X Festival Mundial de la Juventud y los Estudiantes, celebrado en La Habana en el verano de 1978.

HABORYM MASTEMA

Grupo de black metal formado en Holguín, debutó en enero de 2006 con una alineación que incluyó a Edilberto Chacón "Mastema" (guitarra,1985, ex Butcher), Julio Antonio Pupo (segunda guitarra,1985) y dos músicos que tocaban a la vez con Mephisto: Julio Velázquez (bajo,1986) y Juan Carlos Salermo (voz), secuenciando los ritmos, aunque por algunas etapas contó con los bateristas Roe Daniel Consuegra y David Leonardo Nieves (1985, ex Night Elf). Más tarde se incorporó la cantante Rosario Fernández. Hasta el presente ha actuado en festivales y peñas de rock en su ciudad, además de circular los demos *Burns in ourselves* (2006), *After bleeding* (2007), *Warning* (2011), *TV promotion* (2012) y *Acoustic ice guitar* (2013).

HADES

Banda habanera, fundada en Playa en 1987 con Rafael Domínguez "Coquy" en la batería, Jesús Martínez en la guitarra, Jorge Luis Barba (bajo, 1969) y dos cantantes (Modesto y Fidel) que al poco tiempo son sustituidos por Félix Fiandore "Pastel". Con posterioridad se incluyó a Alain Michel García (1970) y Antonio Pérez Quesada en la segunda guitarra, Tomaides Cobas entró por Félix a inicios de 1989, y Juan Miguel Fonseca (1967) por "Coquy". Osciló entre el hard-rock y el heavy metal con temas propios en español. Actuó en diversos sitios de la capital y en Santa Cruz del Norte, hasta la separación a fines de 1989.

HADEZ

Activa en Sancti Spíritus entre 1997 y 1999, con Ariam Fernando León Quintero (guitarra, 1981), Jorge Igor Jiménez (voz y guitarra), Aynel Martínez Martín (bajo, 1980), Marcos Alfonso en la batería, y Suyen García (voz). Alcanzó la condición de Proyecto Nacional de la AHS (Asociación Hermanos Saiz). Tras la separación, algunos pasaron a integrar Saxum.

LOS HALCONES

Grupo fundado a inicios de los años 60 en Centro Habana, con Iván Fariñas (1949) quien cantaba, tocaba guitarra y piano, y se responsabilizó con las composiciones (de lo que llamaron "ritmo sick"), junto a versiones del rock foráneo. Con el guitarrista Luis Rovira (1947) y el bajista Frank Eloy Rodríguez como eje central, incluyó también a Daniel Longres (1947), Pepe y Oscar Quesada en la batería. A partir de 1966 se transformó en el Quinteto Negro.

LOS HALCONES NEGROS

Fundado en La Habana en 1966 por René Soler (guitarra rítmica, 1950), Castelio Saborit (voz y guitarra, 1951) y Enrique Onis (voz y piano, 1950). Su repertorio incluyó covers en ingles (Paul Anka, Beatles, Dave Clark Five, Rolling Stones) y español (Los Brincos). Ampliado luego con Adalberto (bajo), Raimundo (batería), Ramón (voz y pandereta) y los cantantes eventuales Carlos y Barbarito, se separó en 1967 al entrar Soler al servicio militar. Sus ex integrantes pasaron a Private Property y Los Watts.

LOS HANKS

Fundado en el Cerro (La Habana) en 1966, destacó por su cohesión, con versiones de rock y soul (James Brown, Kinks, Them, Beatles) y composiciones propias (*Once again, Happy happy, World hippie, Ya no te quiero*). Se presentó en la capital, Cárdenas y Varadero. Gustavo Díaz "Puppy" (segunda guitarra y dirección), Mario Vázquez (guitarra líder, 1951-2013, ex Los Átomos), Francisco Valdés Torres (bajo, ex Los Átomos), los bateristas Roberto Diez y Héctor Barrera "Ringo" (1951-2009), los cantantes Jorge Bruno Conde (1948-2008) y Gilberto García "Pachy" (1950, ex La Guerrilla de Landy), y dos ex integrantes de Ricardito y sus Cometas —Ricardo Delgado (saxo, 1950) y el trompetista Alfredo Pérez Ramos (1953)— entre otros, pasaron por sus filas. Alternó en fiestas con algunos de los principales combos de esos años (Los Kents, Los Violentos, Los Penikes, Los Walkers, Los Cuales, Los Jets). Tras la ruptura en 1968, Vázquez y "Pachy" se unieron a Los Mensajeros.

HARVEST

Grupo holguinero de metal gótico, fundado en septiembre de 2009 con el núcleo de Edelis Cabreja Loyola (voz, teclados y flauta, 1987) y Pablo Roger Díaz Manzanares (bajo y voz, 1990), ambos integrantes de la Compañía Lírica Alberto Dávalos. El formato fue completado por Daniel Rodríguez en guitarra, el baterista David Leonardo Nieves (1985), y los coros de Lilier Pérez y Manuel Vega Reyes.

HATUEY BEER BAND

Formado a inicios de 1995 en la capital con la intención de hacer versiones del rock psicodélico de los años 60, lo integraron Abel E. Robaina Anzizar en la voz, Víctor (guitarra, ex Rotura), Froilán (bajo) y el baterista Jurgen Steinker (ex Sacramento). Hizo actuaciones con Alta Tensión, Joker y Garaje H entre otros. Separado antes del final de ese año, Jurgen integró Pasos Perdidos.

HAVANA

Grupo capitalino que debutó en octubre de 1992 con Iván Latour (voz y guitarra acústica, 1963), Osamu Menéndez (guitarra, 1969) y Equis Alfonso (bajo, 1972) como núcleo central, junto a un par de instrumentistas de Síntesis como invitados (Esteban Puebla en teclados y Raúl Pineda a la batería).

Tras unas pocas actuaciones, el formato se estabilizó con Mario Javier F. Vinat "Neni" (batería,1973, ex Symphony of Doom) en junio del siguiente año. Su estilo utilizó mucho del grunge, y aunque acudió a los covers de modo eventual, se inclinó hacia los temas propios en español, con algunos indicios del pasado trovadoresco de Latour.

En enero de 1996 Jorge Luis Barba (1969, ex S.A.) remplazó a Equis que se dedicó a su proyección como solista (Eduardo Mena, de Cosa Nostra, había fungido como sustituto ocasional). Esta formación grabó el disco *Puertas que se abrirán* (1997), premio Cubadisco 98 en música rock. En agosto de 1998 el grupo se trasladó a México donde siguió actuando y grabando por una temporada. Compartió con Santiago Feliú, Paisaje Con Río, Cosa Nostra, Garaje H, Los Ronaldos (España) y otros, además de participar en festivales en varias provincias. También dejó un disco inédito grabado en vivo en el Café Cantante del Teatro Nacional (La Habana).

HELGRIND

Inscrita en el viking metal, esta banda capitalina se inició a quinteto sin batería en julio de 2012, aunque su debut en escena se produjo en octubre del año siguiente, en Maxim Rock, como invitada de Congregation. La nómina original integró al vocalista Ernesto Riol (1991), Celia Rodríguez Luis (1986) en los teclados, los guitarristas Pablo Robbio (1989, ex Abaddon) y Jordy Fuentes Serrano (1993), y el bajista Daniel López Lameiro (1986). Ya en 2013 se agregó el baterista Damián Vivas, también proveniente de Abaddon.

HEMIUN

Grupo que tuvo diversas mutaciones, y tomó su nombre del arquitecto egipcio que diseñó la pirámide de Keops. La etapa inicial, entre 1984 y 1986, transcurrió en el Instituto preuniversitario de Ciencias Exactas Mártires de Humboldt 7 y contó con Andrés Barreto (bajo, 1969), Enrique Aguilar (batería, 1969), Andrés González (guitarra líder), Hiram González (guitarra rítmica) y las voces de Rosaida Galano y Guillermo Peña. El repertorio en ese momento consistió en versiones (Deep Purple, Led Zeppelin, Beatles) y arreglos rock a composiciones de la Nueva Trova (Santiago Feliú, Pablo Milanés, Grupo de Experimentación Sonora del ICAIC, Silvio Rodríguez). Actuó en festivales y actividades estudiantiles. Entre 1986 y 1990 se rearmó en CUJAE con Barreto, Aguilar, Andrés González, Andrés Santos (teclados, que salió al poco tiempo para dar entrada a Rafael Guzmán) y Ernesto Delfino (voz), descartó las versiones (salvo alguna ocasional de Beatles) y se inclinó al rock progresivo con temas popios y del colaborador Celso Corvillón. Tras la salida de Delfino pasaron brevemente los guitarristas Irving Díaz (1966) e Ionel Muñoz (1969, ex Urania), pero se desarmó ese formato.

La tercera y última etapa abarcó de 1990 a 1993 con un cambio de giro sonoro (hacia el hard rock y heavy metal) y nuevos integrantes: Igor Capote Omelchenko (guitarra líder, 1968 – sustituido a veces por Iván Vera, de Zeus), Humberto Molina (guitarra rítmica), Eldy (teclados) y Yovanni (voz), mientras permanecían Aguilar y Barreto. En este período se enfatizó en el material propio, cantado en español, llegando a alternar con Música d´ Repuesto en diciembre de 1992. A principios de 1993 el grupo anunció su fin.

HERE UNDER

Banda deathcore fundada en 2009 en San José de las Lajas por Osvel Fernández (voz), Jorge Félix González (batería), Andy Luis Ferrer (bajo) y Oduan Martín (guitarra). En 2010 grabó el demo *Buscando el cambio*. El guitarrista Alberto Cartaya (1994) estuvo también una temporada antes de pasar en 2011 a Breaking Blessing.

HEREIN

Cultor de punk-core, este grupo surge en La Habana en diciembre de 2008. Compuesto por el director Ricardo Alberto Hernández Valdés (1989) en guitarra y voz, el baterista Edgar Cruz, Fernando Peña Rodríguez (1990) en el bajo, y dos ex integrantes de Falling Up: el también guitarrista José Luis Ramírez y la cantante Sarah Lías Montero (1990). Actuó poco y se desintegró en 2010 pasando Sarah y Fernando a Empty Space, mientras Ricardo se unió a Dead Point.

LOS HERMANOS BRAUET

Prácticamente una institución en el rock de Guantánamo, surgió en 1965. Durante décadas se ha mantenido en activo de manera intermitente, alrededor de los hermanos Brauet del Pino: Jorge (segunda guitarra y batería, 1953), José (voz, bajo y acordeón, 1946) y Alberto (piano, guitarra y teclados, 1951). Junto a Pedro Soler (1946, ex baterista de Los Gatos Negros) dieron vida al cuarteto original, dedicado desde entonces a las versiones (Paul Anka, Petula Clark, Sandro, Fausto Pappeti, The Equals, Rolling Stones, Box Tops, Barrabás, rock español) con especial inclinación al material de Beatles, así como temas propios en inglés (*Walking*).

Con el tiempo muchos músicos han pasado por sus filas, como los bateristas Manolo Pachot (1955), Andrés Ramos y Rolando Creagh Banderas (1956-2003); los guitarristas Ángel Carpio (1957), Rafael Loforte (1958), Osvaldo Vargas (1955), David García Joubert (1953) y Marcelino Wilson Hechavarría; los cantantes Gustavo Fernández y Roberto Ruiz Rebó (1952), y el bajista Ángel Savón (1952-1999).

En los años 70 presentó una variación rock de la misa *Hosannah*, con las invitadas Lisette Carballosa en guitarra y Bebé Peinado en el piano. A partir de los años 90 disminuyó sus actuaciones, participando solamente en los eventos dedicados a rescatar el rock de los años 60 y 70.

HEX

Proyecto de Holguín que incursiona en el brutal death metal y debutó en las Romerías de Mayo 2012 con miembros de bandas locales como Say Cheese And Die! (Julio C. Domínguez Peña en guitarra) y Jeffrey Dahmer (Alejandro Daniel Rodríguez Asencio en voz y guitarra, el bajista Jorge Jesús de la Rosa y el cantante Adrián Aballe García). En 2013 grabó el demo *Resurrection*.

LOS HIDRA

Fundado en Boyeros (La Habana), funcionó entre 1971 y 1973 con versiones del rock y pop anglosajón y español (Chicago, Blood, Sweat & Tears, Los Mustangs, Santana, Fórmula V) ampliado con temas cubanos arreglados para su formato. Actuó en fiestas, festivales de aficionados y carnavales, además de hacer algunas grabaciones. Por su alineación transitaron Mario Valdés Díaz y Alexander Domínguez (1939) en la voz principal, los tecladistas Freddy Gonzalez, Máximo y Armando Camaraza (1953, ex Tiempos Nuevos); los guitarristas Rodolfo Reyes (1958), Arelio y Pedro Mena; Gustavo Rojas (1952) y Enrique Sariol en la batería, Alberto Capetillo y Jesús Leza en la percusión, y el bajista Enrique Casas Blez, entre otros. Coincidió con la etapa en que Alexander impactó con su tema *Noemí* (1973). Más tarde Mario cantó con Los Van Van, y Alexander integró Almas Vertiginosas.

HIGH GRASS

Cuarteto habanero gestado en 2010 con Marciel Miranda (guitarra, 1986) quien había pasado por Sweet Child, Aria y Moncada. Con su mezcla de punk y pop-rock ha estado activo, aunque sin muchas actuaciones. Lo completan Marlon Marrero (1991) en la batería, Kristina Odabashyan (voz, 1988) y Daryl Vaillant (bajo).

HINGE

Grupo formado en 2004 en Holguín por los ex cantantes de Undersight, Roberto Salvia y José Alfredo González "Bonkó" (1979), junto a Rafael Aguilera Obregón (batería), Rafael Aguilera (guitarra) y Rafael Ángel (bajo, 1987). Actuó en el festival Metal HG de ese año.

HIPNOSIS

Su trayectoria arrancó en La Habana en junio de 2001 con la bajista Fanny Tachín (1972), Yumileysis Torres (guitarra, 1980), Glencys Toro (teclados, 1983), Giovany Milhet (voz, 1975, ex Escape) y Reinaldo Parets (batería, 1974), aunque para el primer demo figuró como invitado Alejandro Padrón (de Escape) sustituyendo a Parets, hasta la entrada de Eduardo Longa (1975, ex Garaje H) quien brindó la necesaria estabilidad en el aspecto rítmico (también había estado brevemente Javier Pérez, ex Cosa Nostra). Desde entonces se fue imponiendo un estilo de metal melódico con canciones propias en inglés y algunas versiones (Queen, Fight). La presencia femenina y trabajadas puestas escénicas singularizaron su propuesta desde los primeros momentos. A inicios de 2003 Torres se marchó a Combat Noise, entrando una combinación de dos guitarras: Atty González (1979, ex Hojarasca) y Tony Pérez Quesada (ex Sentencia), tras lo cual se grabó el disco *The chosen one* (2004).

Inmediatamente después, Longa fue remplazado por Alain Candía (1985) que en Paraguay había tocado con la banda Arsenal. También se reforzó el aspecto vocal con las coristas Katia Fernández (1983, ex Puertas Negras) y Maylín Ruiz (1986). En julio de 2008 Glencys abandónó el grupo, dando paso a Indara Díaz Biart, y más tarde se produjeron las salidas de Atty, Tony e Indara; Milhet asumió una de las guitarras, complementada con la presencia de Raymond D. Soler (1988), entrando además Indira Labañino (1985) como nueva tecladista. A inicios de 2011 Doralis Noa sustituyó a Katia.

Sus grabaciones incluyen los demos *Hope* (2002), *Labyrinth* (2003), *In your dreams* (2007), *Covers* (2009) y *Testimony* (2010), recopilatorios variados de rock cubano, el ya citado disco debut y *Revelations* (2012). Ha participado en peñas, conciertos masivos, giras y festivales, organizando su propio encuentro de agrupaciones (Hipnosis Invita), así como en diversos homenajes (GES, Jon Lord), bandas sonoras y eventos competitivos (resultando multipremiado), además de alternar con representantes de la escena nacional y foránea (Sugarless, Banda Bassoti, Carajo). Algunos de sus miembros se han enrolado en proyectos paralelos como Suffering Tool y Kallejeros Kondenados. En julio de 2013 el grupo se afincó en Estados Unidos.

HIRDEN

Lo que comenzó como un proyecto casual en Camagüey, en septiembre de 2011 con Carlos Álvarez (voz) y Eugenio A. Bazán (guitarra, ex Konflikt) devino banda estable poco después con Julio Rodríguez (bajo) y Yohenrry Bourricaudy (1975) en la segunda guitarra. Orientado al black metal, con ritmos programados, debutó en junio del año siguiente en Santiago de Cuba.

La entrada del nuevo bajista Pedro Armando Junco (1986-2105, de Strike Back) en octubre de 2012 estabilizó el formato. En marzo de 2013 Junco dio paso a Pável Ernesto Guerra (de Grinder Carnage) grabando un video del tema *Iron panzer*, con la colaboración de Luis Daniel Batista (baterista de Tragedy). Además de hacer actuaciones compartidas con bandas nacionales, cuenta con el demo *The mighty warrior* (2012) y el EP *Dark omen* (2013).

HISTERIA

Banda punkcore de Santa Clara, fundada en enero de 2004, con Karel Fleites (voz y segunda guitarra, 1985), Carlos Alberto de la Paz (guitarra líder y voz, 1985, ex Midstream), Adrián Pino "Pucho" (bajo y voz, 1983) y Jarol Carlos González como baterista. Ese mismo año entró Maykel Llanes (guitarra, 1984) por poco tiempo. En 2005 Karel pasó a Blinder, y al año siguiente Idalberto Machado "El Güije" sustituyó a "Pucho". Separado a fines de 2006, tras la grabación del demo *Nosotros*.

LOS HITACHIS

Agrupación fundada en Camajuaní a fines de los años 60, por Gil Antonio Morales (guitarra), Ricardo Ortuño (batería), Pupy de Paz (órgano), Gerardo Fernández (voz) y los hermanos Alberto (segunda guitarra) y Ramón Magdalena (bajo). Tenía temas propios y versiones de rock y rhythm & blues, aunque hizo énfasis en piezas del grupo chileno Los Ángeles Negros, por lo que se le conoció más.

En 1971 se incorporó Pablo Broche como cantante, y con algunos cambios el grupo estuvo activo hasta finales de esa década. Reunificaciones en varias etapas con otros miembros (Humberto Urquijo, Jesús René Fernández, Hugo Font, Jesús Manuel Linares, Elio Porta, Omar Suárez, Miguel Ayalón, José Luis Díaz Martell, José A. Espinosa, Juan Carlos "Tuto") se apoyaron en el repertorio anterior.

HOJARASCA

Grupo habanero que en mayo de 2001, derivó de proyectos anteriores (Nazaret, INRI) conectados al rock cristiano. La nueva banda incluyó al director Fernando Hernández Toledo (voz), Onay Soto (voz y guitarra acústica, 1975), Arturo Pérez (clarinete, saxo y gaita, 1984), Atty González (guitarra y coros, 1979), Reinier Pérez (batería), Alejandro González (bajo) y Yandi Villalonga (teclados). Hizo pocas actuaciones, pero logró grabar dos demos: *Alas en libertad* (2001) y *Retrato de niños* (2002), evidenciando su sonido de rock-pop. Separado en 2003, Atty se unió a Hipnosis.

HOJO X OJA

Formado en La Habana a partir del trío Cenizas Vivas que en 1986 reunió a Tony González (flauta, 1960), Frank Sánchez (guitarra, 1966) y Carlos Eduardo Alemán "Eddy" (voz, 1963). Poco después se reorganizó pasando Tony a la batería y Frank al bajo, junto a Adolfo Guzmán (teclados, 1962), Orlando Bernal "Landy" (guitarra, 1965) y Camilo López (flauta, 1965), permaneciendo Eddy como cantante.

Orientado al rock sinfónico y progresivo, con temas propios en español (*Volición, Búsqueda y esencia, Breve historia de un hombre común, Vitrales, Fé de errata, Noche de plata*), hizo grabaciones informales, ofreció conciertos en la capital y compartió escenarios con Noel Nicola, Monte de Espuma, Ireno García, Horus y Míster Acorde.

En enero de 1989 entró Miguel Ángel Méndez (bajo, 1966, ex Ecos), pasando Frank a los teclados, tras la salida de Guzmán, aunque al poco tiempo Frank se apartó de la banda, sustituido por Haydée Tutier (1975). En septiembre de 1990 se rearmó con una nueva estructura, consistente en Rafael González "Felo" (voz), Ada López Gutiérrez (teclados), Landy, Méndez y Tony, mientras Pedro Pablo Pedroso (violín y teclados, 1972, ex Teatro del Sonido) se agregó al mes siguiente. Separado en abril de 1991, Landy y Pedroso pasaron a Música d´ Repuesto, al tiempo que Méndez continuó en una línea similar con su proyecto Quo Vadis.

LOS HOOK

Funcionó entre 1971 y 1973 en La Habana con Antonio Vázquez "el Yuma" (guitarra, 1950, ex Los Chicos de la Flor), Nelson "Patilla"(batería), Nelson Cabeza (guitarra rítmica) y Orestes (voz). Otros miembros fueron René Soler (guitarra, 1950), Enrique Urquiaga (1951) y Miguel en el bajo, y los cantantes Luis y Pedro Pardo. Su repertorio consistió en covers de Rare Earth, Tom Jones y más.

HORAS EXTRAS

Banda habanera, activa entre 2007 y 2009, se integró con músicos que formaban parte del grupo de David Blanco: Ernesto Blanco Ponsoda (guitarra y teclados, 1985), Rodolfo Torrente (guitarra, 1971), Emilio Veitía (batería), Aldo Nosti (bajo) y Yaimi Karell (percusión y coros, 1980). Trabajó básicamente los instrumentales propios, e hizo algunas actuaciones en la capital hasta desaparecer cuando Ernesto inició su proyección como solista.

HORUS

Una de las primeras agrupaciones que incursionó en el metal progresivo, con temas propios cantados en inglés, fue creada en La Habana en abril de 1987 por el vocalista y compositor Fidel Bermejo (1965).

Su trayectoria estuvo marcada por la inestabilidad, contando en diversos momentos con Raúl Martínez (bajo y teclados), los bateristas Leonardo Ángel Rodríguez (1971), Justo Suárez y Nguyen Chiong; los guitarristas Rodolfo Torrente (1971), Irving Díaz (1966), Roberto Ramírez (1975), Rodolfo Crespo "Fito" (1970), Kenia Febles y Alejandro Álvarez; los bajistas Javier Parets "Choli" (1969), Jorge Gámez "Yoyo" (1966) y Paquito Mosquera (1956), y Karina en los teclados. En septiembre de 1990 actuó en el Patio de María, junto al dúo acústico Míster Acorde. Se mantuvo activa hasta 1993.

LOS HOT

Grupo habanero formado en 1969 con el repertorio habitual de versiones al rock anglosajón. Los cantantes Juan Alfaro (1953), Lázaro Valdés "Angueiro", Luis y Alejandro González Machín "Kiki"(1949); los guitarristas Walfrido, José Carlos, Pedro Mena y Juan de Marcos González (1954); el bajista Reinaldo Cánovas, y Juan Carlos Abreu (1954) en la batería, transitaron por sus filas. Llegó a actuar junto a Almas Vertiginosas en octubre de 1971 y se separó en 1972.

LOS HOT ROCKERS

Fundado a inicios de 1957 por Leonardo Acosta (saxo, 1933) y Raúl Ondina (piano), está considerado uno de los primeros combos de rock and roll en Latinoamérica. Los demás músicos fueron Tony Escarpenter (voz), Roberto Casas (contrabajo), Luis Cano y Enrique

Villalta (guitarras), Aníbal González (batería) y Manuel Armesto "Cala" (percusión). En marzo de 1957 viajó a Venezuela para actuar en el club Casablanca, con la pareja de baile de Paulette y Lorenzo. Hizo presentaciones en la capital, sobre todo en televisión, y aunque no duró mucho tiempo alcanzó a grabar versiones de *Cachita* y *Rip it off.*

HOT ZONE

Surge en La Habana en septiembre de 2004, cultivando el nu-metal con Luis Manuel Bello (voz), Oscar Ernesto Milián (guitarra, 1974), Kike (bajo) y David Pousada (batería, 1987). La entrada de Roberto Miranda (voz, 1984) y Jorge Triana (bajo, 1983) consolidó el trabajo, que más adelante acentuó la influencia electrónica al agregar a DJ René (René Raluis Fonseca) en 2010. Tras los demos *Actitud* (2006) y *Mala experiencia* (2008) se grabó el disco *Agua mala con azúcar* (2010). A inicios de 2011 Pousada se unió a Agonizer. A principios de 2013 se incorporó el cantante Duhamel Cabrera (ex Tribal) dando un nuevo impulso a su trayectoria.

LOS HULMANS

Banda habanera de versiones formada a fines de los años 60, tuvo varios cambios en su alineación, incluyendo a Miguel Ángel Bárzaga (1951), Jesús Espiño y Alfredo Sarabia (1951-1992) en guitarras, los bateristas Héctor Barrera "Ringo" (1951-2009) y Federico Lucas Montes "Freddy", el bajista Arroyo, y José Posada como cantante. Luego se produjo una fusión con integrantes de Los Saltos dando origen a Los Saltmans que, a su vez, fue la antesala de Almas Vertiginosas.

LOS HURACANES

Grupo de rock and roll que se formó en Marianao (La Habana) en 1963 por Nelson González García "Necho" (guitarra y voz), Ariel Anta (voz y guitarra) y Miguel Ramos (bajo), haciendo versiones de temas de Elvis Presley. En 1964 Anta y Ramos salieron a formar Los Plateados y Los Fantasmas respectivamente, mientras "Necho" se asoció con Manolito (voz) para mantener el nombre, actuando junto a Los Zafiros y Los Astros. En 1968 Necho lo reformó con Manuel Montenegro (voz y batería), Eddy Mesa (bajo, 1954) y Emiliano Romero (bajo), retomando las versiones (Chicago, Beatles, BST). Posteriormente pasaron Jorge Brindis (percusión), Manolo Blanco (1951), Carlos Huete y los hermanos Kiles como cantantes, Leonel (batería), Ramón Huerta y Enrique Pessino (1951) en guitarras, Puchi en el saxofón, "Pepe Quincalla", Pegudo, Julio Hernández y otros músicos. Separado a fines de los años 60, fue uno de los más activos grupos de esa década.

LOS HURACANES

Fundado en 1972 en Baracoa, por Arsenio Rider (voz) y Alejandro Navarro (bajo y guitarra), se especializó en covers (Paul Anka, Beatles, Juan & Junior, Mustangs, Ángeles, Basilio, Leo

Dan). Separado a fines de esa década, regresó en 2002 con nueva estructura y una orientación sonora similar. En varios momentos incluyó a Alcides Alayo (trombón y voz, ex Grupo 467), Lopes Cantillo y Roberto Toira Hernández en las guitarras, Gustavo Martínez (percusión y voz), Tania Ulloa de la Cruz (voz) y el baterista Pastor Fernández.

HUSH

Guerrilla formada por Juan Sebastián Montes "Chano" (guitarra, 1951), José Arnaldo Oliva (bajo y voz, 1946-2007) y el baterista Jorge Vázquez (fallecido en 1975) a inicios de los 70 en La Habana. Funcionó de modo paralelo a la membresía de ellos en Los Dada, y se presentó en fiestas privadas con notable éxito.

I KILL FOR A DAY

Banda de metalcore y post hardcore, fundada en febrero de 2012 en La Habana. La alineación original incluyó a Daniel (guitarra), Alena (bajo) y Carlos Romero (batería, 1995, ex Hilarious). Con posterioridad tuvo otros miembros hasta su separación a inicios de 2014, entre ellos: Alexis (ex Mordor), Jordi Guanche (1993, luego se unió a The Waiting) y Joan en las voces, y Tiago Felipe (1993) en la guitarra. En junio de 2013 publicó la canción *They will die*. El demo *Our first war* (2013) incluyó un cover de Michael Jackson junto a piezas propias. Alternó con The Shepal, Chispa E´Tren y Dead Point.

ICEBERG

Formado en Matanzas en octubre de 1994, debutó en abril del siguiente año. Mantuvo una orientación acústica con piezas propias y versiones (Fun Non Blondes, Beatles). Liderado por Ernesto Martínez (voz y guitarra, 1950), antiguo integrante de Los Delta y Los Sonidos del Silencio, tuvo su formato más estable con Alfredo Pérez Bravo (guitarra, mandolina y armónica, 1968, ex Arrecifes), Mayté Iglesias Cruz (voz y bajo, 1971) y el percusionista Johann Perdomo (1974).

Con carácter temporal pasaron Mario Guerrero (guitarra, armónica y piano, 1961), Raúl Perdomo (bajo y guitarra, 1962), Nelson Maragoto (guitarra y voz, 1968) y Lázaro Javier Viera (bajo, 1967). En sus canciones abordó temáticas ecológicas y sociales, con leves toques de humor e ironía. Grabó el demo *Rompiendo el hielo* (1997) y se separó en julio de ese año, pasando Alfredo y Mayté a formar Póker Club. Más tarde Ernesto continuó una línea cercana con sus proyectos Utopía y Mare Magnum.

IGUALDAD HUMANA

Banda de covers activa en Placetas a inicios de los años 70 que integró en distintos momentos a Pedro Jiménez, Carlos Pina y Gustavo Felipe Remedios (1953) en las guitarras, el bajista Pedro Argelio García, Javier Sori (batería), Omar Castro (voz) y Luis César (teclados).

IMAGEN 4

Activo en 2002 en Santa Clara, el grupo se dedicó a interpretar covers (Rolling Stones, CCR, Los Brincos, Los Bravos, Beatles, Fórmula V). Formado por el baterista Elio Pablo Martínez (que durante un tiempo se mantuvo también tocando en C-Men) con Pedro Argelio García (bajo, ex Igualdad Humana), Joel Rivero (voz), Nadia Chaviano (voz y teclados, 1980) y el director, cantante y guitarrista Conrado Chaviano.

IMPACTO

Trío santaclareño que funcionó en 1972 haciendo versiones de Sugarloaf, Cream y más. Integrado por Joaquín Besada (guitarra, 1954), Jorge Luis Gómez Gutiérrez (batería y voz, 1954, ex Los Micros) y Manuel Chaviano (bajo). Luego Jorge pasó a Los Andes, y Besada se destacó como intérprete de jazz.

IN TAPE

Grupo formado en Marianao (La Habana) en diciembre de 2005 con Heidy Martín Sánchez (1984) y Noel Naranjo (1985) en voces, los guitarristas Alexis Bejerano (1989) y Andrés Castellanos, Reinaldo Amador (bajo) y Adiel Cruz (batería). En su demo *Dreams* presentó una fusión de rock-pop con elementos de punk y grunge.

INCÓGNITA

Banda de jazz-rock, fundada en la Escuela Vocacional de Arte, en Santa Clara, en 1988 y que se mantuvo activa hasta 1992. Dirigida por Amed Torrecilla (saxo, 1969), contó con José Alberto Menéndez en la batería, Roberto Pérez Fortún (1968) en la guitarra, el bajista Argenis Camargo, y Rainel Pino (teclados). En otros momentos pasaron los bajistas Emerio Cepero y Ariel Ramírez, y Ricardo López y Mario Crespo Martínez en los teclados. Actuó en eventos de jazz y festivales estudiantiles y dejó unas grabaciones. Tras la separación Torrecilla diseñó en 1992 una segunda edición del grupo, bajo el nombre de S.A. Incógnita, con miembros de las alineaciones previas. En 1995 Amed y José Alberto pasaron a Mezcla.

INFESTOR

Tras cambios de nombres (Khaos, Phobia), en 1991 el grupo adoptó el definitivo, funcionando en Sagua La Grande, con Franto Paul Hernández (bajo, 1970-1997), los hermanos Ariel y Manuel Varela (1970) en guitarras (este último pasó al bajo cuando Franto salió a formar Sectarium) y los bateristas Fernando Caro y Carlos Hernández. Con un sonido death-thrash grabó el demo *Hidden remains* (1991) que debido a la mala calidad no tuvo mucha circulación. Hizo unos pocos conciertos y terminó en 1991.

ING

Formado tras la separación de Radical OH, debutó en junio de 2008 en la Casa de Cultura de Plaza de la Revolución (La Habana) iniciando una peña mensual hasta enero siguiente. Estuvo integrado por Durley Peña (voz, 1981), David Pérez de la Llera (bajo, 1981), Ariel Pouso (guitarra, 1980) y René López (batería, 1983). En febrero de 2009 Durley abandonó el grupo, que se mantuvo un año trabajando como trío hasta la entrada de Rodolfo Alpízar (1981) como nuevo cantante. Separado en octubre de 2012.

INSIGNIA

Fundado en Caibarién en 1984, y derivado de Trébol, se especializó en versiones del rock de los años 60 y 70. Algunos de sus integrantes venían de grupos aficionados de la década anterior. En sus comienzos contó con William Rivero (bajo y voz, 1968), José Manuel Ortega (guitarra y coros, ex Soyuz), Berto Santana en los teclados, José Luis Mirabal (batería) y Juan Vera como percusionista. Al entrar Pedro Luis González y Eduardo Quincoso (1963, ex Resolución) en guitarras y voces, se incluyeron temas propios que llegaron a ser radiados en CMHS-Radio Caibarién. Separado en 1990, Quincoso pasó a presentarse como trovador en un dúo con Janet Lugones.

LOS IRON FLOWERS

Formado por alumnos de la Secundaria Carlos J. Finaly (Vedado, La Habana) a inicios de los años 70, actuó unas pocas veces en fiestas particulares con un repertorio de covers. Lo integraron Dagoberto Pedraja (bajo y voz, 1957), el baterista Rafael Hernández y los guitarristas Nelson Ondarza (1957) y Félix Guillermo Sánchez. Separado en 1972, tras lo cual Pedraja pasó a Black Ground.

IZQUIERDO RESERVADO

Formado en La Habana en julio de 2003 por el guitarrista Seriocha Serret (1968, ex Ozayn) y el cantante Alexis Morejón (1967, ex Moncada), con Vidal Enríque Santos (teclados), Alejandro (bajo), Daniel (percusión, ex Jóvenes Clásicos del Son), Arturo Pérez Quintana (saxo, 1984) y Roberto (batería). Haciendo hard rock melódico propio, ha tenido muchos cambios de integración, quedando Serret como único músico original hasta 2004 en que se unió a Tenaz. En esa etapa pasaron el bajista Michel Javier Ame Torres, los bateristas Eduardo Hernández y Karel Escalona (1976), Harel Leyra en teclados y violín, y Libán Llorente en la percusión. En 2009 Serret lo reformó con Retzel Cuspineda y Jany Cruz (teclados), Ronald Luis Cruz (bajo), el baterista Raúl Rodríguez

Zamora, y Ronny Domínguez (voz, ex Wena Onda), manteniendo el repertorio original, junto con algunas versiones. Entre fines de 2010 y mediados del siguiente año Serret se enroló como guitarrista en Magical Beat, para luego rearmar nuevamente este grupo con Naybí Concepción Cuéllar (voz, ex Magical Beat), Ronny, Rodríguez Zamora y Adiel Cruz (batería), Hamlet Campanioni (1968), Sandor Torres (1983) y Osvaldo Martínez en teclados, Ernesto Boy Dumas (bajo) y René Enrique León en percusión. Perteneciente a la Agencia Cubana de Rock, se mantiene activo en peñas y festivales. A finales de 2012 organizó el concierto tributo a Jon Lord (fallecido tecladista británico, ex Deep Purple). Incluyó en su repertorio algunos temas de Tanya.

LOS JÁCARA
Grupo de Cienfuegos que entre 1973 y 1978 presentó un repertorio de rock-pop con versiones y temas originales de sus miembros: Manolo Matos (guitarra), Nelson Matos (teclados), Reinaldo Fuentes (batería), Ricardo Montesino (bajo) y Hugo Marín (voz).

LOS JAGUARES
En 1966 debutó en Cienfuegos el cuarteto de Roger Balboa (voz), José Benjamín López "Bilo" (1942-1970) y Andrés Ponsa en las guitarras y Pedro Luis Olascoaga "Pullín" (batería) tomando su nombre del Hotel Jagua, emblemático de la ciudad. Para la evaluación como grupo profesional se amplió con ex integrantes de Los Diamantes: Otto Herrera (voz), Orlando Borrel (bajo, 1943) y Carlos Subero "Puchy" como baterista. Con un repertorio de piezas propias y versiones (en inglés y español) se mantuvo por una temporada, actuando sobre todo en el club de trabajadores ingleses de la planta de fertilizantes en la localidad. Otros miembros fueron Lázaro García (voz y guitarra, 1947), Pedro Ribalta (percusión, 1946, ex Los Persas), Lázaro Oderis (batería), Obel Tito Cabreras (teclados, 1949) y Miguel Ángel Fuillerat (1945-1996), antiguo guitarrista de Los Megatones. Separado en 1974, algunos pasaron al grupo Septiembre Cinco, y Lázaro García fue fundador del Movimiento de la Nueva Trova.

JAKE MATE
Influido por el grunge, este grupo habanero funcionó entre 1998 y 2001. Se formó con Jorge Herrera Franklin (1981) y Yuri Delgado (1977) en las guitarras, el bajista Arley González, Pável en la voz y Yanko Martínez (1977) como baterista.

JEFFREY DAHMER
El guitarrista y compositor Alexander Jorge Parra "La Mole" (1972), fogueado en diversas bandas, fundó este grupo en febrero de 2001 en Holguín, mientras

alternaba su actividad con Mephisto. Se centró en una línea de brutal-gore-death metal con temas propios. José Luis "Bones Extractor" (voz), Frank Martínez (bajo y coros, 1976) y Ricardo Arencibia (batería, 1984) completaron la primera estructura. Tras algunos conciertos comenzaron los cambios, dejando solo a "La Mole" de los iniciales, y trabajando por un tiempo con la batería secuenciada. Así pasaron los bajistas Carlos Artola (ex Nefarious), Rubén Reyes y Jorge de la Rosa Gurri (1986), los cantantes Ramiro Pupo (1986, ex Akathalepsy), Osney Cardoso (1976) y Adrián Aballe; Alejandro Rodríguez Asencio (guitarra, bajo y voz, 1986), Alexander Parra Quintana (1993) en teclados, Rodolfo Pérez Rodríguez (1986), y el baterista Alex Ricardo (de los habaneros Darkness Fall, como invitado ocasional).

A partir de 2010 "La Mole" llevó su proyecto paralelo Aklo Sabbaoth (con el demo *Phantoms of ancient battlefields*) y colabora con Mortuory, Diadema y otros. El grupo ha grabado los demos *Killing lives in Pinar* (2002), *Gallery of pervertions* (2004), *Sadism and necrofuck: the gore encyclopedia* (2008) y *Mutilation survivors* (2012), y los discos independientes *Unspeakable crimes* (2004) y *Dahmer´s legacy* (2011). Aunque prioriza sus propias composiciones (en inglés) cuenta también con versiones de bandas como Cannibal Corpse, Dying Fetus, Slayer y Fleshgrind entre otras.

LOS JETS

Creado en 1966 por Henry Vesa (segunda guitarra, 1949) fue el emblema sonoro del grupo de jóvenes que se reunía en Quinta y B (Vedado, La Habana) con versiones (aunque llegó a tener composiciones de sus miembros) y un largo número de músicos que pasó por sus filas. Funcionó en festivales de aficionados y fiestas privadas, alternando con Los Kents, Los Tacton y otros. Hizo unas grabaciones en los estudios ICAIC a inicios de los años 70, que no se recuperaron.

Entre sus integrantes estuvieron los guitarristas Javier González (1951), Eduardo García (1949), Jorge Fernández "Pepino" (1953), Jorge Luis Valdés Chicoy (1955), Arturo Fuerte (1955), Pedroso y Julio Ley (1950); los bajistas Rogelio Medina Codinach (1947, ex Los Dinámicos), Luis Ángel León (1951-2013) y Juan Carlos González; los bateristas Miguel Cedeño, Edwin Danilo Morales "Tito" (1948-1980) y Guillermo Goizueta "Willy Palo" (1951), y en las voces Ricardo Manuel Ferrer, Manuel Eduardo García, Guillermo Quesada "Willy" (1948), Leonardo Rondón y Arnaldo.

La presencia de Tomás Palenzuela y Leoginaldo Pimentel (1951, del Grupo de Experimentación Sonora del ICAIC) en las percusiones le permitió inclinarse al afro-rock con temas de War, Santana y otros. Llegó a su final en 1975, aunque algunos músicos continuaron usando el nombre hasta 1979. Henry y Willy Quesada figuraron en la reformación de Los Kents, en 2000.

JOINT

Cuarteto de Camagüey que se formó a mediados 2004, utilizando batería secuenciada para su trabajo dentro del metal. Sólo grabó el demo *Smashing tears* ese mismo año, con el vocalista Carlos Morán, Luis Alberto Gómez en el bajo, Roseliz Agüero en teclados, y el guitarrista Adolfo Martín Ríoz (1977, ex Mr. Dominus). En 2007 Roseliz y Adolfo participaron en una nueva etapa de Monserrat.

JOKER

Con una mezcla de sonido grunge y actitud punk, el grupo se formó en La Habana en octubre de 1993 con Gil Pla (voz, 1969, ex Rotura), Fernando Lorenzo (batería, 1967), Ludwig Rivero (guitarra, 1972) y Erick Alvarado (bajo, 1973). En febrero de 1995 se grabó el primer demo, homónimo, y en diciembre Alvarado fue remplazado por Juan Miguel Noroña (1974).

En los primeros meses de 1996 el guitarrista Julio César López "Pachy" colaboró de modo informal con la banda, que actuó en mayo en la Primera Muestra Nacional de Rock (en el teatro Karl Marx) con Jorge Gámez (de Zeus) como bajista invitado. En abril de 1997 Lorenzo se involucró en un proyecto efímero llamado Cruce de Caminos, y fue sustituido por Javier Pérez (1976, ex Cosa Nostra). Entre 2001 y 2002 el guitarrista Glauber Ernesto formó parte de sus filas, y grabó el demo *Lucha*, pero finalmente, en el verano de 1972 el grupo se rompió. Su versión de *Cadillac solitario* (Loquillo y Los Trogloditas) devino clásica en su repertorio.

JOTABICH

Dúo integrado por antiguos miembros de Paisaje Con Río: Ernesto Romero (bajo y voz, 1957) y Luis Pastor Pino (guitarra y voz), comenzó a funcionar en La Habana a fines de 2005. Con una línea de rock-pop muy similar a la de su banda previa, pero dejando a un lado las voces femeninas, facturó el demo *Hombres de papel* (2006) además de respaldar unas grabaciones en 2007 de la cantante Yadira López, otra ex Paisaje Con Río. Hizo algunas presentaciones en directo y se disolvió poco tiempo después.

JUNKIES

Formado a mediados de los años 90 en Camagüey, por Guido Milián (bajo, 1970) y Guillermo Serrano (batería), tras la desintegración de Stigia, se completó con Rodolfo Valentino Acosta "El Tecla" como guitarrista, pero tuvo vida efímera.

LOS JUVENILES

Grupo beat de Matanzas, comenzó como un cuarteto en 1964 con Eduardo García (timbal, luego batería), Diego Martínez (piano y acordeón), Jorge Sanz (percusión, más tarde se hizo bajista) y el director Ernesto Padrón Silva (guitarra rítmica y voz,

LOS MAGNÉTICOS

MATE

MÉDULA

LOS MIKIS

MEZCLA

METAL OSCURO

MAGNUM

MIRTHA Y RAÚL

LOS MODDYS

MONSERRAT

MEPHISTO

MORDOR

MORTAJA

MENTE ABIERTA

MONTE DE ESPUMA

MÚSICA D´ REPUESTO

LOS MUX'S

MÉDIUM

MEANWHILE

NECRÓFAGO

NOVEMBER CHARLIE

MUSICAL POWER MEN

MIEL CON LIMÓN

1937). En 1970 asumió un formato de combo y se mantuvo activo hasta mitad de los años 80, con cambios de personal y en la propia concepción de su sonido. Entre quienes lo integraron estuvieron los guitarristas Omar Benítez (1952), Moisés Castillo "Harry" y Joaquín Bermúdez (1949); Luis Froilán Álvarez en el piano, el cantante Héctor; los bateristas Joel González y Nelson Sánchez; Nelson Alemán, Anoy Vega y Enrique Aluisio en los teclados, y el percusionista Osvaldo Falcón.

LOS JUVENILES DE SAGUA

Enmarcado en la influencia del rock y pop hispano que se reflejó en su repertorio de versiones (Fórmula V, Los Mustangs) funcionó en Sagua La Grande a partir de 1962 y hasta 1986. Integró a los cantantes José A. Reyes, Jesús Pérez Triana (1949) y Marta Reinaldo; los bateristas Domingo González García y Serafín Santos; los guitarristas Rafael Glean, Julio Martín Alfonso (1946-1983) y Luis Álvarez Burgos; Sixto García en el bajo, Rubén Tejerinas Arias (1944) en la guitarra acústica; Evelio Dorta en armónica, Rinaldo Espinosa (saxo, 1940) y Roberto Rodríguez Durán, José Menéndez y Lázaro Ibáñez como percusionistas.

K PUNTO K

Antiguos integrantes de Distress y Médium dieron vida a esta banda en Santa Clara, en octubre de 1997: Daniel Ginori en la guitarra, el bajista Alejandro Garí y Maykel Lorenzo Rodríguez en la batería. En marzo de 1998 se estabilizó con Jorge Luis Fleites (voz y guitarra), Manuel Varela (guitarra, 1970, ex Límite), Elio Pablo Martínez (batería, ex Los Micros), Gari y Dinori, debutando al mes siguiente, junto a Crucigrama F. Desde el inicio se decantó por temas propios en español (*Corazón en sobredosis, El condenado, Mister señor loco, Cosas de una noche, Libre*) mezclando heavy metal, hip hop y funk. Se mantuvo muy activo en peñas, conciertos y festivales, principalmente en la zona central, pero también en La Habana (festival Alamar 99). A inicios de 1999 se incorporó Serguei Hernández "Ovish" (guitarra, ex Blind Brain's Factory) y en diversos momentos también estuvieron Mariley Reinoso (1973), Roberto Carlos Morell y Alejandro Fernández Brito en las voces, y el guitarrista Daniel Lorenzo Pérez (1973). Separado en 2001, tuvo una reformación breve en abril de 2002, interpretando el tema *Masa* (del Grupo de Experimentación Sonora del ICIC) en un concierto. Para la ocasión se reunieron Varela, Elio Pablo, Gari, Fleites y el violinista Ismel Leal como invitado.

KAFKA

Proyecto doom, con elementos de electrónica, armado por Canek Sánchez Guevara (voz, teclados, programaciones y guitarra, 1974-2015) y Colette Aguilar Piderman (teclados) para la grabación del demo *Shadows* en junio de 1994. Ambos habían formado parte de Symphony Of Doom, mientras Canek fue asimismo coeditor del fanzine Death Through Your Veins, junto a Jorge Luis Hoyos en 1992.

KÁISER

Fundado en Placetas, en febrero de 1993 por ex integrantes de Masacre: Alexis Díaz (voz), Iván Mayea (guitarra líder) y Rafael Naranjo (guitarra rítmica). Jesús Escarrás (batería) y Rafael Copilla (bajo) completaron el quinteto original. Su sonido estuvo marcado por el thrash metal con temas propios en español. Se presentó con regularidad en la zona central, alternando con otras bandas. En 1994 Raúl Díaz entró por Escarrás (quien se unió a Vórtice) pero en diciembre de ese año llegó la separación.

KALLEJEROS KONDENADOS

Proyecto punk con miembros de Hipnosis (Fanny Tachín en el bajo y Giovanny Milhet en los coros), Tribal (el cantante Duhamel Cabrera) y Escape (los guitarristas Justo Karel Valdés y Yanio Lee, y el baterista Alejandro Padrón), se formó en La Habana para actuar en el concierto de homenaje a William Fabián (Eskoria) por el primer aniversario de su muerte. El evento tuvo lugar a fines de enero de 2011 en El Mejunje (Santa Clara) con la participación también de Los Piratas, Krizis, Chispa E'Tren y Adictox. Luego quedó como experiencia ocasional para otros conciertos. Contó con temas propios y versiones a piezas de Eskoria y La Polla Record, y en 2012 grabó el demo *Kasi siempre en la kalle*, con José Santiesteban como tercer guitarrista. Dejó de funcionar en la escena nacional a mediados de 2013.

KAMA SUTRA

Fundado en La Habana a inicios de los 70, contó con músicos como David García Joubert (1953, ex Los Golpes), Raúl Casas y Enrique Bencomo "Kiki" en guitarras, Ángel Batule en el bajo, y el baterista Benigno. Con un repertorio de versiones, donde predominó lo instrumental, no tuvo mucha duración.

KÁMARA GANMA

Banda encabezada por el cantante Nelson Rodríguez Mesa (1950, ex Los Kulpables), que significó su regreso a la música tras varios años dedicados a la medicina. La formó en La Habana, en 1997, con su hijo Nelson Rodríguez Herrera (guitarra, 1976), Giovanny González (bajo, 1973) y Richard Castillero (batería, 1976). Hizo algunos conciertos y grabó el demo *Pretentions* (finalmente publicado como disco oficial en 2001) con material propio cantado en inglés. De manera ocasional contó con los invitados David Blanco Ponsoda (teclados, 1980), Sergio Raveiro (bajo, 1974), Lilyam Rodríguez (coros) y Roberto Fajardo "Keko" (armónica, 1961). En 2002 hubo un intento de resurrección que solo alcanzó a grabar el demo *Reflection time*.

KAMARADA HOP

Dueto electrónico habanero conformado por Yordano García (programaciones y guitarras) y el vocalista Pável Capote. En 2000 grabó el demo *No quiero chisme, ni brete conmigo.* Tres años después Yordano armó otro dúo, con Joaquín Rivera en la voz, denominado Kukaracha Fat 32, presentando *Can't crush 'em all,* en una vertiente parecida de fusionar toques de rock y electrónica.

KAOZ

Colectivo punky de Santa Clara, se formó en marzo de 2005 a trío con Amauri Trimiño (batería, 1981), Yandi Moya en la guitarra, y el bajista y director Carlos Alba Ibáñez (1980) quien se mantiene en todas las alineaciones. En 2012 logró la estabilidad con Alba, Gustavo Miguel Fabregat (1979) y Alain Martínez Ríos (1988, ex Pikadura) en las guitarras, y el baterista Douglas Pérez (1979, de Azotobacter). Previamente incluyó a Ernesto Cadalzo (batería), Liván (voz) y Jimmy Marín en la guitarra. Ha alternado con bandas nacionales (Krizis, Adictox) y III Guerra Mundial (España), entre otras. En 2010 grabó un demo en vivo.

KARMA

Banda thrash de Camagüey, activada en 1992 por los hermanos Muñoz, Ionel (1969) e Ianier (1972, ex Orión), ambos en guitarras, y la antigua sección rítmica de Láser: Raciel Ramírez y Alexis Pérez en bajo y batería respectivamente. Hizo unas pocas actuaciones, pero la muerte en accidente de su bajista, en diciembre de 1993, marcó el final.

KASAVE BLUES

El cantautor y guitarrista Norberto Aldrovandi (1965) formó esta agrupación en 2002 en Camagüey, después de haber ensayado proyectos junto a Luis de la Cruz, algunos miembros de Monserrat y los grupos Rhodas y Márgenes.

Con Dawly William Aldana (bajo), Gretchen Diliara Suárez (voz y percusiones), Luis Felipe Montero (batería) y Carlos Alfredo García (percusión) presentó una fusión de blues, jazz, rock y ritmos tradicionales cubanos, tanto en temas propios como en versiones. Desde entonces participa en peñas, festivales, conciertos y eventos como los homenajes a John Lennon. En 2012 compartió con los españoles Free To Dream.

LOS KEW

Banda de covers (Deep Purple, Jimi Hendrix, Grand Funk) que funcionó en La Habana entre 1974 y 1976, con Dagoberto Pedraja (bajo, 1957, ex Los Crows), Silvio (batería), Elías Suardíaz y Javier "Cundo" en guitarras, y José Vargas "Polito"(1956, ex Banda Hershey) como cantante, en sustitución de Buquenque. Luego "Polito" pasó a Primera Generación.

LOS KENTS

Uno de los principales grupos en el rock habanero desde mediados de los 60 hasta entrada la década siguiente, comenzó de manera informal en 1965 interpretando canciones de Luis Aguilé y Paul Anka. El embrión lo conformaron Humberto León y Andrés Paschalidis (1950) en las guitarras, Mario Moro (1950) como bajista y el baterista Carlos Carnero (1950). Aunque desapareció a finales de 1971, algunos músicos mantuvieron el nombre hasta 1975 para descargas y fiestas. Junto al típico repertorio de versiones (Los Bravos, Monkees, Led Zeppelin, Janis Joplin, Cream, Sugarloaf, Jimi Hendrix, Rolling Stones) tuvo también canciones de sus miembros, como *Kama Sutra*, *La danza del elefante* y *Om bembe, om bamba* (que en la versión de Los Barba devino un éxito nacional). Durante esta primera y muy activa etapa tuvo entre sus integrantes a los guitarristas Alfonso Fleitas Quiqutis (1946-1979, que simultaneaba con Los Barba) y Juan Sebastián Montes "Chano" (1951); los cantantes Frank Tony González, Manuel Muñiz y Jorge Bruno Conde (1948-2008, ex Los Hanks); el tecladista Julio García (1953, ex Los Tempo), los bajistas Waldo O'Farrill (1949, ex Dimensión Vertical) y José Arnaldo Oliva (1946-2007), y los bateristas Héctor Barrera "Ringo" (1951-2009, ex Los Hanks) y Guillermo Goizueta "Willy Palo" (1951).

En 2000 Carnero, Paschalidis (guitarra y teclados) y Waldo regresaron con Dagoberto Pedraja (guitarra líder, 1957, ex Bolsa Negra), Jorge Noble (percusión, 1953-2014) y dos antiguos miembros de Los Jets: Henry Vesa (segunda guitarra, 1949) y Guillermo Quesada "Willy"(voz,1948). Se recuperaron las versiones del rock clásico, e impulsó la ola de reformaciones entre otras bandas del pasado. Desde entonces se mantiene activo, presentándose con regularidad en conciertos, centros recreativos (Café Cantante del Teatro Nacional, club Submarino Amarillo) y festivales, pese a los múltiples cambios en su nómina, con los guitarristas Jorge Martínez (1958, ex Red), Félix Finalé (1976, ex Ánima Mundi), Miguel Comas (ex Magnum), Roberto Díaz (1971, de Ánima Mundi), George de Pinedo (1980, ex Punto Cero), Jorge Marín (1970, ex Dimensión Vertical) y David Díaz (1979, ex Quantum); Luis Manuel Molina (1959, segunda guitarra, teclados y coros, ex Géminis); el bajista Adem Rodríguez (1978, ex Extraño Corazón), las voces de Liliam Ojeda (1983, ex Red X) y Juan Camacho (1954), y en los teclados Virginia Peraza (1972), Iván Rodríguez (1979) y Hamlet Campanioni.

KILL THE FISH

Con ex miembros de Onset y Breakdown, se formó en la capital en abril de 2005, como exponente del happy punk. Juan Carlos Tornas (voz y guitarra rítmica), Aldo Gómez (bajo), Ronny Michel Blanco (guitarra líder, 1987) y Frank Alejandro Soto (batería) dieron forma a la alineación debutante. Más adelante pasaron Lauren Conde y Mauricio Martínez (1986) en el bajo, Yunier Noa Manso (1985), Roberto Fernández Mejía (1988) y Wilson Bolaños (1993) como bateristas, y Tiago Felipe (1993) en la guitarra principal. Mantuvo una peña en el club Karachi además de ofrecer conciertos y participar en diversos eventos y festivales. Combinando composiciones en inglés y español grabó los demos *Born of the water* (2005), *The other side of the fish* (2007), *Memories* (2009) y *Dead memories*

(2010), así como el disco *Desamparados* (2010). En abril de 2012 el replanteamiento de la línea de trabajo llevó a un tentativo cambio de nombre (Spectral) que derivó en la ruptura del grupo.

KING OF KINGS

Formado en Santa Clara en octubre de 1995 bajo el nombre Convivencia Sagrada. La estructura original incluyó a Mayelín Pérez (bajo, 1972), Yuri Aguilar (guitarra, 1972), Vicente Hernández Moya (voz, 19688) y Javier Leiva (batería, 1965). Tanto Yuri como Javier coincidieron en proyectos efímeros (Distress, Powerhertz). En enero de 1996 se incoporó Ezequiel García (1973) en la segunda guitarra, y el grupo debutó en marzo en un concierto en Sagua La Grande junto a Necrófago y Eskoria.

Al poco tiempo se asumió el nombre definitivo de King Of Kings. Con la entrada de Ramsés Pijván Ríos (voz) enfatizó un repertorio propio de heavy metal interpretado en inglés. En septiembre de 1996 se intentó cubrir la baja de Ezequiel, primero con Freddy Brandaris (1967, de Médium) y luego con Manuel Varela (1970, ex Límite), pero sobrevino la disolución de la banda tras unos meses de prueba.

LOS KININ

En mayo de 1968 un desprendimiento del Combo Caribe, en Santiago de Cuba, originó esta agrupación, una de las más activas de su ciudad. Con diversos cambios se mantiene hasta el presente. Entre quienes han pasado por sus filas aparecen: Luis González González (director), Fernando Guerrero, Hugo Gómez y Jorge de Feria (1950) en guitarra, los bajistas Roberto del Monte Montoya (1988) y Ricardo Lissabet Pujol "Richard" (1944-2008, también cantante y ex Los Galaxy), los saxofonistas Juan José Navarro y Luis Antunez, las voces de Ricardo Sierra, José A. Mulet, Ángel Melián, Yusimi Alonso, Rafael Odio, Andrés Hernández y Frank González, el baterista Juan Pérez Frómeta, y Gustavo Durán Anaya (trombón). Con un repertorio de versiones del rock hispanoamericano y anglosajón de los años 60 y 70 (Beatles, Neil Sedaka, Procol Harum, Miguel Ríos, Los Apson, Barrabás, Rolling Stones, Los Ángeles, Luis Bravo) también incluyó piezas propias. Se ha mantenido actuando en cabarets, actos culturales y eventos en varias zonas del país, durante más de 40 años con etapas más o menos ligadas al rock.

LOS KIOWAS

Grupo de Cotorro (La Habana) formado en febrero de 1968. Comenzó con Jorge Tuma y Obed Hernández (1950) en las guitarras, Luis Felipe Cuervo (batería, 1952), Eddy Rosell (bajo, 1952) y Luis Pellón como vocalista. En otro momento incluyó también al guitarrista Jesús Villamar (1952). Junto a los covers (Beatles, Monkees, Bravos, Bee Gees, Rolling Stones, Brincos) tuvo temas propios como *Acero y miel.* Separado en mayo de 1970, Rosell y Tuma tocaron luego con Los Pencos.

KOLISIÓN

Fundado en Cabaiguán en febrero de 2010 con Ernesto Reyes Durán y Tomás en las guitarras, Alexis Macías como bajista y el cantante Jorge Arturo González Pérez, tres meses más tarde se agregó el baterista Danny Garit y una voz melódica femenina. Inclinado al metal con temas propios (*No nos podemos callar, Muertos vivos*) y covers ocasionales (Finntroll) debutó junto a Limalla en la Casa de Cultura de Sancti Spíritus. Ha participado en diversos festivales, grabó un demo *Cruzadas* que no llegó a circular, y auspicia el evento Cuerdas Negras en su ciudad. A fines de 2012 Armando Arturo Cuellar Pino había sustituido a Tomás y se agregó el percusionista Luis A. Muñoz.

KONFLIKT

Conformado como trío de black metal, y empleando secuenciadores rítmicos, surgió en Puerto Príncipe, Camagüey, en febrero de 2009 con Ruslán de la Torre (bajo), Eugenio Arturo Bazán (voz y guitarra) y Oleg Molina (guitarra, 1977, ex Grinder Carnage).

Su debut, en agosto del mismo año, contó con el cantante Benito Ángel Migoya "Benny" (1989). En 2010 grabó el demo *Burnt into the nuclear hell* prescindiendo de Bazán (quien se unió a Hirden). Desde entonces siguió sus presentaciones en diversos eventos.

KONTACK

Grupo fundado en Báguano, Holguín, a fines de 1978, mostró un repertorio de versiones (Beatles, Nino Bravo) y piezas propias. Bajo la dirección del guitarrista Raúl Prieto (1963) reunió a Javier Rodríguez García (voz, 1964), Pedro Pablo Álvarez (guitarra y voz), Jaime Cruz (batería) y Ramiro Montero (bajo). Con varios cambios de membresía se mantuvo funcionando hasta 1989 cuando Raúl y Pedro Pablo pasaron al proyecto de trova Nube y Montaña.

KORPUS

Fundado en Placetas en marzo de 1971 por Pedro Jiménez "Jimmy" (guitarra), Homero Mier (voz y batería, 1948), Jorge Castro en teclados y Luis Garabito (bajo), se estabilizó a finales de 1972. Comenzó haciendo versiones de hard-rock para luego derivar al jazz-rock con piezas de sus componentes y covers ocasionales. Otros que integraron sus filas fueron Carlos Pina y Jorge Rodríguez (1955) en guitarras, Rolando Núñez (bajo), Ebel Moya, Wilfredo Rigó (1966) y Omar Castro como vocalistas, y los bateristas Jorge Juan López Jorrín "Nene" (1950), Leonel y "Rule" Barreras (ex Los Fantomas). Más tarde fue transformando su repertorio, apártandose del rock.

KOSTA NORTE

Banda habanera consolidada desde diciembre de 2005, debutó en febrero de 2006 con un repertorio centrado en los covers (Led Zeppelin, Deep Purple, Grand Funk). En las diversas etapas ha contado con los bateristas Fernando, Eddy Sardiñas (ex Pasos

Perdidos), Héctor Volta (1959) y Rodolfo Acosta (1970); Daysa en guitarra y teclados; los guitarristas Jorge Marín (1970), Jorge Frómeta (1967) y Dagoberto Pedraja (1957); los bajistas Leandro Couso, Eddy Mesa (1954) y Ricardo Tamayo (1963); Ángel Luis Fundichel (1958) y Alain Michel García (1970) en los teclados, Vladimir Cabrera (1966) en las percusiones, y el cantante y director Alejandro Castillo (1958, ex Los Pumas). Se mantuvo activa hasta el 2010 cuando Castillo pasó a laborar con Mente Abierta un tiempo y más adelante formó Tierra Santa.

KREMATORIUM

Este colectivo funcionó entre marzo y diciembre de 1991 en Santa Clara, con estudiantes de la Universidad provincial: Alain Garrido (voz y guitarra, 1969), Oleisis Camejo (voz), Yuri González (bajo) y Miguel Ángel "Dija" (batería). Aunque llegó a tener varios temas de heavy metal en inglés nunca alcanzó a debutar. Garrido se convirtió en un destacado trovador, tras la separación de la banda.

KRIZIS

Banda punk de Santa Clara formada en 2009. Ha contado con los bajistas Daniel Lezcano (1985), Richard Díaz (1988) y Oscar Guadarrama; los guitarristas Adrián Pino "Pucho" (1983) y Oscar Martínez; el baterista César Rodríguez y el cantante José Antonio Abreu "El Topo". En su trayectoria ha compartido con diversas bandas en festivales, peñas y conciertos.

KRUDENTA

Combinando thrash y speed metal, surgió en La Habana en febrero de 1990, tras un proyecto previo llamado Mowal, con Jorge Marín (guitarra, 1970), Eduardo Mena (bajo, 1972) y Wilson Pérez (batería, 1971), a quienes se sumaron Juan Carlos Torrente (1969) como cantante y Lázaro Díaz (1971) en la segunda guitarra.

Hasta noviembre de 1991 hizo presentaciones junto a otras bandas de la capital (Metal Oscuro, Sacramento, Trance) dentro de la escena metalera que se gestó en ese tiempo. Su repertorio se basó en temas originales cantados en inglés. Hubo una reformación en 1992 con Juan Alexander Padrón (segunda guitarra, 1973) que no fructificó, y sus miembros pasaron a otras agrupaciones como Zeus (Mena) y Madness (Díaz).

LOS KULPABLES

Fundado a fines de 1965 en Guanabacoa (La Habana), estuvo activo hasta las postrimerías de esa década. Su repertorio incluyó versiones del rock anglosajón y algunos temas propios en inglés (*I'm the sun god*, *Thanks moon*) escritos por Nelson Rodríguez Mesa (voz y guitarra,1950). Francisco Paiva (guitarra y voz, 1950), José Miguel Rodríguez (bajo y voz, 1954), Roberto Paiva (batería, 1949) y Rogelio Vizcaíno (voz y pandereta, 1948) redondeaban la formación.

En 1967 Vizcaíno entró al servicio militar y lo sustituyó Alfredo Hernández Mendieta (1949) por una temporada corta hasta la ruptura.

LARSONS

Trío gestado en Jaimanitas (La Habana) en 1979. Se dedicó a los covers (Rush, Santana, Gary Numan, The Cars) y fue conformado por Juan Antonio Ortiz (guitarra y voz, 1959), Octavio Ceijas (bajo, 1963) y Orlando Lara (batería). Hizo unas pocas actuaciones en su zona y se desintegró en 1980.

LÁSER

Fundado en Sierra de Cubitas, Camagüey, en septiembre de 1986 por Alexis Pérez (voz) junto a Andrés Rojas (batería, falleció en 1997), Raciel Ramírez Andújar (bajo, falleció en 1994), Sonny Pimentel (guitarra, 1972) y Ángel Muñoz (teclados).

Funcionó hasta 1989, tras un cambio de baterista (Juan Carlos Cruz) con temas propios de heavy metal en español: *Imaginación, En la ciudad hay un muerto* y otras. A continuación Sonny y Raciel formaron Spectrum en el Instituto Superior Politécnico José Martí, con Héctor Cumplido (voz) y Eugenio Silva (batería) actuando pocas veces hasta 1991 y rescatando piezas de Láser pero con un sonido más inclinado al thrash.

LOS LASSERS

Banda que trabajó en Ciego de Ávila entre finales de 1967 y mediados de 1972, tras la separación de Los Atómicos, de donde procedían José Rafael Martínez "Pupy" (voz y segunda guitarra, 1951), José Hidalgo "Cuchi" (bajo, guitarra, acordeón y saxo), Leonel Dobao (órgano) y Servando García (guitarra y voz), así como el asesor Flavio Pérez. El cantante Alfredo de la Rosa y el baterista Pablo Téllez se unieron en la estructura inicial. En 1968 José D. Hernández y Reynaldo Rey (ex Obregón y su Combo) fueron los sustitutos de Dobao y Téllez respectivamente. Su repertorio más temprano se basó en covers (Beatles, Rolling Stones y grupos hispanos). Se presentó en fiestas y carnavales, en los que compartió con Los Novels y Los Fakires. Varios años después de la ruptura, Cuchi lo reformó con un estilo instrumental cercano al rhythm and blues, quedando como saxofonista, junto a Flavio (guitarra), Pedro Hidalgo (guitarra, bajo y voz) y Servando García (guitarra y voz), entre otros. En uno de los impasses en su trayectoria, Pupy y Cuchi formaron Tema 4 (sin relación con el cuarteto vocal antecesor de Síntesis) con Juan Antonio (bajo), "El Gato" (batería) y las vocalistas María de los Ángeles Chelala y Fabiola Leyva, que apenas duró seis meses haciendo versiones de Carpenters y la nueva trova cubana. Hasta los años 80 el grupo transitó por diversas mutaciones, incluyendo a otros instrumentistas, como el bajista Jesús Lacerda (1949).

THE LAST FORGOTTEN DAY

Banda habanera de metalcore, tuvo una corta trayectoria a inicios del siglo XXI y sirvió de fogueo para músicos que posteriormente integraron otros colectivos. El cantante Yasmani Janeiro, los guitarristas Irwin Derliz Cao (1988), Alexis Bejerano (1989, ex Sick) y Leonardo; el bajista Mauricio Martínez (1986, luego se unió a Estigma DC) y el baterista Frank Haze (más tarde pasó a Dead Point como DJ) figuraron en sus alineaciones.

LCD

Cuarteto de hard rock con temas propios en español, surgió en La Habana en 2004 con Tomaide Cobas (cantante, ex Venus), Yansel Madruga Monzón (1978, ex Tercer Millenium) en el bajo, Noel Pérez (guitarra, ex Corazón de Metal) y Rodolfo (batería). Grabó los demos *Virgen* (2008) y *Habana* (2011), destacando composiciones como *Sombras de la noche*, *Cruzando el Mississippi* y *Estrella solitaria*, entre otras. Más tarde formaron parte, en las distintas etapas, Manolo (ex Electra), David y William Pacheco (1980) en las guitarras, los bateristas Alex del Río y Jorge (ex Electra), y el bajista "Chinchín". Se ha presentado en diversos foros capitalinos, además de otras provincias.

LOS LEE

Grupo activo entre 1970 y 1972 en Marianao (La Habana). Tocaba versiones de Santana, Steppenwolf, Black Sabbath, Iron Butterfly y Jimi Hendrix, entre otras, así como algunos temas propios. Su plantel incluyó a Joseíto "Melena" en el bajo, Enoc (batería), Andrés de cantante, y en la guitarra pasaron Aldama y Juan Antonio Leyva (1956).

LEGO

Banda habanera que mezcla rock, jazz y funk, fundada en octubre de 1996 por Rolando Morales (1974) guitarrista habitual de la banda de Polito Ibáñez. Su debut se produjo ese mismo mes y poco después comenzó a actuar en conciertos junto a Sociedad Habana Blues, Tesis de Menta y Red X. Actuó en diferentes eventos, además de acompañar en grabaciones a Patricio Amaro y el trovador Silvio Alejandro.

Entre sus componentes han estado el percusionista Sariel Aurelio Montalbán, los teclados de Rosa García, Gretell Barreiro (1985) y Antonio Iglesias; Eduardo Ramos "Popy" (1974), Karel Escalona (1976), Pedro Miguel López Rodríguez (1986), Hernán Cortés y Claudio Pairot (1984) como bateristas; los bajistas Yandiel Cruz (1983), Eric Pérez y Arturo Cruz; Marlon Morató y Ronny Michel Blanco (1987, ex Kill The Fish) en las segundas guitarras, Idisan (saxo) y la vocalista Elaine Fernández (ex Luna Negra).

LENGUAJE DE ADULTOS

Dúo habanero formado por Virgilio González "Villy" (guitarra y programaciones, 1970, ex Pasos Perdidos) y Lubén García (voz) quien venía de cantar con Extraño

Corazón. Nunca llegó a presentarse en vivo y dejó grabado un disco homónimo de rock-pop en 1994.

LEVIATHAN

Banda deathmetalera de Jatibonico que funcionó entre 1999 y fines de 2004 con el bajista y director Eduardo Ramírez González, Yosvel Martínez en la guitarra, el cantante Michel Ramírez y Luis E. Morgado como baterista. En 2002 se presentó en Yayabo Metal Fest, junto a Scythe y Firmament. Eduardo y Yosvel pasaron a formar Cancerbero.

LEX SOUL

Funcionó en Ciego de Ávila entre 1971 y 1974. Su formación principal tuvo a Rafael García "Tatico" (bajo), Larry Díaz (voz, guitarra y teclados), Alfredo Díaz (batería) y Jorge Álvarez (guitarra y voz, fallecido en 2011). En otros momentos integró al cantante Antonio Valdez Paz "Patoyo", José Pardo (teclados) y Rosendo de Jesús García (guitarra, ex Los Samurais). Se basó en versiones del rock anglosajón (Beatles, CCR, Marmalade, Rare Earth) y composiciones de sus integrantes (*Llanto por un sortilegio*, *Vuelve a mí*).

LEY DE JÁKARO

Con una sonoridad de pop-rock estuvo activo en Pinar del Río, incluyendo a Yohandy González (voz), los guitarristas Félix de la Paz "Pusky" (exTrauma) y Yordi Toledo (1981, ex PM); los bateristas Víctor Javier Hernández y Antero Trujillo (ex Eclectic Power) y el bajista Ismael. Funcionó entre fines de los años 90 y principios del decenio siguiente. En el festival Alamar 2000 obtuvo premio con su tema *Así*.

LEY URBANA

En junio de 1996 se formó en Holguín este grupo con ex componentes de Destrozer y Zona Obscura: Alexander Jorge Parra (guitarra, 1972), Raúl Algarín (bajo y coros), Roberto Salvia (voz) y el baterista José González "Scorpion" (1973), que fue remplazado en la recta final por Isnader Rodríguez. Grabó un demo titulado *Intolerancia* en diciembre, con temas propios en español de fuerte crítica social, mezclando power, thrash metal y grunge, pero en 1997, tras el concierto Ruinas del alba, se transformó en Primacy.

LIGA SOCIAL

Con un formato acústico, e incluyendo a ex miembros de Los Apaches y Los Moddys, se fundó en Cienfuegos en el verano de 1976. Alternó versiones y temas propios, inclinados al country-rock, enfatizando el trabajo vocal. Sus fundadores fueron Raúl Rovira (guitarra, armónica y voz, 1952), Jesús Alberto de Armas (voz, guitarra y piano, 1951), Héctor Luis Aznarez (guitarra, mandolina y voz, 1952), Benigno Aznarez (guitarra de 12 cuerdas, armónica y voz, 1950) y Salvador Puerto (bajo) —remplazado por Eduardo Mustelier (1951). Actuó en eventos, a los niveles provincial y nacional, en los que recibió premios y menciones, así como en el Festival Mundial de la Juventud y los Estudiantes (1978) y Carifesta (1979). En 1982 pasó a profesional y se mantuvo hasta 1986. Entre 1988 y 1993 hubo varias reformaciones, que incluyeron a los tecladistas Luis de Armas, Obel Tito Cabreras (1949) y Denisse Quesada (1969); los bateristas Juan Luis Barreras Díaz (1960) y Tony Villarpando (1969); los bajistas Wilfredo y Cándido Hernández; los cantantes Erico Burke (1955), Ricardo Castillo, Bienvenido Capote (1962) y Juan Raúl Mesa (1960); Roberto Smith (1969) en la percusión, Alejandro Fernández (trompeta), Pepito (saxo), así como Humberto Cuervo Arango y Manuel Lázaro García Cabrera (1966), entre otros. En 1993 se desintegró.

LIGNUM CRUCIS

Fundado en 1991 en Centro Habana como Antropofagia, con influencias de Morbid Angel y Napalm Death, se estableció en julio de 1992 con Yurex (voz), Armando Peláez (1977) y Luis Martínez en las guitarras, el bajista Jorge Valtuille (1975) y Carlos Estévez (1975) en la batería. En octubre Ángel Ortega entró como nuevo cantante. En enero de 1993 se publicó el demo *In extremis*, y dos meses más tarde Juan Alexander Padrón (1973) sustituyó a Luis. En agosto hubo una nueva grabación, *From your ashes*, también con material propio cantado en inglés. En diciembre de ese año llegó el final, cuando Ortega y Estévez salieron a formar The Window.

LIMALLA

Estos punkis espirituanos tuvieron una primera etapa que transcurrió entre 2001 y 2004 con el bajista Yosmany Jorge Martín "Kabeza", Osley Rodríguez "Toki" (voz y guitarra), Alay Rodríguez "Pipo" (batería) y Orelvis Muro (guitarra). A fines de 2006 se reestructuró con Osley, Martín (que pasó al bajo), Leodan Rodríguez (batería, 1986, ex Arrabio), Luis Darien González (voz, ex Ezkina Rota) y William García Periut (guitarra, 1974, ex Mala Lengua). Al año siguiente compartió con el grupo canadiense 7 & 7 Is. Grabó los demos *Ponte laz pilaz* (2007) y *Porque somos punk* (2008, con Carlos Brunet "Chachy" en la segunda guitarra y José Luis Jiménez en la batería). En julio de 2011 participó en el DVD *Desorden en el sótano*, filmado en el centro cultural El Mejunje (de Santa Clara) junto a Adictox, La Babosa Azul y Arrabio. En 2012 dio a conocer su disco *Sin futuro*.

LÍMITE

Fundado inicialmente como Limited en Sagua La Grande, en agosto de 1993, mezcló hard rock, heavy metal, blues y grunge en composiciones originales. La versión inicial incluyó a los hermanos Manuel (guitarra y voz, 1970) y Ariel Varela (guitarra, bajo y voz), que venían de tocar en Azazel, y el baterista Damián Trejo. A mediados de 1994 Manuel pasó a Distress, y a fines de 1996 se reformó con el regreso de Manuel y la entrada de Yuri Aguilar Trujillo (guitarra, 1972, ex King Of Kings). Dejó dos demos: *Nadie te perdonará* (1994) y *Songs of faith* (1996). En 1997 Manuel se incorporó a K Punto K.

LÍNEA ROJA

Formado desde fines de 1992, debutó en Sancti Spíritus en enero de 1993 con Elmer Ferrer (guitarra, 1973), Julio Montoro (voz, guitarra y piano, 1972), Enrique Ferrer "Kiki" (batería, 1976), Elianne Ferrer (voz, 1970), Yumar Bonachea (teclados, 1974) y Juan José Pestana (bajo, 1973). Grabó un demo con temas propios de rock melódico en español (*Mundo frágil, Cuerda de agua, Náufrago, De tiempo en tiempo*). Se separó a fines de ese mismo año, tras algunas presentaciones donde contó con Iraida Rodríguez Suárez (flauta) y Deivis (coros). En La Habana Elmer pasó a trabajar con Estado de Ánimo, y "Kiki" con Debajo.

LÍNEAS TRIDIMENSIONALES

Antecesor de Los Pencos, existió en Cotorro (La Habana) entre 1969 y 1971. Pedro Fernández en la batería, Eduardo Batista y Juan Francisco Baseiro (1955) en las guitarras, el cantante Juan José Cárdenas, y el bajista Oscar Roberto Pérez "Cusy" fueron sus integrantes. Interpretaba covers de rock y pop, en inglés y español.

LOS LLAMAS

Representativo de la orientación pop de fines de los años 60 en La Habana, el grupo se fundó a quinteto para más adelante ampliar su formación. Llegó a incluir a los guitarristas Armando Noda (ex Los Tres), Juan Carlos Rigual (ex Ricardito y Sus Cometas), Edilberto Suárez y Emilio Cavailhón (1939), Rafael Rodríguez (bajo), los bateristas Pablo Santamaría (1947, ex Los Violentos), Pedro Vega (1951) y Tomás Corrales, el tecladista Eduardo Gabriel Tremble (1948-1992, ex Otro Amanecer), Marcelo Fonte y Alberto Corrales como percusionistas, y las voces de Velia María Camps, Silvia Becerra (1943, ex Los Tres), Rudy y Gilberto Martínez (1947) entre otros. Su mayor éxito radial, *Mi vecino*, fue una adaptación hecha por el arreglista Eddy Gaytán a inicios de los 70 sobre un tema popularizado por la cantante rusa Edita Pieja. El grupo apareció en televisión, hizo recitales por todo el país y dejó un disco homónimo de larga duración, con temas propios y versiones (Ernesto Lecuona, Los Iracundos).

LOS LLASGREM

Asesorado por Sierra (pianista de la Orquesta Loyola) surgió este grupo en 1967 entre los alumnos del Conservatorio de Cienfuegos. El nombre fue armado con las iniciales de los fundadores: Lisandra Verges Alemán (voz y batería), Laureano Irueta (guitarra), Ángel (trompeta), Sierra (piano y arreglos), Gema Alicia Alfonso (acordeón), Rosa Villalonga (piano), Eddy (saxo tenor y percusión) y María Luisa Vega (acordeón).

Más adelante figuraron Mirta Quevedo (bajo), Carlos Barreto (acordeón y piano), Héctor Luis Aznarez (guitarra y celesta, 1952, ex Harlem), Cuquita (acordeón) y Nancy Llerandi (voz, 1950). Interpretó jazz, bossa, slow rock, temas instrumentales, versiones (Beatles, Box Tops, The Animals, Bobby Hebb) y canciones propias. Actuó en eventos culturales, festivales de aficionados y fiestas en Santa Clara, Punta Gorda, Cruces y su ciudad. Se desintegró en 1970.

LOS LLOPIS

La ruptura del cuarteto LLopis-Dulzaides, a inicios de 1956, después de haber sido elegido Mejor Grupo del año anterior por la revista Show, hizo que los hermanos Frank (guitarra hawaiana, 1916-2013) y Manolo Llopis (voz y guitarra, 1934) se unieran a Lázaro Manolo Vega (voz, 1937) y Leandro Torres (piano, saxo y acordeón, 1940-2005) para dar vida al nuevo grupo, que muchos investigadores sitúan entre los pioneros del rock and roll en Hispanoamérica. Comenzó tocando boleros, chachachá y rancheras, para cambiar enseguida al ritmo originario de Estados Unidos. Su estilo se apoyó en temas de rock pero con textos en castellano hechos por Frank: *Estremécete* (*All shook up*), *No seas cruel* (*Don't be cruel*), *La puerta verde* (*The green door*), *Hasta la vista, cocodrilo* (*See you later, alligator*) y *Al compás del reloj* (*Rock around the clock*). Estos fueron recogidos en su LP *Rockabilidad* (1959), mientras *No pidas más perdón* (de Paul Marquez) se colocó 15 semanas en el primer lugar en las listas de éxito de Radio Progreso.

Actuó en teatros, clubes, cabarets, radio y televisión; también en México (donde Vega fue sustituido temporalmente por Chamaco García), Suiza, España, Argentina (en 1961 grabó allí el disco *Odeon Pops*) y Portugal. A inicios de los años 60 fue uno de los colectivos que impulsó el ritmo pachanga a nivel mundial, con lo cual su etapa de rock and roll quedó archivada.

LOMBY Y SUS ESTRELLAS

Encabezado por el bajista Rafael Lombana "Lomby", incluyó a los guitarristas Manolito y Heredio Castillo, y Eduardo Larena (batería, 1950). Comenzó en 1965 en La Habana tocando covers del rock anglosajón, y se separó en 1969. A continuación Heredio y Larena formaron una guerrilla efímera con Pepín en el piano y Luis Sánchez (bajo), hasta la entrada del baterista en Los Dan.

LUCHA ALMADA

Dentro de la línea denominada trova-rock, con acentos grunge, células de ritmos tradicionales cubanos y un discurso poético que se apartó del común para el rock del patio, surgió este grupo en La Habana, durante la primavera de 1994. Los cantautores Ihosvany Caballero "Vanito" (1967) y Alejandro Gutiérrez se encargaron de las voces, guitarras acústicas y las composiciones, rodeados por Fernando Rubio (bajo, 1970), Gerardo Díaz (batería) y Eduardo Kairús (guitarra). Se mantuvo actuando en la capital, incluyendo una peña semanal en la Casa del Joven Creador (Habana Vieja) y grabó el disco *Vendiéndolo todo* (1995) con el nuevo bajista Ángel Pérez y producido por Alejandro Frómeta (de Superávit). Separado en 1996, Vanito y Alejandro formaron parte del colectivo Habana Abierta, con sede en España. En 1998 hubo una reformación con Kairús, Alexis Martínez (batería) y otros músicos, que funcionó sólo unos meses.

LUZ VERDE

El tecladista, compositor y arreglista Eddy Cardoza (1968) formó este grupo en La Habana con un sonido que combinó elementos de rock, pop, funk y algo de jazz, después de su trabajo con Arkanar. El bajista Israel López (1970) y la cantante Dayani Lozando provenían de Éxodo, mientras completaron la nómina Lázaro Poey (ex baterista de Quinteto Estudio), Ariel Valdés (percusión, 1970) y Julio César López "Pachy" (guitarra, 1969). En octubre de 1994 se grabaron los primeros temas, y más adelante el grupo participó en el compilatorio *Saliendo a flote*. En agosto de 1995 "Pachy" salió para tocar en la banda del trovador Juan Carlos Pérez, entrando Irving Díaz (1966), pero tras algunas presentaciones y pese a las buenas críticas, la propuesta no logró consolidarse y Eddy desmanteló la banda. Con posterioridad Dayani inició su carrera como solista pop.

MABULLA

En el otoño de 2011 Yando Coy (voz, 1984) y Alejandro de la Torre (guitarra y voz, 1978), integrantes de Escape, se unieron al bajista Mauricio Martínez (1986) miembro de Estigma DC, y al baterista de Ancestor, Alcides Rodríguez (1986) para formar este proyecto paralelo a sus respectivas agrupaciones, en el que se manejó un repertorio de metal en español.

MADNESS

Pese a su corta duración fue una banda que alcanzó a presentarse en el festival de death y thrash celebrado en Caibarién en noviembre de 1992. Fundada en octubre de 1991 en La Habana, integró a Lázaro Díaz (guitarra y voz, 1971), Jorge Lázaro Ramírez en la segunda guitarra, Gary en el bajo, y el baterista Eduardo Longa (1975). Separada a fines de 1992, Diaz inmediatamente formó Agonizer.

MÁGICA DANZA

Grupo de pop-rock melódico fundado en la capital en el verano de 1991 con la vocalista Dianeh Lang, el ex guitarrista de Extraño Corazón, Rodolfo Torrente (1971), quien simultaneó su estancia aquí con su trabajo en la banda acompañante de Athanai, y tres ex miembros de Red: el bajista Livio Estrada (1961), el tecladista Hansel Correa y Enrique Paneque (1963) en la batería. Grabó un demo con temas en español en 1992 y dejó de existir al año siguiente.

MAGICAL BEAT

Tras una estancia con Los Kents, Luis Manuel Molina (guitarra rítmica y voz, 1959) debutó con este grupo en abril de 2007 presentando un estilo diferente en el que la inclusión de flauta, clarinete, saxofón y violín contribuyó a darle una sonoridad inusual a los covers. Entre sus miembros han estado: Susel Díaz y Dianis Catá Salas (clarinete), Laura Hernández Tomas (flauta), Ramiro Antero Sánchez (bajo), Hansel Guerra (saxo y clarinete), Olga María Duyos (1966) en los coros y percusión, los bateristas Yasser Carnero y Rolando Fernández (1966); Rocío Batista en teclados, los guitarristas Seriocha Serret (1968), Abraham Alcover (1973) y William Pacheco (1980), Jalime Benítez en saxo, y Naybí Concepción Cuéllar y Alejandro Castillo (1958, ex Kosta Norte) como cantantes, entre otros. En 2009 compartió con el grupo sueco Jump 4 Joy. Se presentó junto a bandas nacionales en conciertos, peñas y festivales, hasta su separación en noviembre de 2012.

LOS MAGNÉTICOS

En el verano de 1968, en Bauta (La Habana) ex músicos de dos combos locales (Los Cuervos y Los Cromly's) se unieron en la más temprana encarnación de este grupo. A partir de ahí comenzó un derrotero de casi un cuarto de siglo con notable incidencia en el sonido rock.

Aunque acudió a versiones (Beatles, Styx, Los Pasos) su repertorio principal se centró en los temas propios en español, entre el rock-pop y el hard-rock melódico. Actuó en televisión, ganó concursos en sus inicios, publicó un disco homónimo en 1987, sirvió como respaldo a Mirtha & Raúl y –sobre todo– Maggy & Luis (entre 1975 y 1983), participó en los festivales Varadero 70 e Invierno Caliente (1981), y a través de su peña (a fines de los años 80) apoyó la labor de nuevas bandas. En 1991, después de una gira por Hungría, se apartó del rock, cambiando su nombre a Banda Magnética y así permaneció hasta 1997, sin ninguno de sus fundadores. La mutable nómina incluyó a los bajistas "Chino" Lee, José Antonio Acosta (1954), Longino Valiente "Chachi" (ex Sexto Sentido), Ricardo Muñoz y Danny Rojo (1970, ex Fuego Adentro); los tecladistas Vladimir Karell (1951), Néstor Lombina (1950), Bernardo Iglesias (1957, ex Génesis), Armando Freyre (1954), Rafael Mariño (1954), Arturo Fernández Armas, Alberto Fabelo Brito (1967, ex Fuego Adentro) y Jesús Rubalcaba; los cantantes Rolando Moré (1946) y José Vargas "Polito" (1956, ex Los Kew); Luis Manuel en la trompeta; Roberto Toledano (1951) en la percusión; los guitarristas Elmes, Jorge Luis Camellón, Radamés Upierre (1957, ex Z-7) y Julio Ley (1950, ex Los Takson) junto a Luciano Rodríguez "Chany" (1949, ex Sonido X) en la guitarra rítmica; los bateristas Rolando Miró (1946), René Durán, Manuel Cribeiro, Omar Brito, (1955, ex Arte Vivo), Ángel Pérez, Luis Orestes Pagés, Calixto e Ignacio Cao (1956); José A. Reyes Noda (1956) en saxo y teclados, Mauricio Marrero en el trombón, y el saxofonista Guillermo Roig.

MAGNUM

Entre 1987 y 1989 este grupo habanero de thrash metal hizo algunas presentaciones. Sus miembros fueron Yaroski Corredera (1971) y Julio López Saún (1971) en las guitarras, Fernando Casas Saún (bajo, 1971), el batería Jurgen Esteinker Sánchez y Narud Rodríguez en la voz. Tras la separación Fernando y Julio pasaron a Sacramento.

MAGNUM

Fundado en La Habana en enero de 2002 por el guitarrista Abraham Alcover (1973, ex Collage) se ha mantenido alternando temas de hard rock propios y versiones (Beatles, Fleetwood Mac, Supertramp), parte de lo cual se recogió en el demo *No way* (2010). Participando en festivales, programas de radio y televisión, conciertos y peñas, ingresó al catálogo de la Agencia Cubana de Rock. Su integración ha cambiado bastante con los años, siempre bajo la dirección de Alcover: los bajistas Rodolfo Humpierre (1971), Eric Pérez y Víctor Manuel Ponce de León (1987); los bateristas Fernando Lorenzo (1967), Raúl González Peraza (1989), David Pousada (1987), Ray Mora (1982) y Claudio Pairot (1984, ex Rumba Brava); Indira y Yenni García en los teclados y coros; Doménico Barigelli (1986), Miguel Comas y Alcides Pedro Lorenzo en la segunda guitarra, y las voces de Aixa Rodríguez Alfonso, Joanne Pantaleón, Alejandro Castillo (1958), Bonni Sarai Collazo (1987), Jenizbel Pujol Jova (1979) y Hugo Alain Ortega (1990), entre otros.

MALAS NOTICIAS

Pedro Rodríguez Sánchez (voz y guitarra) quien fuera líder de Los Novels, formó esta banda en Cárdenas, Matanzas, en marzo de 2012 con su hijo Pedro René Rodríguez (batería y voz) que había integrado la alineación final del mismo grupo. Varios músicos pasaron en distintos momentos: Iván Rodríguez (teclados, bajo y voz), Dayana Montalvo (bajo), los también guitarristas Jaime Borrego Santana (1981) y Adonis Escanes; Lester Acosta y Yordi Matos en guitarras y voces, y David Triana como cantante. Su estilo de rock-pop —aderezado con toques de heavy metal, blues y hard rock— se plasmó en los demos *Malas Noticias que alegran la vida* (2012) y *Conmigo no podrán* (2013).

LAS MARIPOSAS DE HIELO

Grupo femenino de rock y pop en Guantánamo, que ofreció presentaciones entre 1970 y 1971. Lo integraron Tania Barbán (bajo), Lesbia Fernández (guitarra), Martha Fernández (batería) y Fifina Villalón (teclados).

MARTES 13

Grupo que actuó sobre todo en Cotorro y Santa María del Rosario (La Habana) entre 1974 y 1976. Interpretaba covers (Guess Who, BTO, Free, Doobie Brothers) y estuvo integrado por Ernesto Páez (guitarra), Jorge Soliño (bajo, 1957) y Giraldo Lozada (batería). Oscar Pérez Muñiz "Cusy", ex Los Pencos, sustituyó a Páez, y también colaboró con ellos el armonicista Arnedo. Se presentó en campamentos de las escuelas al campo y fiestas. En sus días finales se amplió a cuarteto con Julio (guitarra rítmica).

GRUPO DE IGNACIO MARTÍNEZ

Fundado en Santa Clara y también conocido como Grupo de la 6 (Secundaria Básica # 6) estuvo dirigido por el guitarrista Ignacio Martínez (1950), quien desde 1965 tocaba covers de Santo & Johnny y The Ventures, bossa y temas instrumentales cubanos con un trío informal junto a Humberto del Valle Cápiro (guitarra y voz) y Jesús Solernou Álvarez "Suso" (batería, 1951). Funcionó entre 1966 y 1967 con Ignacio, "Suso", Ramiro Valledor Tristá (voz y guitarra rítmica) y el bajista Ramón Pérez Romero "Microbio" (1950). Actuó en fiestas particulares haciendo covers de Beatles, Cream, Animals y temas de películas, entre otros. Cuando sus integrantes pasaron al pre-universitario formaron Los DC5.

LOS MÁS

Grupo de Isabela de Sagua (Sagua La Grande) activo entre 1967 y 1979. Al igual que sucedió con muchas agrupaciones no habaneras, su repertorio fue una ecléctica mezcla de sones, boleros, guarachas y versiones al rock internacional, concebida para atraer públicos diversos, y evitar los cuestionamientos que se le hacían al género foráneo. Lo integraron José Reinaldo en la guitarra líder y Rafael Baena en la rítmica; el baterista José Rivas Mata, José Vizcaíno, Roberto Mata y Pedro Mata en percusiones, y los cantantes Juan Lázaro Arencibia, Antonio Alemán y Manuel Melián, entre otros.

MASACRE

Aunque actuó pocas veces en Placetas durante 1992, este colectivo agrupó a músicos que luego se destacaron en la escena local: Alexis Díaz (voz), Iván Mayea y Rafael Naranjo como guitarristas, Raúl Díaz "Panolla" (batería) y los bajistas Alfredo Alfonso y Ariel Acévalo. Con su línea de thrash y death participó en el festival de su ciudad.

MATE

Desde el inicio, en octubre de 2003, este colectivo habanero destacó por la fusión de rock, funk, blues, jazz y reggae en sus canciones; solo de modo eventual acudió a versiones (Police). Su estilo lo distinguió entre las bandas de ese momento (más marcadas por el metal) y fue incorporando ritmos y elementos de la música cubana y el hip hop. Reynier Aldana (bajo y voz, 1982), Alvin Pino (batería, 1979, ex Red X) y Eddy Fleitas (voz, 1984) conformaron el núcleo más temprano, aunque el cantante solo figuró en el primer demo grabado a fines de ese mismo año. Su formato ha incluido a los guitarristas Rolando Morales (1974), Miguel Comas, Atty González (1979), Saúl Berman Castillo, Andrei Martínez Agras (1983) y Carlos Manso; Juan Carlos Piñol, Ian Padrón y David Hernández en percusión; los bateristas Pablo Ordaz y Yandi Fragela (1983);

Frank Palacios en teclados, flauta y saxo tenor; Carlos José y Mauricio Martínez (1986) en el bajo, El Catio (trompeta), Yamil Reyes (ex Paso Firme) en la voz líder, Rafael Cue como DJ, Adrián Ferrán (teclados), Arturo Pérez Quintana (saxo, 1984) y varias coristas invitadas (Diana Fuentes, Eme Alfonso, Dianella de la Portilla, Marianella).

Entre 2005 y 2007 trabajó en conjunto con Kumar, exponente de hip hop. En 2008 Reynier, Yandi y Comas salieron para integrar Deja Vu, pero la banda siguió con nuevos miembros. Grabó los demos *Pensándolo bien* (2003) y *Turbulencia* (2004), así como un disco *(Los sonidos de la calle)* que quedó inédito.

MEANWHILE

Grupo de Cárdenas, Matanzas, que comenzó en noviembre de 2001 y llegó a su fin en junio de 2003 tras haber grabado cuatro temas para un demo y realizado seis conciertos. Sus integrantes fueron José Manuel Gazó Sosa (bajo), Boris Acosta (batería), Roger Curbelo (cantante) y los guitarristas Javier Ernesto Barroso y Yasser Fuentes Álvarez (1981). Yasser fue, además, co-editor (junto a Ivo Luis Martell) del fanzine Insanedrac.

MÉDIUM

Banda de Santa Clara, comenzó en mayo de 1990 (inicialmente como Cronos) con Eric Domenech (voz, 1970), Freddy Brandaris (1967) y Jorge Luis Fleites en guitarras, Joel Pérez "Billy La Mole" (batería) y David Pantoja (bajo). Tras grabar el demo *Epílogo fúnebre* (1991) se produjo el cambio de nombre, en mayo de 1993, al entrar Julio César Machado en la batería y Alberto del Nodal (1968) como bajista. Desde ese momento comenzó una carrera que lo consagró como uno de los colectivos más importantes en el metal nacional. En 1993 grabó el demo *God's perdition*, y participó luego en *Las luchas de la juventud*, disco compilatorio del sello francés Tian An Men 89 Records, junto a Los Detenidos y Cosa Nostra, así como en prensajes de la disquera mexicana American Line Productions. Otros miembros fueron el baterista Javier Leiva (1964, que simultaneaba con King Of Kings), el bajista Vaniet Gil (1978), y Ernesto William Cabrera en la guitarra. Separado en noviembre de 1998, dio vida a Blinder y Grace Touch.

MÉDULA

Derivación de Trauma, sus inicios se ubican en Pinar del Río, con Ernesto Rivera "Pistola" (voz, 1973), Yusel González (batería), Reinaldo Porras (guitarra, 1974) y Jorge Rafael López Lugo "Yoryi" (1983) como bajista (más tarde pasó a alternar la voz líder con "Pistola"). El debut se produjo en mayo de 2004. Su estilo fusiona thrash y hardcore con textos en español, que unido a su proyección escénica y activo tren de conciertos y festivales, lo colocó entre los referentes nacionales. Más adelante ingresaron Reinaldo Martínez Perugorría (ex Terbio), el guatemalteco Eddy Antonio Morales "El Maya" y Javier Suárez (del grupo de flamenco Toques de Río) en las guitarras, Marcos Antonio Alonso (batería y saxo tenor, ex Terbio);

Geddy Carlos Fernández (1985), Zeney Alonso (1982) y Rosmary Martínez como bajistas, y el cantante Anier Barrera Paz (1984, ex Ruptura) que a fines de 2011 remplazó a "Pistola", por la misma época que Porras pasó a Switch. Durante una temporada "Yoryi" mantuvo también el proyecto de corte experimental Mala Bizta Sochal Klu mientras Perugorría y Marcos armaron un grupo paralelo de blues con Pedro Luis Remis (editor del fanzine The Rocker). En 2012 comenzó a interpretar covers (Fito Páez, Beatles, Stone Temple Pilots). Cuenta con los demos *Guerra santa* (2002), *Proyección* (2004) y *Legado* (2012); los discos *Hablar de frente* (2010) y *Médula* (2011), y los DVD *Hablando de frente* (2011) e *Inercia* (2013).

LOS MELÓDICOS

Cubriendo una etapa entre finales de los años 60 e inicios de los 70, este grupo de Sagua La Grande mantuvo un repertorio con versiones instrumentales (Santo & Johnny, The New Vaudeville Band, Frank Sinatra) y cantadas en español.

Entre sus componentes aparecieron las voces de Reglita Valdés, Cayo Bécquer (1950-1973) y Carlos Cruz Guerra; el guitarrista Julio Martín Alfonso (1946-1983), los bajistas Marcelino Espinosa (saxo, 1944-2002), Rafael Jiménez Santos (fallecido en 2001) y Oscar Díaz; José Ramón Miranda en batería, y Conrado Morales (1953) en el órgano.

LOS MENSAJEROS

Grupo profesional que funcionó en La Habana entre 1968 y 1971, tras la separación de Los Violentos. En varios momentos incluyó a Rey Montesinos (1944), Javier González (1951) y Mario Vázquez (1951) en la guitarra, los pianistas Gilberto Peralta (1948) y Danilo González "Pichi"; Ricardo Delgado (1950) y Manuel Pérez Núñez como saxofonistas, Enrique Illa (1939) y Pablo Santamaría (1947) en la batería; los cantantes Orlando Freijo "Dino" y Gilberto García "Pachy" (1950), y el bajista José Arnaldo Oliva (1946-2007). Actuó en fiestas, televisión, carnavales, clubes, cabarets y teatros, junto a Los 5-U-4, Mirtha & Raúl, Los Dada y otros. Mantuvo un repertorio de temas propios y versiones (Fórmula V, Los Brincos, Miriam Makeba).

MENTE ABIERTA

Liderado por la tecladista Marta Yabor (1959, ex Nocturno) y asumiendo el rock-pop con canciones propias y ajenas, se fundó en La Habana en febrero de 2005. Su alineación ha incluido en diferentes etapas al bajista y director musical Jesús Rojas, los guitarristas Adrián Lelyén Fernández (1970, ex EFA), Reidal Roncourt (1980), Alejandro Pérez Bueno y Gustavo Zorrilla (1987); los bateristaa Carlos Sampson y José Alberto Fernández (1984), Betsy González en teclados, coros y percusión; Juan Carlos Pena (1965) y Edilberto Moya como percusionistas, Laura de San Juan (1989), Indira Buigas (1988) y Lilian Trujillo en los teclados, Alain Martínez Bermelló (bajo, 1979), y en las voces principales Orley Cruz (1984), Ariel Alejandro Matamoros (1989), Armando

Rodríguez, Alejandro Castillo (1958, ex Magical Beat) y David Homero Rico, entre otros. Desde finales de 2008 inició una peña semanal en el teatro Maxim Rock, con diversos invitados, y también en el centro nocturno Escaleras al Cielo. Cuenta con los demos *Mente Abierta* (2008), *A puertas cerradas* (2009), *Undercovered* (2010), *Magical mistery sound* (2010), *Para el submarino amarillo* (2011, solo con versiones de Beatles y John Lennon) y *Sinceros* (2013).

MEPHISTO

Fundado en Holguín en septiembre de 1997, inicialmente como ampliación del proyecto Blizard (derivado a su vez de Avenida X) con Frank Martínez (batería, 1976), Osney Vega Cardoso (voz) y Raúl Algarín (bajo), más Alexander Jorge Parra "La Mole" (guitarra, 1972). Debutó dos meses después junto a Undersight y S.O.S. Para febrero de 2008 se incluyó a José Gerián Durán (1977) en otra guitarra. En su extensa trayectoria devino grupo de referencias para el black metal nacional, con llamativas puestas escénicas y música propia interpretada en inglés. Se presentó en conciertos y festivales por todo el país.

Hasta 2011 se produjeron cambios de personal, incluyendo el paso de Frank a la voz líder desde fines de 2001 hasta finales de 2003. Los bajistas Gustavo Adolfo Asencio (1975) y Julio Velázquez Pereda (ex Haborym Mastema); Amilkar Israel Guerra (ex Sándalo) y Susel Fernández en los teclados; los bateristas Ricardo Arencibia (1984) y Rigoberto Ricardo Chong (ex Slice); los vocalistas Nilder Cruz Gamboa y Juan Carlos Salermo (ex Haborym Mastema), y los guitarristas Yimmy Parra Morales (1981, ex Undersight), Maykel Martínez (ex Slice) y Leonardo Amador Sánchez (luego se unió a Forbidden Tree) pasaron en diversas temporadas por sus filas. A fines de 2011, los integrantes que quedaban decidieron un cambio radical de sonoridad, interpretando rock-pop latino bajo el nombre de Sándalo. Sin embargo, en agosto de 2012 "La Mole", Osney, Rigoberto, Susel, Maykel y Julio retomaron la denominación y estilo original. Trece meses después se presentó con la Orquesta Sinfónica de su provincia, en lo que fue la primera experiencia de su tipo en el país. En su trayectoria puso a circular los demos *Seven dead cities* (1998), *Knowledge of Necronomicon* (1998), *Creation of magnificent* (1998), *Dominion Satanas* (2003) y *Blasphemy and evil* (2007), y el disco *Carpathian tales* (2000).

METAL OSCURO

Creado a finales de 1986 en Playa (La Habana) por el bajista René Ferrer "El Liebre", Carlos Garcell "Pompi" (voz, 1964, permaneció hasta diciembre de 1991), Agustín La O (guitarra, 1962) y Nelson Nieves (batería) fue uno de los grupos claves en la hornada ochentera del metal nacional. Aunque al inicio hizo versiones (Quiet Riot, AC/DC, Led Zeppelin) alcanzó su sello con canciones propias, interpretadas en español, mezclando thrash, speed y death: *Misioneros del rock, Solamente tú, Llevarlo dentro, Holocausto, Busca tu fuerza* y *Oscura gloria.*

Sus filas se nutrieron con alrededor de una veintena de nombres: el bajista Roberto Armada "Skippy" (1961, ex Sentencia); Mario Caro (1969), Duniel Díaz (1969), Yoel Betancourt (1971) y Ludwig Rivero (1972) en las guitarras; Alberto Alonso Calero (1966), Justo Suárez (ex Horus), Lázaro Rodríguez (ex Sputnik), Juan Miguel Fonseca (1967, ex Stratus), Frank Marticorena, Carlos Rodríguez Obaya (1954, ex Gens) y Alejandro (ex Onirismo) como bateristas, y los cantantes Mauricio Morante y Hayley González Díaz (ex Trance), entre otros. Alternó con Rotura, Madness y Trance en conciertos, además de participar en festivales como Alamar 92. Dejó unas pocas grabaciones y participó en la banda sonora del teleplay *Tema heavy* (1990). Se desarmó en 1993.

METAL SAGRADO

Dirigido por Frank Isidro Márquez García (1969), ex guitarrista de Súnesis, se formó en el Instituto Superior Pedagógico, en Consolación del Sur (Pinar del Río) en septiembre de 1989 con José Ernesto Mederos "Kiko" (voz, 1969), Eduardo Márquez (segunda guitarra), Alex Rubín (bajo) y Ricky (batería), debutando un par de meses después. Aunque interpretó algunas versiones al rock anglosajón, afianzó su trabajo en temas propios, de heavy metal en español (*El mundo se va abajo*, *Metal sagrado*, *Estado de coma*) aunque sin dejar grabaciones. En abril de 1991 Sergio Ernesto Puente (1973) entro por Ricky hasta octubre, y cuando éste regresó Puente pasó a Ultranza. Tuvo un ciclo de actuaciones que culminó en septiembre de 1993, tras lo cual el grupo se desintegró. "Kiko" formó Tendencia, y Frank reapareció más tarde como saxofonista formando parte del Cuarteto Arsis.

METÁSTASYS

Grupo de Contramaestre (Santiago de Cuba) fundado en febrero de 2008 y que debutó en mayo con la alineación de Robin Fajardo (voz), Dennys Abreu (bajo, en sustitución del fugaz bajista original), las guitarras de Gonzalo Naranjo y Luis Emilio Rosario, y la dirección del baterista Carlos Rafael Rosario.

Transmutado (2009) mostró reminiscencias de grunge, heavy y death metal con temas en español. Robin, además de activo promotor del rock, fue uno de los organizadores del festival Rockevolución. El bajista Yoandris Baños entró por Abreu en 2013.

MEZCLA

En la confluencia de muchos géneros y estilos, con una línea ya enunciada desde el Grupo de Experimentación Sonora del ICAIC al cual perteneció, el guitarrista, cantante y compositor Pablo Menéndez (California, 1952, y residente en Cuba desde 1966) fundó el colectivo en 1983.

Su música incorpora elementos de rock, jazz, reggae, blues, funk y ritmos cubanos, sobre piezas propias, arreglos a temas folclóricos, canciones de autores nacionales

(Frank Delgado, Vanito, Santiago Feliú, Gerardo Alfonso) y versiones del repertorio foráneo. Activo en la escena nacional y con frecuentes conciertos en varios países (Dinamarca, Estados Unidos, Holanda, Noruega, Suecia, Finlandia, Canadá, Alemania, Colombia) ha incluido a los bajistas José Antonio Acosta (1954, ex Los Magnéticos), José Ernesto Ermida (1966), Rafael Paseiro (1977) y Sergio Rabeiro; los bateristas Juan Carlos Abreu (1954), Ernesto Simpson, José Alberto Menéndez, Miguel Miranda, David Pimienta (1957), Eugenio Arango, Pablo Calzado y Ruy Adrián López Nussa; Tomás Ramos, Octavio Rodríguez, Moisés Porro y Yomar Amador en las diferentes percusiones; los teclados de Manuel González Loyola (1962), Sonia Cornuchet (1964), Lilian Expósito (1957), Adiané Perera (1975) y Julián Gutiérrez; Amed Torrecilla (1969), Néstor Rodríguez y Jesús Fuentes (1966) en saxos y flauta, los trompetistas Maykel González (1981) y Roberto García (ex AfroCuba), la flautista Magela Herrera (1984), el vocalista Ángel Luis Badell; Orlando Sánchez "Cubajazz" (1963) y Lucía Huergo (1951-2015, ex Síntesis) en saxos y teclados, entre otros instrumentistas y cantantes. Su discografía abarca: *Hijos de la mezcla* (1987), *Fronteras de sueños* (1991), *Cantos* (1992, con Lázaro Ross), *En la vida real* (1994), *Guitarras mezcladas* (1996), *Unplugged* (1996), *Rocasón* (1997), *Las puertas están abiertas* (1999), *Akimba* (2002), *Havana blues mambo* (2005, al crédito de Pablo Menéndez) y *I'll see you in Cuba* (2010). Su director ha estado también invitado en grabaciones de Santiago Feliú, Noel Nicola y Havana, entre otros, y en el concierto Lennon in Memorian 1990.

LOS MICROS

Este grupo santaclareño, antecesor de Los Dalton, funcionó entre 1971 y 1972 con Rigoberto Fernández (voz y pandereta), José Antonio González (guitarra rítmica), Carlos Lucas González (bajo), Elio Pablo Martínez (batería, ex Los Simétricos) y la dirección del guitarrista y cantante Jorge Octavio Pino (1956). Hizo versiones de temas de Rolling Stones, Beatles, Los Diablos, Los Brincos y otros, actuando en festivales y fiestas.

MIDSTREAM

Priorizando material propio de orientación grunge y algunos covers (Beatles, Nirvana) se formó en septiembre de 2001 en Santa Clara. Sus miembros iniciales fueron Carlos Alberto de la Paz (voz y guitarra, 1985), Reynel Rodríguez (batería), Abel Fírvida (voz y bajo) —sustituido luego por Delvis Díaz (1984)— y Adrián Pino "Pucho" (guitarra y voz, 1983); a excepción de éste último, el resto estudiaba en el Pre Vocacional de Ciencias Exactas Ernesto Guevara. Actuó en su ciudad y Cienfuegos, y finalizó en noviembre de 2003 cuando algunos fueron llamados al servicio militar, y Adrián y Abel formaron Residuo (trío de punk y blues con Miguel Albalat en batería). Más tarde Carlos Alberto se unió a Histeria. En esta misma época Adrián tocó en el proyecto de covers Not For Sale.

NUEVA GENERACIÓN

NEUROSIS

MIDSTREAM

ODISEA

LOS ORTA

NATURAL TRÍO

THE ONE WHO BLEEDS

RICKY ORLANDO

OLIMPO

OSAMU & DAGO

OVNI

OKULARY

OTHER BRAIN

OASIS (HABANA)

PANORAMA

LOS PACÍFICOS

PARASOMNIA

PEDRO REYES
Y LA DÉCADA

PERFUME DE MUJER

MIEL CON LIMÓN

Banda creada en la Escuela Vocacional V. I. Lenin (La Habana) en marzo de 2008 por estudiantes del último curso: Wilfredo Gatell (guitarra líder y dirección), Nelson Labrada (voz), Yoendry Montero (segunda guitarra, 1990), Luis González Fernández (batería) y Carlos Peniche Silva (bajo). Más adelante se amplió con la voz de Lisset Díaz Guevara (1991) y el percusionista Evelio Álvarez (1989). Su repertorio incluyó temas propios y versiones, sobre todo de Beatles. En julio de 2012 puso música a la obra teatral *La historia de Juan Lennon*, de Pepe Piñeyro (ex Los Pacíficos), presentada en La Habana.

LOS MIGS

Formado en La Habana en julio de 1983, con Ricardo Alfonso (1957) en la batería y Lucio García (guitarra, 1971) que venían de tocar en Nueva Generación. A ellos se sumaron el bajista Frank Mosquera "Paquito" (1956), José Ramón Abascal en la otra guitarra, el tecladista Ismael Martínez, y las voces sucesivas de Mayra, Fidel Blanco (1957) y Armando Quintana "Mandy" (1963). Con el repertorio de covers (Heart, AC/DC, Scorpions, April Wine) se mantuvo hasta que en junio de 1985 Ricardo decidió reformar Los Takson.

LOS MIKIS

Banda matancera de versiones que funcionó brevemente entre 1967 y 1968 con los guitarristas Moisés Castillo "Harry" y Andrés Sams, Jorge Sams en el bajo, los bateristas Nelson Alemán y Nelson Sánchez, y las voces de Miguel (ex Los Modernos), Falcón y Miriam Muñoz (1947). Más tarde algunos de ellos dieron forma a Los Sonidos del Silencio y Los Juveniles.

MIRTHA & RAÚL

El compositor, cantante y multi-instrumentista Raúl Gómez (1941) dejó su puesto en Los Bucaneros para emprender este exitoso dueto con la cantante y actriz Mirtha Medina (1946), debutando en televisión en marzo de 1968. Un año más tarde participaron en el festival de Sopot (Polonia). Su estilo fue un pop-rock fresco, con el apoyo instrumental de diferentes combos (Los Magnéticos, Los Dada, Cuba 95).

Destacaron piezas como *Muy cerca del arroyuelo*, *Que tú me quieres voy a gritar*, *Rosas de algodón*, *Campanas*, *De nuevo en el camino*, *Tú lo sabes*, *Perdido en una estrella lejana*, y otras. Se mantuvo activo hasta 1975 en teatros, cabarets, televisión y eventos (Varadero 70) además de grabar un disco de larga duración.

LOS MISMOS

En la localidad de Esperanza, cerca de Santa Clara, funcionó este grupo entre 1969 y 1971 interpretando un repertorio con versiones instrumentales del rock anglosajón, temas del rock hispano (Los Ángeles, Juan y Junior, Los Mustangs) y de la incipiente Nueva Trova

(Silvio Rodríguez). Fundado por Ana Hortensia Campos (voz, bajo y dirección) que formaba parte también de Los Belgas, junto a los profesores Ángela Cabezas (piano y marimba) y Bernardo Hidalgo (saxo alto), y los estudiantes Jacinto Santana (batería), Erick Bravo (acordeón), Luis Murgas (guitarra), Joaquín Hernández (pandereta) y Susana Cabezas (voz y marimba). En la medida que algunos fueron saliendo por diversas causas, entraron los guitarristas Ricardo Aguiar y Omar Rodríguez; Gertrudis Ríos en el bajo, el trompetista Ramón Enríquez, Cristóbal Sánchez en el saxo tenor y el cantante Roberto Balmaseda. Se presentó en Santa Clara, La Habana y Cienfuegos.

LOS MODDYS

Banda emblemática del rock de Cienfuegos por su repertorio de versiones y la extensa trayectoria dividida en dos etapas. La primera abarcó entre agosto de 1967 y 1987, en que tras la desintegración algunos formaron Liga Social. Se reunificó en julio de 1998 y se mantiene hasta el presente.

Entre ambas temporadas transitaron los tecladistas Luis de Armas, Armando Figueroa, Francisco Valdés Petitón, Rafael Ángel García y Joel Ferrer Ruiz (1981); los bateristas Juan Luis Barrera (1960, ex Los Símbolos), Vicente Martínez Olalde, Manuel Carreras y Raúl Rovira (1952); los guitarristas Héctor Luis Aznarez (1952, ex Los Llasgrem), Edelfidio Milián "Coqui", Jesús Alberto de Armas (1951), Alejandro Fajardo (1957), Rosendo Selín, Manuel González Bolufe (1962), Eddy Pérez-Asso y Dariam Daisón García (1989); los cantantes Héctor Maya (1973), Juan Raúl Mesa (1960), Raúl Bárzaga, José Andry Aguiar Díaz, Alvis Prieto, Ricardo Hernández "Pipo", Erico Burke Morejón (1955, ex Los Andes), Luis Cabrera (también en armónica y guitarra rítmica), Otto Herrera (ex Los Jaguares) y Ricardo Castillo; los bajistas Luis Carreras y Eduardo Mustelier Carrizo (1951); Carlos Manuel Véliz Águila (1965) y Orlando Figueredo (1955) en las percusiones, Alejandro Fernández en trompeta y teclados, el trombonista, Guillermo Peña "Willy", los trompetistas José Ricardo Fernández (1963) y José Luis Montagne "El Zorro" (1963) y Alexander Fuentes (saxo tenor, 1973), además de Tony García, Carlos Carreras, Erick Blanco, Rafael Álvares y Andrés Rodríguez.

La presencia de una sección de metales le otorgó una sonoridad muy compacta y el acceso a un repertorio que combina piezas del rock hispano y anglosajón. Participó en festivales, compartiendo con Los Búhos, Los Cats, Los Seres y Las Cosas, Los Kents y otros, así como fiestas y eventos culturales. Su disco *Huellas* (2004) plasmó el trabajo con las versiones.

LOS MODERNOS

Gestado en el preuniversitario de Matanzas en 1966, se oficializó un año después con Alfredo Hernández (guitarra y voz), Alfonso Nilo Borges (teclados, acordeón y voz), Luis Manuel Martínez "Ringo" (batería) y Elmo Drana (voz). Desde el inicio incluyó versiones del rock anglosajón llevadas al español, instrumentales y temas propios (*Triste está el jardín*). A continuación pasaron los bateristas René (ex Los Cometas) y Ricardo Fernández, los cantantes José Luis Wegener y Miguel "Miky", el guitarrista Joaquín Bermúdez "Kino" (1949) que sustituyó a Alfredo a finales de 1969 cuando éste salió para formar Los Sonidos del Silencio; el bajista Jorge Gómez, Santiago Páez en voces y percusión, y los colaboradores Omar Benítez (guitarra, 1952), Rafael Tortoló (saxo alto), Bruno Villalonga (trombón, 1947) y Sergio Pichardo (trompeta). Luego se convirtió en Estudio 5 con otro repertorio.

MONEDA DURA

Sus comienzos fueron en La Habana como una banda de rock-pop en abril de 1997 con el cantante Nassiry Lugo (1974, ex S.A.), el bajista Humberto Fernández (1965, ex Cuatro Gatos) y el baterista Alain Alfonso (1974, ex D'Azur) como eje central, debutando en mayo en la sala Atril del teatro Karl Marx, interpretando canciones del demo *Cosas por decir* que Nassiry había grabado poco antes como solista. Alcanzó estabilidad con el formato de Addiel Perera (guitarra, 1972, ex Paisaje Con Río); Osmel Prado (batería, 1972, ex Burbles), Miguel Alejandro Atencio (percusión, 1970) y Yorguis Izquierdo (teclados), grabando *Cuando duerme La Habana* (1999) y *Mucho cuidao* (2000), este útimo producido por el argentino Alejo Stivel.

A finales de 2001 hubo una escisión tras una gira española: Nassiry retuvo el nombre del grupo, convocando a algunos ex Elévense, mientras los demás formaron Wena Onda. A partir de entonces la banda fue reorientando su sonoridad hacia el pop latino, disminuyendo los elementos de rock, como se percibe en las producciones *Ojalá* (2002) nuevamente con Stivel en la consola, y *Alma sin bolsillo* (2007). En esta segunda temporada pasaron los guitarristas Emigdio Pérez (1971, ex Elévense), Armando López Moreno (1980,ex Habana Latin Millenium), William Rodríguez, Saúl Berman, Carlos Obregón (1980, ex Diákara) y Dairon Rodríguez Lobaina (1984); los bajistas Alfredo López, Efrén García y Fernando Tort Chiong (1985); los tecladistas Fernando Lores, Jorge Javier Maletá (1980), Pedro León Gutiérrez y Pablo Rivero (también en violín); en la batería Adrián Ginés Sánchez y Leny de la Rosa; Roque Joaquín García Ledo en trompeta y teclados, Jesús Michel Lugo en percusiones, y el multi-instrumentista Alejandro Sánchez García.

MONSERRAT

Tomando el nombre de una cordillera en España, el grupo camagüeyano se formó a finales de 1979, aunque se estabilizó un año después con Nelson Comas (voz, 1962), Mariano Gari (guitarra, 1964), Armando Ramos (bajo), Pedro Luis Romero (batería), Luis Porro (violín), Frank García (teclados, 1960) y F. Socarrás (flauta). En un inicio estuvo marcado por el rock sinfónico, con temas propios, aunque al descartar más adelante la flauta y el violín, se inclinó al hard rock progresivo con ingredientes de heavy metal (*Caballo de fuego, Por quien doblan las campanas*). Estuvo muy activo esos años en festivales y conciertos. Separado en 1989, regresó en diciembre de 1995 con Comas, Ramos, Abdel Rivero en la batería, y el guitarrista holguinero Rodolfo Ricardo "Fofi" (ex Aries) haciendo lo que llamaron "eclectic metal" y en abril de 1996 se presentó la nueva alineación. Tomás Adrián Guzmán (1968, ex Rhodas) sustituyó a "Fofi", y en mayo de 1996 actuó en la Primera Muestra Nacional de Rock (teatro Karl Marx, La Habana), tras lo cual integró el Centro Provincial de la Música. A fines de ese año Guzmán y Rivero fueron sustituidos respectivamente por Adolfo Martín Ríoz (1977) y Guillermo Serrano (1978), y entró Rodolfo Valentino Acosta "El Tecla" en la segunda guitarra. Separado una vez más en 1998, Martín y Serrano continuaron con el proyecto Mr. Dominus. En 2007 el grupo se reunió brevemente para la grabación de un demo homónimo, con Comas, Adolfo, Pedro Luis, Roseliz Agüero (teclados) y Luis Alberto Gómez (bajo). En otros momentos contó también con Ricky Ortega (bajo) y Ángel Enrique Velázquez (batería, 1973, ex Vórtex).

MONTE DE ESPUMA

Fundado en La Habana en 1982 por el guitarrista Mario Daly (1952-1999), que venía de tocar con Arte Vivo y Síntesis, inicialmente se acercó al rock progresivo y jazz-rock sin descartar las canciones, para luego dar un giro hacia un rock latino con mayor presencia de los ritmos tradicionales cubanos. En una primera etapa –junto a temas de sus integrantes como *Suite mestiza* y *Virgoniano*– rescató material de Arte Vivo (*Desde mi jardín el mar, Estudio sencillo*) y adaptó temas de Donato Poveda (*Recordaré, El eslabón perdido, Corazón de madera*) y Fernando Rodríguez (*Ese hombre está loco*). Su disco *Latino* (1987) es el resumen de esa línea de trabajo. Contó con Eudaldo Antunez (bajo 1952), Ada María Valdés (teclados, 1959), Mauricio López (batería, 1959) y la cantante Tanya Rodríguez (1964, ex Arte Vivo). Entre febrero y junio de 1986 hizo una gira por Finlandia, Dinamarca, Suecia y Holanda. En este período respaldó a los cantautores Donato Poveda (*Encuentro cercano*) y José Luis Barba. En 1987 y 1988 participó en la ópera-rock *Violente* (con música escrita entre Daly y Edesio Alejandro sobre un guión de Chely Lima y Alberto Serret). En noviembre de 1988 presentó el concierto Rockeando con razón, en el capitalino teatro Karl Marx, junto a Edesio, Hojo x Oja y el grupo de baile Break Dance. En marzo de 1989 actuó con Raúl Verdecia "El Chino" (1963) como sustituto temporal de Daly. En agosto de 1989 se anunció la salida de Tanya quien se dedicó a su carrera como solista, y las sucesivas reestructuraciones inclinaron al grupo hacia otras direcciones sonoras, evidentes en los discos *Escándalo* y *Agua de coco*. En octubre de 1994 participó en el Concierto Feroz junto a Santiago Feliú y el argentino Osvaldo Montes. Por otra parte, además de dirigir el grupo, ejercer como profesor de guitarra y colaborar en sesiones para otros, Daly hizo música para televisión y cine. El grupo desapareció en 1995 mientras trabajaba en México.

Otros miembros fueron Antonio Rodríguez (batería); los bajistas Juan Antonio Leyva (1954, ex Arte Vivo) y Enrique Lafuente (1952, ex Síntesis); los teclados de Rolando Bueno, Juan Carlos Valladares, Sonia Cornuchet (1964) y Juan Carlos Rivero (1968); Enildo Rasúa en las percusiones, y las voces de Javier Fernández, José Antonio Pérez, Orestes (ex Convergencia), Vanessa Formell, Oneida Gamboa, Suylén Milanés (1971), Thaomy Selemehd y Daima Falcón (1971).

MORBO

Quinteto death metal de Baracoa fundado en enero de 2003, a partir de un proyecto llamado Corrosión, que se presentó en 1998 en la peña de la Asociación Hermanos Saiz local.

Inicialmente con Yordi Santana (bajo), Soelmer Bartutis (guitarra), Yohanis Montero (batería) y Yumar Gilbeaux Legrá (voz), a quienes se sumó Rubén D. Matos Martín (segunda guitarra y coros) a mediados de ese mismo año. En 2005 salió Santana, pasando Bryan Machiran (1984) por unos meses hasta la entrada de Joaquín Grimón Gilbeaux. Ha grabado los demos *Infernal prophecy* (2003), *Vampire's supremacy* (2006) y *The kingdom of the silence* (2008), así como el disco *Orphans* (2011), éste último con el baterista Leuvis Barbón.

MORDOR

Banda de Cienfuegos que apareció en agosto de 2009 haciendo death metal melódico inspirado en las sagas literarias de *El señor de los anillos* y *Los nibelungos*. Al inicio estuvo conformada por el vocalista Erwin Rodríguez "Sauron"(1984), Alejandro Sainz "Ugluk"(guitarra líder, 1987), Ariel Hernández (bajo), Dairon L. Santana "Saruman" (segunda guitarra y coros, 1987, que integraba también Dana) y se utilizó la batería secuenciada. En enero de 2010 Ariel fue remplazado por Alayn A. Alonso "Melkor" (1983), sumando además a José Darry Silva como baterista en febrero y Eva Gutiérrez (flauta) dos meses más tarde, pero estos dos últimos salieron en agosto, entrando Javier Sánchez Guerra "Gorbag"(1992) en la batería, y un mes después se publicó su demo *The dark tower.* En febrero de 2011 se agregó una tercera guitarra con Daril Yoel Ruiz "Isildur" (1992) y en marzo se oficializó a Laynoll Díaz "Thingol" (1981) en los coros. Activo en festivales y conciertos por diversas provincias, el grupo consolidó su trabajo rápidamente. Daryl Santana Ravelo entró por Ruiz en octubre de 2011 asumiendo el mismo seudónimo, pero a principios del año siguiente Alayn y Daryl salieron a formar In Rage.

LOS MORLOCKS

Fundado a inicios de 1962 en Holguín por el saxofonista Armando Fernández y el guitarrista Andrés Amado Aguilera (1946), interpretaba covers de Elvis Presley, Los Teen Tops y Los Camisas Negras, llegando a actuar en el teatro Suñol, de esa ciudad. Separado a fines del mismo año, dio paso a Los Centurys. Otros integrantes fueron los saxofonistas Manuel Gayol, Ángel Ramón Castro y Pepe "El Dulcero"; los guitarristas Ernesto Pablo Aguirre y Julio Niño; el baterista Francisco Blanco y el percusionista Obdulio Colina.

MORTAJA

El baterista Jesús Manuel Estevez y el guitarrista Justo Gimeranez, ambos recién salidos de Necrófago, se unieron a Daniel en la segunda guitarra y el bajista Boris para formar este grupo en Placetas en 2009, aunque existió un proyecto temporal de igual nombre, a inicios de los años 90, con algunos de estos músicos. Trabajando el black metal, en 2011 quedó con Jesús y Justo, más Royle Méndez (voz y guitarra) y Ernesto Pineda (bajo). A inicios de 2012 grabó el demo *Dark side of the Paradise*, con la contribución de Andrés Garabito en los teclados, pero poco después Justo salió y se produjo otro reacomodo de sus filas.

MORTE

Grupo de Ciego de Ávila, inclinado al death-thrash en español, se formó en 1989 como Tridente con los hermanos Mendoza, Bacilio (bajo) y Vasily (guitarra y voz, 1976), el baterista Carlos Alberto, y Leyser Martínez (1973) en la segunda guitarra. Hizo un solo concierto con ese nombre y se desintegró. Reformado a inicios de 1993, como Morte (sin Leyser) actuó varias veces en su ciudad, intentó (sin éxito) grabar un demo, y en agosto de 1994 se rompió de manera definitiva.

MORTUORY

Definiendo su sonido como porn-grind, este grupo de Hoguín debutó en agosto de 2006. El cantante Mario Otero, Rolando Góngora (bajo) y los guitarristas Rubén Reyes Cancell (1985) y Yíxan Muñoz redondearon la primera estructura, apoyados en batería secuenciada. La posterior salida de Otero y Góngora planteó una reformación que incluyó a Yohanny Borrero (1982) en la voz, y el paso de Rubén al bajo.

Por diversos momentos han formado parte de su elenco los guitarristas Antonio Reyes (de Butcher, como invitado en conciertos en 2006), Alejandro Rodríguez (1986, de Jeffrey Dahmer), Marcos Tejas López "Cannabis" (1988) y Carlos Alvear (1983); los bajistas Alexander Jorge Parra "La Mole" (1972), Pablo Alberto Rodríguez Torres (1986) y Adrián Aballes, los bateristas Julio César López González (1996) y Alex Ricardo (de Darkness Fall, como invitado), y el cantante Emmanuel Andrés Leyva (1996), así como Otero, quien regresó a la banda como bajista por una temporada. Actuando en festivales nacionales fue consolidando su propuesta, al tiempo que grabó los demos *Rustic sex* (2007), *Goresex* (2008), *Unharmony sex* (2011) y *Live in Rockmerías* (2013).

MOTOR BREATH

Trío de power-metal original de Cabaiguán, se formó en 2011 para debutar al año siguiente. Su nómina incluyó a Hubell Pérez Fernández (guitarra), el vocalista Jorge Arturo González Pérez y Armando Arturo Cuéllar Pino "Mandy" (bajo), acudiendo a las secuencias electrónicas de los ritmos. Además de alternar con otros grupos en conciertos y festivales, grabó el demo *Our nation* (2012).

MOWAL

Grupo habanero armado en 1988 con Omar Viera (bajo), Luis Lázaro Valdés (1970) y Jorge Marín (1970) en las guitarras, Adrián Yaque en la voz y el baterista Wilson Pérez (1971). Se mantuvo hasta 1990 pero sin mucha actividad, e incluyó en otros momentos al bajista Eduardo Mena (1972) y José Miguel Sánchez en la voz. Cuando Luis entró al servicio militar los demás miembros formaron Krudenta.

MR. DOMINUS

Como un desprendimiento de Monserrat en 1998, comenzó con Adolfo Martín Ríoz (guitarra, 1977) y Guillermo Serrano (batería, 1978), y más adelante incluyó al ex cantante de aquella banda, Nelson Comas (1962), Karel de la Torre (bajo, 1977) y el tecladista Carlos Morán Varona (1974). Llegó a organizar un festival propio en su ciudad (Camagüey) y grabó el demo *Aguanyonu* (2001) con una mezcla de metal y sonidos del folclor nacional.

MÚSICA D' REPUESTO

Aunque comenzó a gestarse en La Habana en marzo de 1991, su consolidación llegó en agosto con Orlando Bernal "Landy" (guitarra, 1965, ex Hojo x Oja), Raylor Oliva (batería, 1972) y dos ex miembros de Cartón Tabla: el bajista y cantante Lino García (1963) y Pedro Pablo Pedroso (1972) en violín y teclados. Debutó en septiembre y tras una serie de conciertos (compartidos con Hemium, Sentencia, Extraño Corazón y otros) Raylor abandonó sus filas en junio de 1992. Reformulado a trío, con el apoyo de computadoras, se presentó en eventos como el Festival Internacional de Música Electroacústica Primavera en Varadero (1993). Se orientó al rock progresivo y la electrónica, con temas instrumentales y cantados, incluyendo la musicalización de textos de Paul Eluard, Andrés Eloy Blanco, Mahfud Massís, Luis Rogelio Nogueras y Omar Lara. Separado en enero de 1994, hizo varias grabaciones: algunas se plasmaron en el disco publicado en México *Av Abuc* (1998).

MUSICAL POWER MEN

Fundado a fines de 1970 en La Habana, duró hasta 1972 haciendo versiones de Yardbirds, Free, Marmalade, Herman's Hermits y otros. Entre sus integrantes aparecieron Iván Fariñas (1949) y José Carlos Álvarez (ex Los Watts) en guitarras, los bajistas Julio Buendía y Alfredo Sarabia (1951-1992), Miguel Cedeño "Micky" (batería) y el norteamericano Lany como cantante.

LOS MUX'S

Formado en 1969 en La Habana, apadrinado por Los Jets, reunió a Oscar Mori (bajo, 1956), Nelson Reyes (batería), Juan García y Jesús Santana (1957) en las guitarras, y Ricardo Quintana (voz). Sin embargo, su etapa más sólida transcurrió entre 1972 y 1974, en que haciendo versiones del rock anglosajón (CCR, Beatles) compartió con Los Kents, Los Dada, Almas Vertiginosas y, por supuesto, Los Jets. Otro integrante fue Rubén Varona Reyes en el bajo, mientras los cantantes José Vargas "Polito" (1956) y Daniel Blanco Agüero, y el guitarrista David García Joubert (1953) funcionaron como suplentes ocasionales. Con posterioridad Reyes se unió a Soles Nacientes, y Santana deambuló por varias guerrillas antes de recalar en Los Takson.

N

NARANJA MECÁNICA

Si bien la idea original –gestada en la sede del grupo Teatro Estudio, en el Vedado, La Habana– incluyó a Humberto Sánchez (guitarra acústica, voz y teclados, 1966, ex Extra), el formato establecido en septiembre de 1991 fue con Igor Urquiza (guitarra, 1968), Ernesto García (voz y bajo, 1969), Manuel Clúa (flauta, 1970), Alejandro del Valle (teclados y voz, 1969) y Jorge Luis Barrios "Piro" (batería, 1971).

Se apuntó al rock progresivo con material propio entre canciones e instrumentales (*Crónica de la cobardía*, *Abraxas*, *La rosa de corcho*). A mediados de 1992 quedó reducido a trío con Igor, Ernesto y Manuel, grabando un demo donde empleó secuenciadores.

A fines de 1993 regresó Alejandro, y se incorporó Alden del Toro (batería, 1970) por unos meses, pero entre marzo y diciembre de 1994 retornó "Piro", tras lo cual Alden volvió a las filas nuevamente. En marzo de 1995 hizo su último concierto en Casa de las Américas (con "Piro", y Abel Omar Pérez –de Perfume de Mujer– como invitados) del cual se tomó material para su disco homónimo publicado en 2001 por el sello Luna Negra (México). De modo paralelo Ernesto llevó adelante su proyecto Anduiza, junto a su esposa Sandra González y músicos invitados grabando los demos *Anduiza* (1994), *La Sagrada Familia* (1995) y *Anatomía parcial del señor Anduiza* (1995). Tras la separación Igor y "Piro" se unieron a Perfume de Mujer.

NARBELETH

Proyecto paralelo a Ancestor formado a fines de 2009 para la grabación del demo *Dark primitive cult* por Luis Hernández "Dakkar" (guitarra y voz, 1984). A inicios de 2010, con Andry Hernández (batería, 1987) y Jorge García Rodríguez (bajo, 1985) actuó en festival 666. Luego grabó el segundo demo, *Diabolus incarnatus* (2011) y a finales de ese año se enroló el bajista Julio Álvarez "Brokk" (1986). En 2012 publicó *Hail black metal*, seguido un año después por *A hatred manifesto*.

NATURAL TRÍO

Formación decantada hacia el jazz-rock instrumental se armó en La Habana en 2011. Emilio Martiní (guitarra, 1972) había integrado Panorama, Alto Mando, Arte Vivo, Habana Ensemble y otras agrupaciones. El bajista Rey Guerra Ruiz y el baterista Raúl Herrera "Ruli" cuentan con antecedentes como músicos de sesiones para diversos solistas y proyectos. Se presenta, de preferencia, en espacios para el jazz. También Martiní formó un trío acústico con Michel Fernández en el bajo y Otto Santana en las percusiones.

NATURALEZA

Fundado en 1987 en Matanzas, por Raúl Ríos (voz y guitarra, 1960), Raúl Perdomo (bajo, 1962) y Eduardo Carreño (batería, 1957). Pasaron los guitarristas Ernesto Martínez y Raudel Gutiérrez de modo provisional pero, aparte del trío fundador, el músico que más tiempo permaneció en sus filas fue Bárbaro Pírez (teclados, 1962). Tras algunos cambios (con las entradas de Alberto Romero en la batería, y Eddy en los teclados) se separó en 1988 sin dejar grabaciones. Su música fue una mezcla de covers (Bob Dylan, Deep Purple) y temas propios (*El lobo y la ciudad, Las cosas de la vida*).

NECRÓFAGO

Una de las bandas punteras del metal en Placetas, debutó en julio de 1992 haciendo una mezcla de grind, noise y death, con temas propios en inglés. Sus fundadores fueron Jesús Manuel Estevez (batería), Justo G. Gimeranez (guitarra) y Alfredo Alfonso (bajo, ex Funeral), aunque para su primer demo en 1993 entró como bajista Juan Enrique Paz Viera (1969, ex Vórtice) hasta el ingreso de Osvaldo Coca, proveniente de Replicator. A partir de ahí hubo otros cambios: los bajistas Alexis Iglesias, Richard Francia Vera (ex BUM), Boris Fernández (ex Incinerate), Julio Morales "El Che" (1969) y Vladimir Coca (también como vocalista), así como el cantante Manuel Alejandro Herrera, con lo cual el formato osciló entre el trío y el cuarteto.

Se presentó en conciertos y festivales en todo el país, compartiendo con bandas locales y foráneas. Cuenta con los demos *I love the war* (1993), *Spiritual resurrection* (1993), *The war lost empire* (1997), *Clonation* (2000), *Misery* (2001, en vivo), *Abstract state* (2002), *Grinder* (2003), *The beginning of pain* (2004) y *Darkness and human souls* (2006) junto al disco *The glory of blood* (2007).

NECROMORGUE

En 1993 Roniel Alfonso Mella (voz y guitarra rítmica, 1974) y Yosvany Valle (guitarra) formaron este grupo matancero de breve duración con Jhan Colina (bajo) y el baterista Roniel Pajón Incursionó en el death-thrash con temas propios en español (*Futuro muerto, Ultratumba, Extinción humana, El poder del tiempo*) debutando junto a Arrecife y Apocalipsis en febrero de 1993.

En abril de 1993 Colina entró al servicio militar y el grupo se separó, pasando Pajón a Libitum, mientras Alfonso formó parte –como tresero– de varias agrupaciones en el mundo de la música popular bailable.

NECRÓPOLIS

Grupo del Cotorro (La Habana) fundado a fines de 1998. Con múltiples cambios, sobre todo en el puesto de baterista, grabó los demos *Bloody sands* (2001), *Madness* (2003) y *Hate, revenge and suffering* (2006). Premiado en certámenes nacionales, ha participado en distintos festivales manteniendo su orientación hacia el heavy metal (thrash, power). El cantante Guillermo Pérez Arenas, Francisco Sánchez González (guitarra y dirección) y Adrián Sánchez González como bajista conforman el centro medular de la alineación, por la cual han pasado Ignacio Moreno y Carlos Escalona en segunda guitarra, y Osmany L. Gómez y Fernando Mustelier como bateristas.

NEEDLE

Fundada como Grateful Noise en octubre de 2003 en Holguín, debutó un mes después con Víctor Manuel Puente Parra (1987) en los teclados, Raúl Vargas (ex Mephisto) en el bajo, el cantante Frank Mercadé, el baterista Ricardo Arencibia (1984) y los guitarristas Oscar Sánchez y Fabián Rodríguez (director), aunque también contó en un momento con Carlos Alvear (voz, 1983). Se inclinó por el grunge en su único demo *Prison of your own* (2004). Se desintegró en 2005, tras enfrentar múltiples cambios. Funcionó más como trampolín hacia otras bandas, cuando Víctor pasó a Butcher, Mercadé a Outcry, y el trío de Vargas, Fabián y Arencibia formó Área 313.

NEFARIOUS

Agrupación holguinera que comenzó en 1998 y transitó por distintas etapas, cambios de estilo (dentro del metal) y personal. En varios momentos incluyó a Winter de los Reyes (guitarra), los bajistas Genny Pérez y Carlos Artola (luego con Jeffrey Dahmer), los bateristas Jorge y José Ángel, el cantante Carlos Luis y Antonio Reyes Zúñiga en la segunda guitarra (más tarde se unió a Outcry, hasta pasar a dirigir Butcher).

NEKROBIÓSIS

Funcionó en Caibarién entre julio de 1991 y 1993, dentro de las corrientes del metal. Alexis Vives (bajo y voz, 1969), Duviel Quirots (batería), Abel Oliva (guitarra, 1967) y Gustavo Ravelo (voz y guitarra, 1969) dieron forma a la alineación original. Al entrar Juan Carlos Chinea como bajista, Alexis pasó a ocuparse únicamente de las tareas vocales.

Alternó con bandas como Madness House, Insignia, Ataúd y Azazel. En marzo de 1992 Alexis se marchó para formar Alien, tras lo cual se grabó el demo *El escuadrón de la muerte*. Poco después hubo una desbandada, quedando Abel y Duviel quienes se unieron a Franto Paul Hernández (bajo y voz, 1970-1997, ex Infestor) dando vida a Sectarium a inicios de 1993.

NERGAL

Proyecto encabezado en 2009 en La Habana por Javier Rodríguez Prendes "Infernal Voice" (1982), ex integrante de Darkening, quien además de vocalizar se hace cargo del bajo y las programaciones, junto al guitarrista Felipe Chiong "Alastor". El demo *Twilight of forest* (2010) mostró su sonido de black metal.

NEUROSIS

Activo entre 1987 y 1988 en Cotorro (Habana) contó entre sus miembros a los bajistas Pedro González y Javier Socarrás, los bateristas Jorge Quesada y Carlos, Omar Iglesias (voz,1963) y Carlos Carvajal y Pedro Victorino (1970) como guitarristas. Se dio a conocer con repertorio propio en español, destacando el tema *Chicas malas*.

NEXOS

Dirigido por Rubén González Moro (teclados, 1973) tuvo su existencia entre 1995 y 1996, haciendo temas originales de rock-pop, y con sede en la Universidad de La Habana. Frankel Garrido (voz y guitarra, 1974), Jonathan Bermúdez (batería,1974), Hilda Landrove (teclados, 1975), los bajistas Eduardo Sosa (1971) y Gustavo Comptis (1974) y las vocalistas Yordanka Ramos (1976) y Beatrix López (1977) formaron parte del grupo. Tras la separación Beatrix y Bermúdez trabajaron en el proyecto Strip Tease (junto al cantautor Michel Peraza y el guitarrista Víctor Navarrete), Comptis integró Anima Mundi, Hilda y Sosa pasaron a Pasos Perdidos, y Moro desarrolló su carrera como trovador.

NIGHT ELF

En el curioso semillero de bandas de rock que ha sido la Universidad de Ciencias Informáticas (UCI), en La Habana, funcionó este quinteto entre 2009 y 2010. Se dedicó a hacer covers de Metallica, Manowar, Amon Amarath, Dimmu Borgir, Lacuna Coil y Rammstein. Lo conformaron David Leonardo Nieves (1985) en la batería, Leonardo Uria (teclados) el bajista Félix Manuel Bores (1986), y los guitarristas Andrés Miguel Bores (1986) y Ricardo Espinosa (1986). Tras la ruptura, una ver concluidos sus estudios, Espinosa pasó a Adictox,y Nieves se unió a Haborym Mastema.

NIMBO

Proyecto efímero liderado por Anaisy Gómez (1984) a inicios de 2004. En ese momento ella integraba el grupo Anima Mundi, por lo que no fue casual que se rodeara de Roberto Díaz (guitarra) y la tecladista Virginia Peraza para la grabación del demo *Sobre las grumas* (2005) así como algunas presentaciones donde se hizo evidente un sonido influido por la música celta, con temas inspirados en el libro *El señor de los anillos*. Anaisy se destacó como intérprete de gaita, recorder y clarinete, colaborando además con otros grupos y solistas.

NO COMPLY

Inscrito en la tendencia del happy punk, se formó en Cienfuegos en noviembre de 2007 y se presentó por primera vez en enero de 2008. José David González en el bajo, los guitarristas Yadián Perdomo y Ovizandry Falcón (quien fungía además como vocalista) y Launys Prieto en la batería actuaron en el circuito local, incluyendo el festival Rockasol 2008. Yadián trabajó una temporada de manera simultánea con Dana. En 2010 llegó a su fin cuando Yadián y Launys se unieron al grupo Akupuntura.

LOS NOCTÁMBULOS

El primer combo de rock formado en Camajuaní a finales de 1961, en sus inicios interpretó bossa, slow rock y versiones de rock and roll, incluyendo más adelante temas de Beatles y otros grupos anglosajones. Sus fundadores fueron Osvaldo Casanova (guitarra, 1943), Luis Méndez (teclados), Jorge Gaspar (batería), Rolando Rodríguez "Moronero" en la percusión, José Rotella (piano y acordeón) y el bajista Blas Roja. En 1965 se incorporaron el trompetista Lázaro Rivas y el cantante Pablo Domínguez (quien salió al año siguiente). En 1967 Méndez fue captado para entrar en Los Bule Bule; lo remplazó Eduardo Joaquín García (1940) y se agregó el vocalista Pedro Oropesa. Para 1968 Heberto Casanova y Juan Alberto López entraron respectivamente por García y Roja, y en 1969 Osvaldo pasó a la Orquesta de Música Moderna de Matanzas.

El grupo se mantuvo activo hasta 1975 con nuevos integrantes: Gilberto Terry en vibráfono, Rogelio Rivero en la batería, el percusionista Orlando Rigual, Raúl Montané como cantante y el ex guitarrista de Los Fantasmas, José Manuel Lafont (1946-1975). A lo largo de su trayectoria participó en festivales de aficionados, actuó en fiestas, carnavales y se presentó una temporada en Varadero.

LOS NOVELS

Grupo creado en Cárdenas (Matanzas) en 1966 por Luis R. García Serrano "Raymond" (guitarra, 1951) y Pedro Rodríguez (guitarra, voz y compositor, 1949) impactó haciendo versiones de Beatles y piezas propias que se movieron entre el rock- pop (*Aquel verano*, *Recorriendo mi vieja ciudad*, *La noche guardó el secreto*) y el rock sicodélico (*Solo para nosotros cinco*).

Jorge Sosa (teclados, vibráfono y voz, 1950), Julio Urbizo (bajo, 1945) y Miguel A. Rodriguez (batería, 1948) completaron el quinteto fundamental de su primera etapa, aunque antes pasaron Raúl Armenteros en la percusión, Francisco en el piano, Pastor López Lemus como cantante, Jorge Urbizo en piano y percusión, y el baterista Miguel Fernández López.

Actuó en el festival Varadero 70 y trabajó como banda soporte de la cantante Leonor Zamora en giras a Bulgaria, Suecia y Finlandia. Fue otro de los grupos que en un momento cambió su línea de trabajo, dejando a un lado el rock de manera profesional, hasta disolverse. En 2012 Pedro fundó Malas Noticias retomando el espíritu original.

NOVEMBER CHARLIE

Proyecto creado en Santa Clara por Daniel Lezcano Madiedo (1985), integrante de Los Piratas, que se encargó de las voces, bajo, teclados y programaciones. La vocalista Zammys Jiménez (1990) y el guitarrista Daniel Lorenzo Pérez (1973) se le unieron en esta aventura. Cada uno de ellos había trabajado con otras bandas: Zammys (Diamond

Dust y Evenfall), Lorenzo (K Punto K y Tejado de Vidrio) y Lezcano (Eskarcha, Cry Out For, Evenfall y Krizis). Su debut se produjo en El Mejunje, en noviembre de 2011, mostrando un metal gótico, y sobresaliendo su versión al tema *Dueño de la luz* de Juan Antonio Leyva y Manuel Camejo (popularizado en la voz de este último a inicios de los años 90).

A continuación se presentó en el festival EuroMetal organizado en La Habana en diciembre de 2011, y se insertó en la movida de los festivales nacionales. En 2013, tras la baja de Daniel Lorenzo, se reestructuró con las entradas de Alejandro González Solar y Silvio Sol Fong en guitarras, y Humberto Alejandro Pérez Gálvez (teclados, 1993) si bien éste último salió de la banda poco después de grabar el tema *No war to be won*.

NUBES

Alternando instrumentación acústica y eléctrica surgió en Bayamo en junio de 2002 con Yusniel Aliaga "Charly", Armando Báez y Francisco Díaz Ramírez en guitarras, y el percusionista Dayron Fonseca (1980), haciéndose cargo los cuatro del trabajo vocal. En un inicio mezcló elementos de rock-pop, country y ritmos cubanos, en un repertorio que incluyó versiones a temas de Carlos Varela, Maná y Silvio Rodríguez. Más adelante se incluyó también a Jacquelín Verdecia en la voz solista y Bernando López en las percusiones. Además de presentarse en diversas ciudades, el grupo respaldó a trovadores como Ormán Cala, y grabó dos demos: *Desnudos* (2003) y *Por si las moscas* (2008). En 2005 "Charly" armó una nueva banda: Zero.

NUEVA GENERACIÓN

El baterista Francisco Sosa "Pancho" (1946), que había formado parte de Sesiones Ocultas, decidió a fines de 1972 crear esta banda que, junto a la suya anterior y Almas Vertiginosas, fueron las protagonistas centrales de las fiestas habaneras en la década del 70, con similares repertorios de covers (Alice Cooper, Deep Purple, Grand Funk, Kiss, Rare Earth, Rainbow) y los llamados "mano a mano" (competencia musical). La salida de Pancho en diciembre de 1979 provocó un impasse hasta julio de 1980, en que el nombre fue retomado por algunos miembros, cubriendo otra etapa que culminó a inicios de 1988.

Su integración fue variable, incluyendo a los guitarristas Arturo Fuerte (1955), Radamés Upierre (1957, ex Sexta División), Lucio García (1971), Erasto Torres (1957, ex Los Tempus), Guillermo Fragoso (1953, ex Los Gnomos), Julio César Brizuela (ex Puntos Suspensivos, murió en marzo de 1993), Miguel Álvarez (1948), Antonio Vázquez "El Yuma"(1950), Israel Díaz (1956, ex Sexta División) y Juan Antonio Ortiz (1959, ex XYZ); los bajistas Mario Aldo Barrios (1948, ex Puntos Suspensivos) y Julio Buendía; el tecladista Raúl Rodríguez Reinoso (falleció en 2000); Manuel Rodríguez Leston (1952) en batería y órgano, los cantantes Manuel David Hechevarría "El Salsa" (1950), Juan Alfaro (1953), Miguel Ángel Maya "Miky" y Jesús Rodríguez "El Yeso" (ex Puntos Suspensivos), y los bateristas Rafael Arredondo "Felito" (1954), Aramís Hernández (1957, ex FM) y Ricardo Alfonso (1957).

NUEVAMENTE SOLOS

Grupo de Santa Clara que se mantuvo activo entre 1972 y finales de 1973, tomando el nombre de la canción *Alone again* de Gilbert O'Sullivan, que le servía como tema de presentación dentro de un repertorio de covers (Beatles, Los Bravos, Santana, Paul Anka, Rolling Stones y otros). Integrado por José Gutiérrez (bajo), Carlos Pujulá Solís (batería, 1957), Roberto Marrero (percusión) y los guitarristas Eduardo Ríos "Yayo" y Ottón Miranda (sustituido en ocasiones por Emilio Puyol). Actuó sobre todo en la zona de Santo Domingo, Esperanza y su ciudad.

PEPE O'FARRILL PROJECT

El guitarrista y compositor Pepe O'Farrill (1985) formó su grupo en 2012, en Santa Clara, tras haber trabajado con cantautores como Leonardo García, Michel Portela, Karel Fleites y Roly Berrío, además del trío Cypher entre 2001 y 2002. Lo acompañaron Luis Alberto Velázquez (trombón), Edgar José García (batería, 1992) y Dariel Ramos (bajo, 1983, de Azotobacter).

Se orientó al jazz-rock de corte instrumental, pero al año siguiente se desarmó. Su líder formó POB (Pepe O'Farrill Band) en octubre de 2013 con una línea más rock-pop. En la nueva aventura le siguieron Dariel, Douglas Pérez (1979, de Azotobacter) en la batería y la cantante Zammys Jiménez (1990, de November Charlie).

OASIS

Formado en Alquízar en 1976, manejó un repertorio de versiones (Toto, Grand Funk, Deep Purple, Rolling Stones, Santana) y temas propios. Entre sus miembros figuraron los guitarristas Jorge Luis González Mesa y Jorge Luis Novo; el bajista Wilfredo Echevarría; el cantante Lázaro Díaz; Antonio Mesa como percusionista; Jorge Luis Trujillo en la batería, Miguel García Mesa como tecladista, Juan Carlos Mesa y Pedro González, entre otros. Se mantuvo activo hasta los años 80, actuando en escuelas y fiestas en Bauta y Alquízar.

OASIS

Funcionando entre 1984 y 1989 en La Habana, su repertorio se nutrió de rock, country, pop y soul. Se movió principalmente en los clubes capitalinos. Estuvo integrado por Jorge Byron (piano, teclados y saxo), Alejandro de Armas (guitarra), Luis Álvarez Tabío (bajo, 1963), Jorge Verde (batería) y el cantante Jorge Luis Rojas "Rojitas" (1965) quien más tarde se destacó en el mundo de la salsa. En 2013 Byron reapareció con Dimensión Vertical.

OBSCURO

Trío de Cabaiguán que comenzó en noviembre de 2011 haciendo death-black metal con el vocalista Yuvisniel García Fuentes, Yusiel Luis Cancio en la guitarra y Tomás Díaz Cancio en el bajo (empleando batería secuenciada). Su maqueta *Cristo de odio* (que contiene material propio y un cover de Brujería) apareció en abril 2012. Ha participado en conciertos y festivales junto a Cancerbero, Motor Breath y Kolisión, entre otros. Durante una etapa David Cabrera se encargó del bajo, hasta que a finales de 2012 la alineación quedó con Yuvisniel, Tomás, Armando Arturo Cuéllar Pino (guitarra) y el baterista Pablo Martínez (de Darkness & Blizz) reorientando su sonido hacia el death-grind y poniendo a circular el disco *Plantando cadáveres* (2013).

OCÉANO

Vinculado a la Casa de los Escritores en el municipio 10 de Octubre (La Habana), funcionó entre 1986 y septiembre de 1987 dirigido por el guitarrista Juan Carlos Ayón. Sus restantes miembros fueron el baterista Pedro Pablo, José Manuel en teclados, el cantante Iván "Calvi" (ex Trébol) y Carlos en el bajo. En el verano de 1987 Pedro Pablo se unió a OVNI y lo sustituyó Esteban Quintana (1966). Tenía temas propios y versiones (Barón Rojo) dentro del heavy metal. En 1988 Quintana y el guitarrista Iván Domenech formaron el dueto Laboratorio Químico con una mezcla de rock y música electroacústica.

ODISEA

Banda habanera de metal progresivo, fundada como trío en septiembre de 2004 por el guitarrista y director Maykel Belette (1983), quien había sido bajista en Viento Solar. La sección rítmica que lo respaldó la integraron Camilo Vera Lubián (bajo, 1988) y Michel Ángel Álvarez Suárez en la batería.

En junio de 2005 se grabó el demo *Entre cielo, sueños y abismo*. En septiembre de 2005 el grupo devino cuarteto con la entrada del cantante Ismar Rivero (1984) que permaneció hasta mediados de 2008, sustituido por Reinier Ferrer. Cuando éste salió en marzo de 2010, Maykel asumió la voz principal y, por otro lado, se acentuó el trabajo instrumental, tras el demo *Némesis* (2007), aunque se laboró también con el letrista Alien Eduardo Chouza. El tecladista Luis Alberto de la Cruz figuró en la grabación de *Íconos 3* (2012), premiado en el evento Cubademo.

OKULARY

Armado en marzo de 2013 en La Habana, hizo su primera presentación (no oficial) con la batería secuenciada y tocando material instrumental en el evento Front Woman que organizó Hipnosis ese mismo mes en el Maxim Rock. Su debut real ocurrió en agosto, junto a Estigma DC, en el mismo teatro. La alineación definitiva quedó integrada por Sofía Guilarte (guitarra y voz), Armando Caballero Acedo (guitarra y coros) y Ramón Ramos Lara en la batería. Su demo *The way* (2013), grabado con varios invitados, evidenció las influencias del metal gótico.

OLIMPO

Aunque la idea se incubaba desde 1993 no es hasta mediados de 1995 que Ramón Carlos Leyva Pérez (guitarra, 1974) y Luis Alberto Acuña (voz y segunda guitarra, 1971) formaron este grupo en Las Tunas. Su estilo de heavy metal en español, basado en composiciones propias marcó los demos *Un ruido en mi cabeza* (1999) y *Espacio infinito* (2006).

En 1998 fue seleccionado como Proyecto Nacional de la AHS. Los bateristas Alfonso Luis, Jorge Luis Boffill (1977), Yoniel Díaz y Ernesto Guerra (1989), el bajista Andrés Ávila (1969) y el cantante Yuniesky Castillo (1985) han formado parte de la banda, cuya actividad se ha concentrado en su provincia, con presencia ocasional en festivales por otros puntos del país.

THE ONE WHO BLEEDS

Grupo de Candelaria de metalcore y deathcore, que comenzó en octubre de 2011 con Yulián Martínez (guitarra, 1987) y Jorge González (batería, 1989) quienes venían de un proyecto trunco. Con Andi Viera González (voz, 1988), Isidro Rodríguez (segunda guitarra, 1985) y Yerandy Martínez (bajo, 1987) debutó en marzo de 2012 en la peña Circuito Cerrado, junto a Switch. Desde entonces se ha presentado en diversos conciertos al lado de bandas como Chlover y Zeus.

ONIRISMO

Definiendo su estilo como speed metal sinfónico con temas propios, este cuarteto funcionó en la Casa Municipal de Cultura en San Agustín (La Habana) entre junio y septiembre de 1991. Sólo se presentó en dos ocasiones, incluyendo el festival Alamar Rock 91, con la alineación de Gilbert Turrent Arteaga (1970) en la guitarra, Edgar Quesada (bajo), Alejandro (batería) y Pedro (voz). Tras la ruptura Alejandro se unió a Metal Oscuro, y Turrent continuó con Futuro Muerto.

RICKY ORLANDO

Ricardo Luis Orlando Florencio Pajón nació en Regla (La Habana) en septiembre de 1942. Despuntó como estrella infantil en la recién creada televisión nacional a inicios de los años 50, así como en programas de radio. Fue uno de los primeros cantantes que se adentró en el rock and roll. Ocasionalmente se hizo acompañar por Los City Devils, Los Centuriones, Los Picolinos y Los Violentos. A inicios de los 60 su repertorio se repartía entre slow rock, calipso, bossa nova, twist, shake y balada. Junto a versiones adaptadas al español como *Bailemos twist, Por favor, señor cartero* y otras, fue también autor de algunos temas que alcanzaron radiodifusión (*En la arena de la playa, Cuando se oculta el sol*). Sus actuaciones se centraron en clubes y cabarets capitalinos, así como en varias provincias. Activo hasta fines de los sesenta, más tarde fue productor de espectáculos, y participó en la organización de festivales como Jazz Plaza e Invierno Caliente.

LOS ORTA

Cuarteto vocal-instrumental que entre 1964 y 1969 mantuvo un repertorio de slow rock, samba y calypso con versiones diversas (Fausto Pappeti, Raphael y más). La formación principal estuvo integrada por Eladio Orta (voz y bajo), Emelio Orta (voz), Cristóbal Espinosa (voz, ex Los Guardianes) y Julio Ramírez (guitarra eléctrica,1950); éste último había sido parte del Grupo de Luisa María Güell.

En otros momentos incluyó las voces de Marisela Ramírez (1945, que luego pasó a Las D'Aida), Eloy Orta (1943) y Marino Oscar Campos (luego en Sol y Barro). Actuó a lo largo del país, compartiendo con artistas como Danny Puga.

OSAMU

Después de varios años siendo guitarrista del grupo Havana, Osamu Menéndez (1969) decidió adentrarse como solista. Además de ofrecer conciertos con una banda de músicos más o menos estable, ha facturado una discografía donde lo acompañan numerosos invitados (Pablo Menéndez, Iván Latour, David Torrens, Pedrito Calvo, Polito Ibáñez, José Luis Cortés, Jesús Fuentes, Octavio Rodríguez, Amaury Gutiérrez, Carlos Alfonso).

Su apuesta va por el rock-pop latino, con trazos de rock and roll, grunge, blues, funk y ritmos cubanos, temas propios y versiones (Charly García, Carlos Varela, Los Van Van y más). Entre quienes lo han respaldado se cuentan los bajistas Raúl Suárez (1976), José Ernesto Hermida (1966), Fernando Tort (1985) y Hernán Cepeda (1986); los bateristas Jesús Jurado, Raúl González (1989), Oliver Valdés (1981), Claudio Pairot (1984, ex Tesis de Menta) y Lázaro Javier del Sol (1987); y en los teclados José Alabre, Karina Guevara, Pedro Luis Benitez y Equis Alfonso (1972), junto a Héctor Téllez Jr. (voz y guitarra, 1989) y la cantante Yory Gómez (1982) entre otros. Su discografía incluye *Ven a mi vida* (1997), *Rock con sabor* (2008), *La vida no es tan dura* (2010), *En concierto* (2010) *y Cuarta temporada* (2013).

Entre abril y septiembre de 2011 se unió temporalmente a Dagoberto Pedraja (voz y guitarra, 1957) y la sección rítmica de Raúl Suárez y Raúl González para un proyecto centrado en covers al rock anglosajón. Como solista se ha presentado en escenarios nacionales y Estados Unidos.

OTHER BRAIN

Proyecto de metalcore que se inició en Holguín en marzo de 2011. La dupla central la integran Reinier Martínez (guitarra, 1990) y Pedro Torres (1989) que comenzó en el bajo y pasó a la segunda guitarra en abril de 2012 al entrar Yaddier Cuenca. A fines de ese año Yasmany Riverón (voz) sustituyó a Rubier Cuenca (1989). El grupo no cuenta con un baterista: sus ritmos son secuenciados. Algunos músicos forman parte también de Diadema. Ha grabado los demos *Don't return* (2011) y *Wake up* (2013) y participado en varios eventos nacionales.

OUTCRY

Cuarteto de thrash metal en Holguín, conformado por Fabián Rodríguez (bajo, ex Needle), los guitarristas Yaddier Cuenca y Antonio Reyes Zúñiga, y Rubier Cuenca (voz, 1989), empleó la batería secuenciada. En 2009 grabó el demo *Undigestable,* con el cantante Frank Mercadé (ex Needle).

OVNI

El ex integrante de Big Ben, Francisco Diez (guitarra y voz, 1957) formó OVNI en Arroyo Naranjo (La Habana), en noviembre de 1981, que se afianzó con temas propios en español (*Rapsodia en ácido, La taberna de los lobos, Contaminación*), un sonido heavy metal y versiones (Barón Rojo).

Siendo el único integrante que se mantuvo en todas las alineaciones, aglutinó en su carrera a los también guitarristas Ángel Mario Rodríguez (1962), Seriocha Serret (1968), William Lavastida (1976), Jaromil Palacios (1973), Iván Domenech (1961), Jorge A. Lorente (1965), Sergio Pérez, Irving Díaz (1966), Rodolfo Crespo "Fito" (1970), Erasto Torres (1957) y Abraham Alcover (1973); los bateristas Gerardo Tous, Jorge Torres (1963), Luani Hernández (1968) y Martín Rodríguez; los bajistas Javier Parets "Choli"(1969), Francisco Mosquera "Paquito" (1956), José García "Fuñy", Jorge Sierra, Luis Pino Barrios y Ernesto Romero (1957); en los teclados Hernán Carlos, Segundo Duque (1959), Otto Caballero (1965) y José Manuel González, y las voces de Hilda M. Romero, Luis Raúl, Virgilio Torres (1957) y Raúl Rodríguez. A partir de 1991 pasó por varias rupturas y reformaciones hasta 1998. Actuó con asiduidad, sobre todo en su primera etapa, apareciendo además en radio y televisión.

LOS OVNIS

Grupo de Miramar (La Habana), activo entre 1965 y 1967 interpretando versiones de Beatles y otros grupos anglosajones. Rafael I. Sosa (guitarra y piano), Carlos Quintero (guitarra y saxo), Willy Martínez (guitarra), Francisco Vives (batería) y Herminio García (voz y pandereta) fueron sus miembros. Más tarde Sosa formó parte del colectivo mexicano Central de Música.

LOS PACÍFICOS

Formado en julio de 1965 en el preuniversitario del Vedado (La Habana) por José A. García Piñeyro (voz y guitarra, 1949), Osvaldo Mas (bajo, 1949) y Ramón Font "Monchy" (batería, 1948-2003). Al trío original se sumó Carlos Dávila (1951-1976), manteniendo la estructura hasta la separación a fines de 1967.

Típico repertorio de versiones (Beatles, Kinks, Brincos, Searchers, Dave Clark Five, Seekers, Shadows, Contours) incluyó también unas cuantas piezas originales (*Qué más da*, *La chica de azul*, *La fuente*). Grabó la música para el documental *Estudiantes* del cineasta Miguel Fleitas, y actuó en fiestas privadas e institucionales. Impactó por su acople vocal y coreográfico ya directamente rock.

PAISAJE CON RÍO

Este grupo vinculado a la Casa de los Escritores del municipio Diez de Octubre (La Habana), tuvo dos etapas bien diferenciadas, sobre todo por su impacto mediático, siendo Ernesto Romero (bajo, voz, guitarra acústica y compositor principal, 1957) el único integrante fijo desde su fundación en diciembre de 1987.

El tecladista Otto Caballero (1965), con quien había compartido en Los Takson y proyectos efímeros (Vuelo Rasante, Dialéctica) lo acompañó durante una larga temporada. En su trayectoria apostó por material propio y un sonido rock-pop. En la primera etapa pasaron la vocalista Nitza Gutiérrez, el bajista Javier Parets "Choli" (1969); los guitarristas Julio, Iván Domenech (1961) y Luis Pastor Pino; y los bateristas Fidel, Esteban Quintana (1966), Pedro Pablo, Jorge Guerra Jr. (1967), Frank Calzadilla (1969) y Ulíses.

En 1993 comenzó la segunda etapa con la entrada de Yadira López como cantante y la reducción del formato mediante el empleo de secuenciadores rítmicos (una de las primeras bandas de rock que incursionó en dicha modalidad). En este período se hicieron unas grabaciones, propiciando su participación en el Festival de Música Electroacústica Primavera en Varadero de 1994. La presencia de voces femeninas fue otro de sus rasgos distintivos: tras la salida de Yadira en octubre de 1994 le sucedieron Yamel Oms (1974, ex Extraño Corazón) hasta diciembre de 1995, y Osiris Pimentel, con quien se grabó el único disco oficial (homónimo) en 1996. Instrumentistas como los tecladistas Otto y Ernesto Cisneros (1971), el bajista Israel López (1970); los guitarristas Julio César López "Pachy" (1969), Rodolfo Torrente (1971) y Addiel Perera (1972), así como los bateristas Karel Hernández (1970) y Carlos Rodríguez Obaya (1954) transitaron por sus filas. Entre 1994 y 1995 se estableció una relación entre la banda y el trovador Juan Carlos Pérez, cuando este último se integró a la misma, y algunos de los músicos contribuyeron en el disco *Participo* (1997) de Pérez. Actuó junto a bandas cubanas (Havana, Naranja Mecánica) y foráneas (Future Legend, Los Ronaldos). Canciones como *Confesiones de jockey*, *Centropen*, *Cruce*, *País de cristal* e *Hija de papá* definieron un estilo que años después retomaron Ernesto Romero y Luis Pastor Pino para el proyecto Jotabich.

PANORAMA

Profesionalizado desde 1975 en Santa Clara, funcionó como grupo acompañante de muchos trovadores de la ciudad, además de tener una proyección independiente, con temas de sus integrantes y arreglos cercanos al rock sinfónico, así como versiones a piezas de Fito Páez y compositores de la Nueva Trova.

Su nómina incluyó, en distintos momentos a los tecladistas Israel Hernández, Carlos Sarmiento (1967), Jorge González Portal (1966), Juan Carlos Jiménez, Fernando Soria (1961) y Jesús Hernández; el violinista Rubén Chaviano (1969); los bajistas Orlando Borrell (1943) y Eduardo David Alfonso Blanco "Ichi" (1953); el baterista Joaquín Zaragoza (1951); los guitarristas Jorge Luis Gálvez, Roberto Pérez Elesgaray (1947), Joaquín Besada (1954), Miguel Ángel Fuillerat (1945-1996), Manny González, Lázaro García (1947), Roberto Fortún y Emilio Martiní (1972); Carlos Montenegro Ruiz y José Roque en saxofones, Manuel Machado, David Arboláez y Andrés Sarría en trompetas, Pablo Hernández como trombonista, Luis Colón en las percusiones, los cantantes Rogelio Bermúdez (1950-2011), Agustín "El Niño" y Amaury Gutiérrez (1963), y el tecladista y clarinetista Juan Carlos Ledón (1960). Activo hasta inicios de los años noventa, por sus filas pasaron algunos de los músicos más destacados de la región central que desarrollaron trayectorias posteriores en Arte Vivo, la Orquesta de Música Moderna de Las Villas, Habana Ensemble, Raíces Nuevas, Irakere, AfroCuba y más, así como las proyecciones de Lázaro y Amaury como cantautores individuales.

PAPER HOUSE

Marcado por el grunge, este grupo habanero existió entre 1994 y mediados de 1995 con Julio César Pedroso en el bajo, Sergio León (batería, 1974), Eduardo Fernández "Edilyn" (guitarra) y Roberto González (1975) en la voz, quien había sido actor en TV. Alternó con Los Detenidos y Joker, y no dejó grabaciones.

PARASOMNIA

En diciembre de 2008 Ernesto Piedra (guitarra y coros, 1973) y Marta Acevedo (bajo, 1982), provenientes de Tragedy, formaron este grupo inicialmente bajo el nombre Mutante, en Santiago de Cuba, con Orlando Feris (voz, 1985), Rolando Teruel (ex Código Morse) en la segunda guitarra, y Laura Rodríguez (teclados). Su sonido apuntó al metal melódico, en español, sobre composiciones propias. La entrada de Ernesto Hernández (1989) que sustituyó a Laura, y la activa presencia de Lemay Romero (DJ), consolidó el trabajo reflejado en las grabaciones *Expediente X* (2010) y *Autómata* (2012). Con frecuentes apariciones en festivales y conciertos, el grupo se ha estabilizado en la escena del metal nacional.

PARTES PRIVADAS

Formado en La Habana a mediados de 2000 con dos ex músicos de D´Azur, el baterista Alain Alfonso (1974) y el guitarrista Armando Peláez (1977), junto a Luis Pino (bajo y coros) que había sido parte de Paisaje Con Río. Con Tony Luis en voz y los teclados de Adrián Guerra el grupo apostó por el pop-rock fusionado a ritmos cubanos en composiciones propias como *Sube, sube* que los dio a conocer en los medios de difusión. La entrada del nuevo cantante Neuris Lorenzo Mustelier (1974) completó la alneación que grabó el disco *Quémame* (2002).

Hizo presentaciones en varias provincias y se mantuvo hasta mediados de 2004, en que Alfonso y Peláez se unieron a Wena Onda. Reunificado en 2007 por Peláez con Ismael Ruiz (voz), Miguel (bajo), Leo (batería), Saidel Domínguez (teclados, 1978) y Kaleb (percusión), grabó un demo y se separó nuevamente a inicios de 2008. En 2011 Peláez insitió con un nuevo formato: Erick Pérez (bajo), Antonio Sosa en los teclados, Pedro Miguel López Rodríguez (batería, 1986) y Héctor Téllez Jr. (voz, 1989). Esta etapa mostró un repertorio basado en los covers (Beatles, The Who, Pink Floyd, Sting, Journey), con presentaciones en el club Submarino Amarillo.

PASOS PERDIDOS

Agrupación con base universitaria, se fundó en el Instituto Superior Politécnico José Antonio Echevarría (La Habana) en septiembre de 1996 con una línea de composiciones propias de rock-pop en español. Se presentó en festivales y eventos colectivos, además de ofrecer conciertos en la ciudad. Su formación incluyó —en diversos momentos— al bajista y director Eduardo Sosa (1971) y la tecladista Hilda Landrove (1975), ambos provenientes de Nexos; los guitarristas Alex Padín, Erick Pérez (1970) y Virgilio González "Villy" (1970); Jurgen Steinker, Pablo Calzado y Julio Morales como bateristas, Karel Méndez en teclados, y la cantante Ivonne Morales (1974). Los demos *Sueños rebeldes* (1999) y *A la tela de la araña* (2000) preludiaron el disco *Clasificado* (2001). Un año más tarde Ivonne abandonó sus filas y pese a que se probaron varias vocalistas, la banda abortó a fines de 2003.

PELDAÑO

Banda thrash de Ciego de Ávila, fundada en enero de 2004 y perteneciente a la Iglesia Episcopal San Lucas. El cuarteto inicial estuvo conformado por Yrguen Romero (bajo, 1980), Dulbrey Dulzaides (guitarra rítmica), José Ángel Gutiérrez (batería, 1984) y Leodani Mederos (voz y guitarra, 1979). Un año después Yrguen abandonó sus filas, y se graba el demo *Influencias* con el formato a trío, hasta que se incoporó el bajista Arnaldo Abascal Rosell (1974). Con esa formación se grabaron dos demos más, *Libérame* (2007) y *Resiste* (2008) antes de la ruptura. Algunos de estos músicos pasaron a integrar Cuarzo.

LOS PENCOS

A partir de la banda Líneas Tridimensionales surgió este grupo en la localidad de Cotorro (La Habana) en 1969 con Juan Francisco Baseiro (1955) y José Manuel Alfonso Lafont en guitarras, el bajista Oscar Roberto Pérez Muñiz "Cusy", Mario Fernández (voz, fallecido en 2010) y Pedro Fernández en la batería. Moviéndose sobre todo entre su zona de origen, San José de las Lajas, Madruga, Vedado, Centro Habana, Víbora y Playas del Este, tanto en fiestas como en festivales de aficionados, abordó el repertorio de versiones (Neil Young, Doobie Brothers, Bachman Turner Overdrive, CCR, Grand Funk, The Who, Rolling Stones, Rare Earth) con el singular empleo de la armónica, instrumento de escasa presencia entre los combos de esos años. Otros integrantes fueron los vocalistas Miguel Ángel Maya "Miky" y Lázaro Conde; el baterista Felipe; Eddy Rosell (1952), Walfrido y Mario en guitarras, el bajista Pachi, René en percusión, y Arnedo en la armónica. Alternó con Sesiones Ocultas, Los Kents, el cuarteto de Meme Solís y Los Gnomos, entre otros. Separado en 1979.

PÉNDULO

Proyecto habanero formado en 2009 por el guitarrista Seriocha Serret (1968), quien en ese momento trabajaba también como parte de Extraño Corazón. Empleó a Hamlet Campanioni (teclados, 1988), Raúl Rodríguez Zamora (batería), los bajistas Abdel Gallegos (1959) y Miguel, y los cantantes Alejandro Castillo (1958), Guido García (1952, ex Dimensión Vertical) y Virgilio Torres (1957). El final llegó cuando su líder reformó Izquierdo Reservado.

LOS PENIKES

Aunque no se presentó en vivo hasta 1967, se había formado el año anterior en la escuela secundaria Eugenio María de Hostos (Víbora, La Habana) con Julio Quintana (bajo, 1951), Alexander Martínez (guitarra y voz), Ignacio Vázquez Gallo "Nacho" (voz, 1953) y Reinaldo Zayas-Bazán Ortiz (batería, 1952). Por unos meses Alfredo Caballeros se incorporó en la guitarra líder, mientras Enrique García alternó las tareas vocales con "Nacho". Debutó en julio de 1967, y meses después Caballeros fue sutituido por Guillermo Buesa (1951-2007). Con esa estructura siguió hasta la desintegración en 1969.

Junto a las versiones, inicialmente de grupos hispanos, que luego se descartaron en aras del repertorio anglosajón (Hollies, Rascals, Rolling Stones) también tuvo temas propios, de la autoría de Alexander, incluyendo una misa-rock, con coro, que se presentó en una iglesia habanera. Alternó con Los Hanks, Los Gnomos, Los Tifones, Los Dada, Los Kents, Los Yens y Mayito y Sus Bambinos, entre muchos otros, y se presentó también en Camagüey, junto a Los Miders. Tras la separación Buesa y Quintana se unieron a Dimensión Vertical.

PERFUME DE MUJER

Abel Omar Pérez (1968), que había sido baterista de Cartón Tabla, y tuvo una breve estadía como tecladista de Gens, es el responsable de este intermitente colectivo dedicado al rock progresivo y la mezcla indiscrimada de influencias. Inicialmente fue un dueto, con el guitarrista Orlando Bernal "Landy" (1965, ex Música d' Repuesto) y se oficializó en marzo de 1994 grabando los temas recogidos en el compilatorio *Variaciones en la cuerda. Volumen 1* (1995), publicado en México. Sus presentaciones, por lo general, tenían un concepto temático que imbricaba música, escenografía y vestuarios, además de convocar a numerosos invitados: *La última cena* (enero 1995), *Aquarium* (junio 1995), *Sinfonía, mujeres y dinero* (abril 1996), entre otras. De las dos primeras se extrajo el material para el álbum *Variaciones en la cuerda. Volumen 2 y 3* (1996). En 1995 respaldó por un tiempo al trovador Polito Ibáñez, y en noviembre de ese año devino quinteto con Igor Urquíza (guitarra y mandolina, 1968, ex Naranja Mecánica), Pedro Pablo Pedroso (violín y teclados, 1972, ex Música d' Repuesto) y el baterista Leonardo Ángel Rodríguez (1971, ex Sahara).

Este formato grabó el disco *Pollos de granja*, publicado en 1998. Jorge Luis Barrios "Piro" (1971, ex Naranja Mecánica) sustituyó a Leonardo en agosto de 1996, y a fines de año se hizo una gira por México. A comienzos de 1997 se redujo nuevamente a dúo, con Abel e Igor, responsables de grabar *El monólogo de él caracol* (2000). Le siguió un período de hibernación, donde Abel hizo música para cine y teatro, armó el proyecto Queso junto a Raúl Ciro (ex Superávit) con un disco homónimo en 1998, hizo pocas apariciones públicas, y se mantuvo grabando (*Estado mayor, Auditorium, Imperdible, Artfovea*) con invitados (José Calixto Sánchez, Félix Lorenzo, el guitarrista mexicano Felipe Muñoz). Además colaboró con Van Gogh, Zeus y el proyecto Mata Flores (junto a Ismael de Diego y Kiko Faxas). En 2010 comenzó a rescatar la banda, con Juan Manuel Regalado (guitarra, 1990) y varios instrumentistas transitorios. Su música también quedó recogida en recopilatorios internacionales.

PESADILLA

Fundado en octubre de 1995 en Pinar del Río, hizo su primera aparición formal dos meses después en un concierto compartido con Trauma, Tendencia, Tekilla y Albatross. Inicialmente con Noliosky Echevarría (bajo, 1980), Yasser Albert Jaula Hernández (batería, 1978) y los guitarristas Maikel González (1978) y Gerson Lázaro Valdés (1982), hasta que en 1997 entró Ismael Díaz también como guitarrista. Haciendo death-grind cantado en inglés y español, grabó los demos *Who cares?* (1995), *Consequence of corruption* (1997) y *Play against* (1999) antes de separarse a inicios del siguiente decenio.

LOS PICOLINOS

Cuarteto habanero de los años 60 que integró a Ernesto Pérez (1948) en guitarra y voz, Fernando Héctor Mon "Picolino" (voz y percusión), Jorge Estadella (voz y piano, 1947) y el baterista Gualberto de Prado, luego sustituido por Lorenzo Tamayo (1946). Diana Toledo también fue cantante una temporada en el grupo. En 1966 respaldó a Ricky Orlando en actuaciones y terminó en 1967 cuando Jorge se unió al Combo de Franco Lagana y Ernesto pasó a Los Bucaneros.

PIEDRAS NEGRAS

Grupo que funcionó en los años 70 en San Luis (Pinar del Río) dedicado a tocar covers. Su formación incluyó a Jesús Quintana en la guitarra líder, Benigno Piña en la guitarra rítmica, Evaristo Martínez a la batería, Juan Valdés en la percusión, Rolando Carbonell (voz, guitarra, bajo y teclados), Reynaldo Quintana (guitarra) y el director y bajista Pedro Vigil Padrón.

PIKADURA

Grupo punk de Santa Clara, que incluyó a los bateristas Yansel Muñoz (1991) y Walter Fernández, el bajista Oscar Guadarrama (1987), David Oliva como cantante, Pedro Luis Ríos (ex Eskoria) en la guitarra rítmica y Alain Martínez Ríos (1988) en guitarra líder y voz. Activo desde finales de 2010, alternó con Adictox, Sed y Asgard, entre otros. En 2011 Alain se unió a Kaoz, y en enero de 2013 Yansel pasó a Shock.

PILGRIM

Adela Rivas Cruz (voz, 1988) y Félix Muñiz Penedo (1985) en teclados y composiciones, formaron este dueto de Santiago de Cuba, en enero de 2005, manejando influencias celtas, combinadas con instrumentación electrónica. Ocasionalmente se ampliaba con invitados (la violinista Martha Duarte, el coro Sine Nomine) para presentarse en vivo. Su disco homónimo, en 2006, logró alta exposición mediática, pero tras algunas presentaciones, la experiencia quedó aparcada cuando ambos músicos se concentraron en sus estudios.

LOS PIRATAS

César Rodríguez Aquino (batería), Yoel Negrín Montecelo (voz y armónica, 1981), Daniel Lezcano (bajo y voz, 1985) y Adrián Pino (guitarra y voz, 1983) conformaron este grupo en Santa Clara en el verano de 2010, mezclando rock and roll, punk, blues, ska, reggae y otros ritmos, en temas propios y versiones ocasionales (Nino Bravo, Loquillo, Eskoria). Debutó en el festival Ciudad Metal, en octubre de ese año, y en 2011 grabó el demo *Patente de corso*.

Para el disco *En cámara lenta* (2012) aparecieron como invitados Zammys Jiménez (voz) y Jordan Martínez Brito (guitarra). En septiembre de 2012 ingresó un nuevo baterista: Pedro Luis Ríos (ex Eskoria). De forma paralela Lezcano llevó adelante el proyecto November Charlie.

LOS PITECÁNTROPUS

Grupo de Bauta, activo entre 1970 y 1975, dedicado a los covers (Troggs, Fórmula V, Beatles, Brincos, Pasos). Su plantilla incluyó a Eliezer Montesino (batería y dirección), Minerva Montes de Oca (órgano), Grissel (bajo), Maricela (guitarra rítmica) y Lázaro Valdespino (guitarra líder, 1952). Se presentó en fiestas y festivales de aficionados. Más tarde Eliezer pasó brevemente a Las Flores Plásticas, y Valdespino formó Flash.

PLECTRUM

Activo en Morón entre 1978 y 1979 fue un grupo dedicado a los covers (Santana, Journey, Peter Frampton, Bee Gees). Incluyó a Clodoaldo Parada (guitarra, 1957), José Acosta (bajo), Oberto Morales (en la segunda guitarra y voz), Jorge Luis Martínez (batería) y Luis Antonio Betancourt (voz y guitarra). Luego Parada se unió a Evolución.

LOS PLÉYADES

Creado a inicios de 1968 en Santiago de las Vegas con Eduardo "Perifoyo" (batería), Rubén Fajardo (guitarra rítmica), Francisco (guitarra líder), Samuel (bajo) y Jorge Luis Núñez (cantante). En el verano Juan Carlos Pérez (1953) y Juan Wust (1954) entraron por Eduardo y Francisco respectivamente, y poco después Carlos Prieto (1951) sustiuyó como bajista a Samuel. A fines 1969 obtuvo Mención en festival de aficionados, además de actuar en fiestas y eventos. Combinó versiones del pop español (Los Brincos, Los Bravos, Los Mustangs, Fórmula V, Los Salvajes, Los Pasos, Juan & Junior) y anglosajón (Peter & Gordon, Rolling Stones, Beatles, Deep Purple, Led Zeppelin), así como temas propios (*Déjame, Como soy yo*). En junio de 1970 Núñez y Pérez entraron al servicio militar; los restantes músicos, con la adición del baterista Evelio Carballo (1949) respaldaron al cantante profesional Román Román en sus composiciones propias hasta 1973, pero como experiencia aparte de Los Pléyades originales.

PÓKER CLUB

Después de formar parte del grupo Iceberg, en Matanzas, el dueto de Mayté Iglesias (voz, 1971) y Alfredo Pérez (guitarra y voz, 1968) continuó con este proyecto en julio de 1997. Un mes más tarde se les sumó Erick Gustavo Pita (guitarra y armónica), y con una propuesta de rock acústico se presentó por primera vez en Varadero en octubre del propio año.

Hasta mediados de 2006 funcionó a trío, sin instrumentos eléctricos, aunque más adelante comenzó a introducirlos, aumentando el formato, y reorientando su repertorio hacia una mezcla de canciones propias y versiones (Fun Non Blondes, Led

Zeppelin, Guns N' Roses). Otros miembros han sido Francis Gutiérrez (bajo, 1976, ex Amber Road), Ahmed Yofrén Alba (percusión), Yenlis Contreras (voz y teclados), Iván González (batería,1971) y Arlen Valenciano (bajo y guitarra).

Cuenta con grabaciones como *Primera partida* (1997), *Four of a kind* (2009) y el DVD *Póker blues*, filmado en el Teatro Sauto, de Matanzas, en marzo de 2009. A fines de 2013 Alfredo salió de sus filas, asumiendo Mayté la dirección, en un momento en que predominaban los covers.

POLLO X PESCAO

Reciente exponente de la hornada punk en la zona central, se fundó en 2013 en Cienfuegos. Su denominación se relaciona con una oferta de la canasta básica alimenticia en el país. Raúl Piñeiro Cuan en la batería, Hanser Vázquez como bajista y Harry Silva en la guitarra y la voz son sus creadores. Al lado de los temas propios interpretan versiones de sus referentes locales (Eskoria, Akupuntura) y foráneos (Misfits).

LOS POOL

Formado en La Habana en octubre de 1979, debutó dos meses más tarde.Se mantuvo hasta el año siguiente con Aramís Hernández (batería, 1957, ex Seres Indomables), Gabriel Berrayarza (bajo, 1961), Pepe (voz) y los guitarristas Gerardo y Oscar (éste último fue sustituido por Abelardo en mayo de 1980). Actuó en fiestas privadas y actividades en escuelas, con un repertorio de covers. A finales de 2002 Aramis y Gabriel figuraron en Tenaz.

LOS POP

Formado a fines de 1962 en la secundaria Leonte Guerra (Boyeros) por Arturo Alfonso (voz, 1945-2003), Efraín Rodríguez (guitarra, 1947), Ricardo Acosta (batería), René López (guitarra) y Orlando Sánchez (percusión y coros). Intepretaba covers (Elvis Presley, Paul Anka, Neil Sedaka, Bill Haley) con textos en español. Duró apenas un año, pero se rearmó en 1964 con Arturo, Efraín, Ricardo, Rodolfo Chacón (voz, 1942), Evelio Cruz (saxo), Danilo González (piano), Pedro Ismael Chávez (bajo) y Mario Chiong (guitarra, 1945). En esta segunda etapa continuaron las versiones y algunos temas originales. Posteriormente Chacón integró el elenco de la Ópera Nacional, Danilo tocó con Los Reyes 73, Chiong fundó Los TNT, y Efraín, Arturo y Chávez formaron Los Gafas.

PORNO PARA RICARDO

Fundado en Playa (La Habana) en mayo de 1998 destacó rápidamente por su material punk centrado en el choteo y el doble sentido, asumiendo más adelante un discurso muy directo de confrontación política y social.

Sus grabaciones reflejan dicha transformación: los demos *Por tu culpa* (2000) y *Rock para las masas cárnicas* (2001), y los discos *Díptico* (2006) y *El álbum rojo desteñido*

PESADILLA

PRÓTESYS

PILGRIM

maype

Yo Soy el Twist

DANNY PUGA

LOS PIRATAS

PÓKER CLUB

LOS PLÉYADES

LOS PICOLINOS

PROYECTO AM

PEPE O'FARRILL BAND

PÚRPURA OSCURO

PRIMERA GENERACIÓN

LOS PRAGA

QUINTETO NEGRO

QVA LIBRE

RAINFALL

ORNO PARA RICARDO

LOS RELÁMPAGOS

RH

RED X

ED

HODAS

REQUIEM OF HELL

(2009), junto a un compilatorio publicado en México. Gorki Águila (voz y guitarra, 1968) y Ciro Díaz Penedo (voz y guitarra, 1976) han sido el eje central, respaldados por diferentes músicos: los bajistas Oscar Pita (1979) y Hebert González, y los bateristas Luis David González (1979) y Renay Kairús. Algunos habían integrado grupos efímeros, como Luis David y Ciro (que coincideron en WAM) y Pita (Mush, Zerg Aggresion). De forma paralela Ciro lleva los proyectos La Babosa Azul y Take Your Cover Here, figuró como invitado en conciertos y discos de otras bandas, y lleva el estudio de grabaciones La Paja Recold.

POSTMORTEM

Banda inclinada al thrash metal, fundada en Ciudad de La Habana en abril de 2005, aunque su alineación se estabilizó a inicios de 2007 con los guitarristas Nelson Pérez y Raúl Frieiro, el cantante Jorge Álvarez, el baterista Girald Belmonte, y el bajista Yamil Siré (1978) que fungía también como director. Tras la grabación del demo *The new world creation* (2008) se desintegró al pasar Yamil a las filas de Zeus.

LOS PRAGA

Temprana agrupación santaclareña que debutó en agosto de 1963 con Roberto Pérez Elesgaray (guitarra, 1947), Miguel Villalón (segunda guitarra), Enrique Pla (batería, 1949), Elizardo Fraga (bajo) y Gilberto Peralta (percusión, 1948). Con alrededor de un centenar de versiones cantadas e instrumentales, se labró una sólida reputación en su ciudad y alrededores. Esta primera etapa concluyó en 1965. Dos años más tarde se reformó con Elesgaray, Juan Tremble (batería), Alberto Rodríguez Armas "Firo" (segunda guitarra, 1945-2014), Silvio López (piano, 1947), Jesús María Rodríguez "Chu" (saxo alto, 1946), "El Niñito" (bajo) y Felipe Mendilahaxou en la percusión, hasta 1968. Sus integrantes pasaron a formar parte de agrupaciones como Los Walfas, la Orquesta de Música Moderna de Las Villas, Irakere y otras.

PRIMACY

Prolongación del grupo holguinero Ley Urbana, surgió en diciembre de 1996 con Alexander Jorge Parra (guitarra, 1972), Raúl Algarín (bajo), Roberto Salvia (voz) y José González (batería). Al mes siguiente se grabó la maqueta *Haters of humanity*, con temas propios de death-power en inglés, pero poco después el formato se disolvió con lo cual Parra fundó Mephisto.

PRIMERA GENERACIÓN

En 1972 Elaine Pérez (guitarra rítmica, 1947) y Raúl Rodríguez (bajo, 1947), que habían integrado Los Fariseos Amén, armaron este nuevo grupo con Jesús Morffi (batería), Alejandro Moreira (guitarra), Eduardo "El Vampiro" (percusión) y Rafael (voz). Con una línea de versiones (sobre todo hard rock anglosajón) y frecuentes cambios de membresía, tuvo bastante popularidad en la capital. Por sus filas pasaron, entre otros, los cantantes Alexander Domínguez (1939, ex Los Hidra), Luis Romero "El Bate", Manuel David Echevarría "Manolo El Salsa" (1950), Gustavo Fernández, Jorge Ortega "El Abuelo" (1953), José Vargas "Polito (1956, ex Los Kew), Armando (alternaba con Los Walkers), Nelson Gómez "El Grande" y Alejandro Castillo (1958); los guitarristas Dagoberto Pedraja (1957), José Ramón Abascal, Donny Sicard y Arturo Fuerte (1955); y los tecladistas Alex del Sol y Juan Carlos Valladares. Hizo grabaciones para la radio, actuó en fiestas privadas y clubes nocturnos, y se presentó en la televisión en 1979. Se desintegró en 1980.

PRIVATE PROPERTY

Banda de corta duración, funcionó en La Habana en 1970. Dirigida por el baterista Andrés "McCoy", contó con Castelio Saborit (1951) en guitarra rítmica, el cantante Jorge Redondo "Coky" (1951) y Enrique Onis (1950) en teclados, además de varios guitarristas líderes que pasaron fugazmente, siendo Heredio Castillo (ex Lomby y sus Estrellas) quien estuvo más tiempo. Interpretaba covers de The Doors, Guess Who, Rolling Stones, McCoys y otros. Se presentó en un festival de aficionados y poco después se transformó en Los Fedayines.

PROBLEMA

Antecedente de Escape, esta banda habanera debutó en abril de 1999 junto a Porno Para Ricardo y Amnesia. Su primera alineación tenía a Julio César Pedroso (bajo, ex Garaje H), Justo Karel Valdés (guitarra, 1978), Jesús Diez "Chiqui" (voz, 1974) y Alejandro Padrón (batería, 1978). Tras la salida de Julio, entró Jorge Marín (1970) como bajista, y dos meses más tarde ofreció su concierto final, compartiendo con Combat Noise, y con las inclusiones de Ana María (teclados) y Alain (segunda voz). A inicios de 2000 se convirtió en Escape.

PRÓTESYS

Tras un proyecto abortado de orientación grunge, el guitarrista Yuniesky Castillo "Pelusa" (1985) y el cantante Pedro Michel Hernández (1985) formaron el grupo en septiembre de 2005, en Las Tunas, con Harold Moreno (bajo, 1983), Darián Paradela (batería) y Marcos del Risco (guitarra), aunque este último permaneció poco tiempo. Con material propio mezclando thrash y hardcore, grabó el demo *Censura* en julio de 2008, y compartió en 2010 con Corruption (Colombia), además de actuar en diversos eventos nacionales. En 2009 Ernesto Guerra (1989, baterista de Olimpo) sustituyó a Paradela hasta inicios de 2012.

PROYECTO

Banda de Cienfuegos, influida por el heavy metal español, funcionó entre finales de los años 90 y principios del decenio siguiente, con temas propios y versiones (Beatles, Smokie). La integraron Arsenio Fuentes y Rafael Serises en las guitarras, Juan Carlos de la Paz (batería) y el bajista y cantante Gilberto "Lachi", autor del grueso del material. Se grabó un demo homónimo en los estudios de Radio Ciudad del Mar, que recogió parte de su obra.

PROYECTO AM

Fundado en agosto de 2003 en La Habana con ex miembros de Red X y Magnum, se decantó por los covers del rock de los años 70 y 80, con Armando Quintana "Mandy" (voz, 1963), Miguel Alejandro Comas y Abraham Alcover (1973) en las guitarras, Alvin Pino (batería, 1979) y Reynier Aldana (bajo, 1982). Duró poco tiempo, pues en octubre la sección rítmica salió para fundar Mate, y Alcover reformó Magnum.

PROYECTO HOLA

Inicialmente con una tendencia acústica y canciones propias en inglés, debutó en La Habana, en octubre de 1994, junto a Van Gogh y Extraño Corazón, con dos ex integrantes del efímero proyecto No Parqueo: Javier Bode (voz, 1971) y Miguel Rafa Iglesias (voz y guitarra, 1971) junto al guitarrista Virgilio González "Villy" (1970) quien los dejó en marzo de 1995 para unirse a Zeus. Desarticulado hasta abril de 1997, regresó con el trío original más Fernando Lorenzo (batería, 1967, ex Joker), Aldo Nosti (bajo) y David Blanco Ponsoda (teclados, 1980, ex A-19) con una tendencia más rock-pop. Meses después salieron "Villy", Nosti y Blanco, pasando como bajistas Francisco Mosquera (1956), Damián Jane (ex Expreso Inconexo) y Lázaro Cuza (1969), y el guitarrista Addiel Perera (1972, ex Paisaje Con Río). Dejó como testimonio las grabaciones *De cuerpo y alma* (1997) y *Próxima estación* (1998) antes de derivar hacia el pop latino para finalmente convertirse en Yerbawena, con otra línea de trabajo.

PROYECTO X

Trío circunstancial formado por Rodolfo Crespo "Fito" (guitarra, 1970), Jorge Gámez "Yoyo" (bajo, 1966) y Tony González (batería, 1960), quienes tocaban en diferentes bandas habaneras. Solamente se presentó en el festival de Cruces, en marzo de 1990, junto a Zeus y Alto Mando.

LOS PSICODÉLICOS

Miembros de varios grupos de Sagua La Grande se reunieron bajo este nombre para una sola actuación en el Liceo local, a mediados de los años 70, tocando versiones del rock foráneo en inglés. Entre ellos estuvieron José Ramón Miranda (voz), el saxofonista Marcelino Espinosa (1944-2002), Enrique Isoba en la batería, el bajista Pedro Santos Celestrín, "El Raspao" (percusión) y los guitarristas Ignacio Brito y Rómulo Gallego.

PUERTAS NEGRAS

Grupo de Varadero (Matanzas) que transitó por dos temporadas. La primera, prevaleciendo el sonido death, se gestó en 1998 con Félix Valido "Felito" (batería, 1975-2007), el cantante y bajista Ernesto Bermúdez y los guitarristas Carlos Comas (ex Apocalipsis) y Manolo Rodríguez. Se grabó el demo *El crimen del silencio*, que no se distribuyó por la mala calidad. En 2002 Felito pasó a Cruxificide, y lo reemplazó el ex baterista de esa banda, Jordany Pérez Sotolongo (1983), iniciando un segundo ciclo al salir Comas, e incoporarse Julio Antonio Álvarez (teclados), Josué Miyares (voz) y Katia Fernández (voz 1983). La nueva alineación se replanteó un cambio de estilo, que derivó hacia el metal con elementos black y góticos. Actuó en diversos festivales y grabó el demo *At the gate of dark light* (2005). Se rompió en 2006, pasando Katia a integrar Hipnosis.

DANNY PUGA

De nombre real Cristóbal Puga (1941-1998) y conocido artísticamente como Danny Puga, figuró entre los exponentes del temprano rock and roll en Cuba. Incursionó asimismo en géneros como twist y bossa nova, actuando en cabarets, clubes, radio y televisión, hasta retirarse a fines de los años setenta. Grabó el LP *Yo soy el twist*, con el grupo de Eddy Gaytán. Entre sus éxitos estuvieron *Muñequita* (*Pretty blue eyes*, de Steve Lawrence), *Lluvia*, *The color of happiness*, *The twist* (Chubby Checker), *Ni siquiera un retoño* y otras.

PULSOS

Dueto de rock-pop formado en la primavera de 1993 por Manuel Camejo (1966), ex cantante de Arte Vivo, y el tecladista Ricardo Álvarez (1962), que previamente había formado parte de Arkanar. Grabó el disco (inédito) *Luces de ciudad* (1993) con los invitados Julio César López "Pachy" (guitarra) y Roberto Fajardo "Keko" (armónica). En 1994 el dúo viajó a Alemania donde, junto a otros músicos, originó Frecuencia Mod, cuyo álbum *Sentidos próximos* rescató parte del material anterior con nuevos arreglos.

LOS PUMAS

Una de las agrupaciones emblemáticas en Marianao (La Habana) tuvo dos etapas. La primera entre 1973 y 1979 incluyó a los bateristas Ricardo Alfonso (1957) y José Bartolomé García "Bartolo" (1955); los guitarristas Sergio Pérez, Nilo, Juan Antonio Leyva (1956), Alejandro, Lázaro Valdespino (1952), Omar Pitaluga (1955) y Miguel Rigau (1957); los bajistas Arnaldo Jiménez (1960) y Eddy Mesa (1954), y los vocalistas Alejandro Castillo (1958), Fidel Blanco (1957) y el santaclareño Jesús. Su sonido estuvo marcado por las versiones en ambas etapas, aunque no llegó a hacer grabaciones.

Desbandada en 1980, regresó en 1998 con Alfonso, Mesa, Alfredo Losada (1955, ex Flash) y Jesús Santana (1957) en guitarras, y una reducida cuerda de metales que les posibilitó incorporar covers de Ides Of March y Chicago. Poco después, tras la salida de los dos guitarristas y los metales, regresó Rigau y entraron Agustín La O (guitarra, 1962, ex Metal Oscuro) y el cantante Virgilio Torres (1957), hasta que Alfonso recuperó el nombre de Los Takson, un año más tarde.

Durante 2006, Castillo, Mesa, Rodolfo Acosta (1970) como baterista y los guitarristas Dagoberto Pedraja (1957) y Luis Manuel Molina (1959) hicieron actuaciones usando el nombre del grupo.

PUNTOS SUSPENSIVOS

Creado a fines de 1969 por Mario Aldo Barrios (guitarra, 1948) en Isla de Pinos (luego Isla de la Juventud), donde cumplía el servicio militar. El guitarrista Julio César Brizuela, Víctor H. Ramos (bajo), el cantante Jesús Rodríguez "Yeso", Walter en los teclados y Hugo (batería) completaron la alineación. Con un repertorio de covers (CCR, Steppenwolf, Grand Funk, Rolling Stones) actuó en fiestas particulars, hasta la separación en mayo de 1972, tras lo cual algunos de sus integrantes continuaron en La Habana como Los Danger (para luego transformarse en Nueva Generación), mientras Ramos conservó el nombre original, reformando la banda en Guanabacoa con otros miembros hasta 1980.

PÚRPURA OSCURO

Grupo de Sancti Spíritus, funcionó entre fines de los 60 e inicios de los 70 con repertorio de versiones del pop y rock (Beatles, Brincos) y compartiendo con Los Fakires y Los Barba, entre otros. Tuvo varios cambios de personal con Vicente Curbelo, Pepín Reyna, Pily Cancio, Fernando León Mursuli (1952), Vicente Méndez (xilófono), Villacampa en la guitarra rítmica y voz, José (bajo), Rómulo, Oscar, Landy Peón y los bateristas Tony Reyes y Pedro Bello.

PUTREFACTUS

En octubre de 2009 el vocalista Arián Jiménez, Yuriel Rojo en el bajo, los guitarristas Yoandy Pérez y Alionnis, y el baterista Lázaro Mena armaron este grupo en Jagüey Grande. Su primera etapa estuvo marcada por cierta inestabilidad que lo mantuvo apartado de los escenarios. Posteriormente se presentó en varios festivales y conciertos.

Su estilo se inclina al death metal, con temas propios y versiones a Six Feet Under, reflejado en el demo *Collector of bones*. Más tarde el formato se redujo a cuarteto con Daniel Santana (guitarra), Arián, Yuriel y Mena (quien toca a la vez con Asko, banda punk de la misma localidad, y Blood Heresy). Poco después Yoandy pasó como bajista a Blood Heresy.

Q

QUANTUM

Aunque sus inicios fueron a cuarteto, este grupo tuvo su impacto principal después que el bajista original, Camilo Vera (1988) pasó a Odisea, y permaneció el trío fundador de Alain Michel García (bajo y teclados, 1970, ex Thelema), David Díaz (guitarra, 1979) y Wismer Torres (batería, 1983), que debutó en el Festival Poesía Sin Fin en Alamar (La Habana), a finales de 2006. Por un tiempo David y Alain trabajaron a la par con Remanente y Roca de Almendra, respectivamente.

Su rock progresivo instrumental está reflejado en *Mikrokosmos* (2007), demo que incluyó temas propios y recreaciones de obras de Leo Brouwer y Bela Bartok. Tras aisladas presentaciones en la capital, en 2010 sus miembros formaron el núcleo de Sexto Nombre, agrupación del compositor Eduardo Ramos, antiguo bajista del Grupo de Experimentación Sonora del ICAIC.

QUIMERA NEGRA

Con Héctor Pérez (voz), Iván González (batería, 1971), Félix Alejandro (bajo) y Duniesky Pérez (1976) y Michel Mejías en las guitarras, esta banda de heavy metal surgió en Colón, Matanzas en 1988, actuando principalmente en su zona. Tras la ruptura en 1993, Duniesky, Iván y Félix formaron Delirio G.

QUINTETO NEGRO

Fundado como cuarteto en 1966 en La Habana con Carlos Cory Hernández (voz, ex bailarín de tap bajo el seudónimo de Jerry Astro), Frank Eloy Rodríguez (bajo) y dos antiguos miembros de Los Halcones, Iván Fariñas (guitarra, 1949) y Oscar Quesada (batería), se amplió a inicios de 1967 con "Chuchi"en la segunda guitarra. Su repertorio consistió en versiones (Kingsmen, Teen Tops, Johnny Rivers, The McCoys, Roy Orbison) y se presentó en fiestas, carpas y teatros junto a Jorge Bauer, Luisa María Güell y otros. Tras la salida de Fariñas y Frank Eloy pasaron Ángel Alfonso (bajo), Francis Aragón y Enrique (guitarras), entre otros, cambiando su música hacia el pop español, hasta la separación en 1970.

QUO VADIS

Tras la ruptura del grupo capitalino Hojo x Oja, el bajista Miguel Ángel Méndez "Miguelín" (1966) creó este proyecto con el cual ofreció unos pocos conciertos e hizo varias grabaciones. A cargo de la guitarra, programaciones, teclados y voces, en diversos momentos fue acompañado por Raúl Barroso (voz, de Burbles), Marcos Tudela (batería), Miguel Cerejido (bajo, 1960), Luisa Leonor Veitía (teclados, 1958-2000) y otros dos antiguos integrantes de su banda anterior: Landy Bernal (guitarra,

1965) y el cantante Rafael González "Felo". Funcionó entre 1992 y junio de 1996. Con material propio dejó los demos *Enigma* (1992), *Beatriz* (1993) y *Renacer* (1993), aunque en vivo incluyó un cover a *Starship trooper* (Yes).

QVA LIBRE

Después de finalizada la experiencia de Amnesia, y ante la imposibilidad de desarrollar el proyecto Oroleya, Frank Montejo (voz, 1978), Giordano Serrano (bajo, 1976) y Carlos Díaz Soto (guitarra, 1981) fundaron este grupo en La Habana, en 2000. Un coctel de rock, funk, hip hop y ritmos cubanos, más una puesta escénica muy trabajada, jugando con la parodia, lo posicionó en un nicho intermedio entre las bandas más aferradas al metal y los exponentes del rock-pop. José Carlos Pino "El Plevy" y Tito en las percusiones, más el baterista Alcides Rodríguez (1986) completaron la formación, debutando en agosto de 2001 en el Patio de María.

Desde entonces se sucedieron conciertos en la capital y otras ciudades, participación en festivales, grabaciones, colaboraciones con Telmary, Kumar y William Vivanco; la contribución en el filme *Habana blue* (Benito Zambrano, 2005) y múltiples cambios de personal que dejaron a Carlos Díaz como único integrante estable. Por sus filas pasaron: Yandi Fragela, Eduardo Longa (1975), David Smith, Marlon Marrero (1991) y Claudio Pairot (1984) como bateristas; Alejandro Infante (1987) en la segunda guitarra; el bajista Daryl Vaillant (1987), Bernardo Pitaluga, Liván "El Timba" y Orlando Medina en percusión, y como vocalistas Miguel Ángel Ramos "Super Ruso" (1977), Duhamel y Lenier Vega (1983). La inclusión de una cuerda de metales en la que figuraron los saxofonistas Beiran Chaviano (alto, 1985), Heysell Acosta (tenor, 1984) y Omar Perón (barítono, 1988), y los trompetistas Carlos González y Rafael Galván (1988) acentuó la orientación funky y timba, despegándose de sus orígenes rock, evidenciado en un repertorio donde aparecen por igual temas propios y revisiones (Irakere, Los Van Van, Oscar D´León). Sus grabaciones incluyen los demos *Que todo sea para nada* (2003), *Resistencia y reciclaje* (2005) y *Sueños rotos* (2009), y el álbum *Viva Cuba libre* (2011) que alcanzó premio en Cubadisco 2012 en la categoría de Fusión.

RADICAL

Formado en Bauta en enero de 2005, con una mezcla de nu-metal y hardcore, estaba dirigido por el bajista Dimiel Germán Machado y redondeado por Arián Ulloa en la batería, Enrique Tamargo como guitarrista y el cantante Michel Hernández Castillo (1985), quien en 2007 pasó a Chlover.

RADICAL OH

Integrado por ex miembros de bandas efímeras como Octopus Yard, Druida y Triábolas, comenzó en La Habana en diciembre de 2002 haciendo death metal, con Durley Peña (bajo y coros, 1981), Carlos Armando González Gómez (guitarra, 1980), David Pérez de la Llera (teclados, 1981), el baterista Carlos Enrique Cepero (1980) y Ariel Pouso (guitarra y voz, 1980). Se presentó en festivales universitarios y se mantuvo hasta 2007, dejando el demo *Dapou tu cadur* (2005). Luego sus ex miembros pasaron a integrar Folklórica, ING y Sed.

RAINFALL

El guitarrista Junior Alfonso Parets (1984) armó este proyecto de estudio en febrero de 2006, que luego se transformó en una banda para actuar en directo con Pilar Rodríguez en teclados, Joel Salazar (bajo, 1983), José Manuel Govín (batería, 1969), Idel Ramos (voz, 1978) y Jorge Marín (guitarra, 1970). El demo *The dark side of love* (2006) mostró su línea de heavy metal progresivo, pero a finales de año se desarmó el grupo.

LOS RAYOS ROJOS

Banda de covers (Doors, Steppenwolf, Chicago, CCR) en Habana Vieja, existió entre 1971 y 1973 con los guitarristas Benigno "Hueso" y Ramón Martínez, Andrés Rivero como bajista, Jesús Martínez en la batería, Román Hernández en las percusiones y el cantante Virgilio Torres (1957). Se movió en fiestas de su zona y tras la separación Virgilio se unió a Los Seres Indomables.

LOS READYS

Grupo de Centro Habana que fue bastante conocido aunque duró muy poco tiempo en 1965. Lo integraron Ezequiel Abreu "Kelly" (batería, 1950), su hermano Eduardo (guitarra, 1946) y Andrés Paschalidis (bajo, 1950). Luego "Kelly" formó Los Golpes Duros y Paschalidis pasó a Los Kents.

THE REBEL NATION

Concebido a inicios de 2013 como un proyecto de doom, sludge y rock sureño, implicó a tres músicos de Chlover: Michel Hernández Castillo (voz, 1985) y los guitarristas Jorge Luis Camerota (1989) y Alain Echeverría (1979). Su demo *From the eye of the storm* (2013) fue un tributo a Dimebag Darrell, el asesinado guitarrista de Pantera.

RED

Formado en La Habana en 1978 (inicialmente como REC) por el guitarrista y cantante Jorge Martínez (1958). Desde sus inicios apostó por material propio mezclado con algunas versiones (Kiss). Sus filas cambiaron bastante: los bajistas Israel Fernández, Jorge Luis, Tony, Alejandro Muguercia, Rusland López (1966, ex Fénix), Lázaro Valdespino (1952) y Francisco Mosquera (1956); en la segunda guitarra Livio Estrada "Papucho" (1961) y José Octavio Gutiérrez Rodríguez; Hansel Correa en los teclados, Tony en la voz solista, y los bateristas Florencio Silvera (1955) y Enrique Paneque (1963).

Tras un impasse en 1986, durante el cual Jorge formó parte de Los Takson, regresó Red y se mantuvo tocando hasta 1990. Apareció en televisión y temas como *Murciélagos* llegaron a la radio. Fue una de las agrupaciones más activas en la capital.

RED X

En abril de 2002, más de una década después de la disolución de Red, y tras una temporada como guitarrista de Los Kents, Jorge Martínez (1958) regresó con otra edición de su banda, rebautizada ahora como Red X. Nuevamente combinó temas propios y versiones del rock anglosajón, con un cambiante plantel de músicos, entre los que rescató a Livio Estrada "Papucho" (segunda guitarra, 1961) del proyecto anterior. Desde entonces han pasado por sus filas los bateristas Alberto Roque, Alvin Pino (1979, luego pasó a Mate), Oniel Pérez, Reiniel Pérez Évora (ex Hojarasca) y Yandi Fragela (1983); los bajistas Luis Alberto Carballea, Alejandro González Labrada y Rodolfo Humpierre (1971); Ana Margarita Capote (teclados, 1984), Dunia Correa (segunda guitarra y coros), y cantando Armando Quintana (1963), Bismarck Estupiñán, Guido García (1952) y, con una permanencia mayor, Liliam Ojeda (1983, que en 2013 se unió a Los Kents). Ha compartido con Rockablues Trío, Dimensión Vertical y otros.

LOS RELÁMPAGOS

Formado en Cruces (Cienfuegos) en 1968 por los hermanos Adrián (teclados, acordeón y voz) y Miguel Garnier (voz y pandereta), mientras Tony Garnier, como técnico electrónico, construyó parte de los equipos y accesorios, incluyendo una guitarra eléctrica hecha de plástico. En una primera etapa hasta 1972, llegó a grabar algunos temas en Santa Clara. Su repertorio consistió en composiciones de Adrián, baladas y versiones del rock y pop foráneos, tanto en inglés (Commodores, Grand Funk, Players, Peter Frampton, Eagles) como en español. Reformado en 1976, se mantuvo hasta 1984. Se presentó sobre todo en carnavales, fiestas privadas y populares, y compartió con grupos como Los Moddys. Además de los Garnier, incluyó a los guitarristas Jorge Lanza, José Luis Torres Fong (fallecido en 1985) y Elvio; los bateristas Raúl Madrigal y Armando Acosta (ambos habían sido parte de Los Búhos); los bajistas Jorge García y Nelson Valdés Pino, el saxofonista Ramiro, y los cantantes Arturo Hidalgo-Gato (1959), Sixto Llorente "El Indio" (1948), Armando Hidalgo-Gato (1950) y Jesús.

RÉPLICA

El vocalista Osmany García y Alberto Arencibia como guitarrista, formaron este grupo en octubre de 1993 en Pinar del Río, en una tendencia entre hard rock y heavy metal con piezas originales en español (*Sueños amargos*, *Ídolos*, *Final fatal*). Se completó con Juan A. Sojo (bajo) y Antero Trujillo (batería), aunque éste último fue sustituido por Efraín Izquerdo a inicios del siguiente año. Sólo actuó en el concierto Unión que se efectuó en julio de 1994 en la capital provincial, y se separó en septiembre.

REQUIEM OF HELL

Debutando en noviembre de 2009, había comenzado a foguearse en marzo del mismo año en Ciego de Ávila, con Alexander del Rey Díaz (guitarra y dirección, 1989), Denis Beleño (bajo, 1983), Arián Rodríguez (guitarra, 1989), Raúl Ávila (batería, 1990) y José Ángel Guerra Padrón (voz, 1986).

Su sonido estaba basado en el death metal. Se presentó en festivales y conciertos junto a los mexicanos Piraña y Los Kompadres Muertos, y Slates (Canada), además de bandas nacionales. A principios de 2010 Beleño se unió a Camada, y en su lugar entró Carlos Jordán Carralero (1992). Poco después Arián también abandonó el grupo, que se redujo a cuarteto.

RESISTENZIA

Apuntando al hardcore como línea esencial en su sonido, comenzó en Santa Clara en enero de 2007 con Amauri Trimiño (cantante, 1981) y Guillermo Rodríguez Sosa (batería), a quienes se sumaron Maykel Llanes García (guitarra, 1984) y Delvis Díaz (bajo y coros, 1984). Con esa formación debutó en mayo, invitado por Cry Out For, en un concierto en la Universidad Central, haciendo un repertorio influido por el punk español. Un año más tarde se reorientó al metalcore, continuando sus conciertos habituales. En 2009 Guillermo se marchó, y fueron convocados dos ex integrantes de Feedback: la tecladista Marta Margarita Acuña (1982) y el baterista Rasiel Morales (1982). La entrada en 2011 de Lianna Teruel (segunda guitarra, 1984) consolidó el formato. A finales de 2013 Marta y Maykel abandonaron sus filas, siendo remplazados por Suzanne Figueroa (1990, de Feedback) y Carlos Brunet respectivamente. Las grabaciones *Territorio libre* (2007) y *Guerra avisada* (2012) testimonian su obra.

PEDRO REYES Y LA DÉCADA

Banda pop-rock de Sancti Spíritus formada como La Década, en mayo de 2002 por Miguel Velasco (1948), antiguo componente de Los Barba y VC. La intención era rescatar el repertorio del rock en español de los años 60 y 70. Junto a él estaban en la alineación original José Antonio Jiménez (batería) y Pedro Reyes (teclados). Luego se integraron Aynel Zequiera Martín (bajo, 1980), Pedro Manuel Ramos (voz y guitarra) y Ariam Fernando León Quintero (guitarra, 1981), antes de la baja de Velasco. Se produjo el cambio nominal (Pedro Reyes y La Década) y continuó con más de un centenar de versiones y algunos temas propios. A partir de 2007 el grupo organizó los conciertos de homenaje a John Lennon en su ciudad.

Otros músicos que han pasado por sus filas son los cantantes Henry López Moya, Elismeiky Alfonso y Jesús (ex Los Relámpagos). De forma paralela Aynel y Ariam se involucraron en Blues Connection.

RH

Funcionó entre 1975 y 1980 en La Habana con muchos cambios en su formato y con versiones del rock anglosajón. Aparecieron los guitarristas Omar Pitaluga (1955), Miguel Álvarez (1948), Israel Díaz "Fico" (1956), Jesús Vázquez "Chucho" (1955) y Félix Fernández; los cantantes Antonio Machado, Patricio, Ricardo y Miguel Ángel Maya "Miky"; los bajistas David del Rosario (1955), Antonio Vázquez (1950), Víctor de la Fuente (1954) y Ángel Luis; los bateristas José, Aramís Hernández (1957), Eduardo Arce y Antonio Irizar, Javier Quevedo en saxo tenor, y Armando Freyre (1954) en los teclados, guitarra y voz. Alternó con varias bandas moviéndose entre la capital y sus alrededores, y en 1979 apareció en la televisión nacional. En agosto de 1980 dio vida a la reformación de Almas Vertiginosas.

RHIANNON

Formado en diciembre de 2010 en Plaza de la Revolución (La Habana), a partir del proyecto inconcluso Bosques Perdidos, fusionó elementos celtas, góticos, rock sinfónico, power metal e industrial. Consistió en la cantante Yeni Elisa Gelabert Noa, Rocío Batista (teclados, ex Magical Beat), Marco Antonio Ortega (batería) y Gustavo Valmaña (bajo y coros, 1988), dirigidos por el guitarrista y cantante Adrián Fonts (ex Viento Solar). Alternó con Kill The Fish en su peña del club Karachi.

RHODAS

Bajo el nombre inicial de Estudio Rhodas, el guitarrista, cantante y compositor Nilo Núñez (1960) lo formó en Camagüey en 1982, hasta que en febrero de 1984 quedó simplemente como Rhodas. Durante su trayectoria estuvo entre las bandas más activas en el país, con un sostenido tren de presentaciones en su ciudad, La Habana, Ciego de Ávila, Cruces y más, amén de apariciones televisivas y la organización de un festival provincial de rock. Junto a canciones propias (algunas con notable difusión, como *Es amor*) incluyó algunas versiones (Beatles, Led

Zeppelin). En diciembre de 1992 actuó junto a la Orquesta Sinfónica de Camagüey en tres obras escritas por el director de la misma, Julián Blanco. Si bien el formato de Nilo, Tomás Guzmán Piña (guitarra y teclados, 1968), Iván Enríquez Pons (bajo, 1969) y Oriel Ray Montero (batería, 1961) coincidió con la etapa final (1993-1996) y una de las más exitosas, otros músicos engrosaron sus filas en diversos momentos. Entre ellos estuvieron los tecladistas Sergio Delgado (1964), Francisco García Romero (1960) y Kenya Arrabal; José Antonio Sardiñas (saxo y teclados, 1960), los bajistas Armando Ramos Barroso y Ariel Fonte (1960), y los cantantes Antonio Comas (1961), Pastor (ex Metalaxia) y Tony, así como Juan Pomba, Mauricio Pedraza y Norberto Aldrovandi Rodríguez (1965). En abril de 1996 viajó a España, y tras unas actuaciones se desintegró. Dejó grabados, de manera independiente, los discos *Rhodas* (1992), *Al margen del silencio* (1994) y *Cambiando los colores* (1995).

RICARDITO Y SUS COMETAS

Fundado en Luyanó (La Habana) en 1963 a instancias de Juan Pérez, padre del pianista y baterista Ricardo Pérez (1951) con Manuel Jiménez (batería), Joaquín Aranda (bajo, luego sustituido por Alfredo Navarro), Alberto Solares y Juan Carlos Rigual (voces), Daniel Palacios (saxo, 1949), Alfredo Pérez Ramos (voz y guitarra, 1953), Juan Hernández (guitarra), José Carrillo (trompeta), Carlos Suárez (percusión) y Ricardo Delgado (saxo, 1950). Tocando versiones de rock and roll actuó con frecuencia en la capital, pese a la corta edad de algunos de sus miembros. En 1967, al entrar Ricardo al servicio militar, su padre rearmó el grupo con Delgado, Jorge Reyes (bajo, 1951), Jorge Aragón (piano, 1950), Ignacio Berroa (batería, 1953) y José Jaurrieta (guitarra) hasta el año siguiente.

Otros que pasaron por el grupo fueron Isabel Arribas, Héctor Martínez, Maza y Rafael de Hombre (luego integró Los Bucaneros) en las voces; Raúl Montaner en la guitarra y el percusionista Jorge Vázquez (más tarde formó parte de Los Dada).

JULIO RICHARD

Conocido indistintamente como Julio Ricardo o Julio Richard (1946-1965), fue un intérprete habanero que se dedicó al twist, calipso y rock and roll. Acompañado de su guitarra, entre 1963 y 1965 se presentó en cines y clubes capitalinos junto a Ricky Orlando, Ray Cuevas, Pedrito Tamayo, Lucky Arias, Los Bambinos, Alexis Machín, Ulíses Rosell, Baby Fernández, Los Enfermos del Rock and Roll, Los Diablos, Los Vampiros y Los Atómicos de Mayito Muñoz.

RICE AND BEANS

Aunque comenzó en enero de 1998, su impacto más significativo se produjo en la década siguiente, cuando estabilizó sus grabaciones, alcanzó una serie de importantes premios (Cuerda Viva, Festival Alamar) y se convirtió en uno de los grupos líderes de la escena matancera. Fundado en Cárdenas (Matanzas) por Dennys Perdomo (bajo, 1981), Frank Batista (voz, 1983) y Rodim Delgado (batería, 1981), su estilo estuvo marcado por el grunge, con temas propios en inglés. Más adelante el grupo se amplió con Alfonso Lucas Artiles (ex Abstracto) que remplazó a Perdomo en 2011, y los guitarristas Jaime Borrego (1981, ex Tercera Dimensión), Rafael Luis Arias (1981), Ignacio Moreno y Jorge Enrique Montero (ambos provenientes de Demencia). Profesionalizado desde el 2000, tres años después tuvo una etapa de trabajo con el dúo de trovadores Lien y Rey. Los demos *Nothing to see* (1998), *Four humors* (1999), *Provet to help* (2001), *A child again* (2003) y *Vegetational protein* (2006) antecedieron al disco *The need to see* (2009) producido por Dagoberto Pedraja. Luego grabó las maquetas, *Paradox* (2011) y *Green toy* (2013). Desde 2010 comenzó a llevar un repertorio paralelo de covers del rock foráneo.

LOS RIJEN

Grupo activo en Vertientes entre 1968 y 1980, tomó su nombre a partir de las iniciales de sus integrantes originales: Roberto Noja (guitarra, 1948), Iván Portieles (voz, 1946-2015), Jorge Suárez Bibilonia (batería), Eduardo Mora (bajo) y Nelson Marchena (1950) en acordeón y órgano. Tambien pasaron Heriberto Reinoso (1949), Gerardo Junco, Miguel Ponce, Nelson Rubinos, Gaspar Prevot, Bárbaro Rodríguez y otros. Tenía piezas propias (*Que lo digan tus ojos*, *El amigo*) y versiones en español.

LOS RIVERA

Incluyendo sambas, bossas y versiones del rock foráneo, se profesionalizó en Cienfuegos en 1969. Tuvo múltiples cambios, incluyendo a los cantantes Roger Balboa y Ricardo Castillo, los guitarristas Héctor Luis Aznarez (1952), Emilio Domínguez "Papillo" y José Miguel González; Luis de Armas en los teclados, el pianista Obel Tito Cabreras (1949), los bateristas Juan Luis Barrera (1960) y Carlos Subero "Puchy", el bajista Eddy, y Humberto Cuervo Arango en teclados y trompeta.

LOS ROBLES

Activo desde 1974 como derivación del Combo Caribe, en Matanzas, tocaba versiones (Rare Earth, Guess Who, Led Zeppelin) con Leandro Gutiérrez (bajo, 1956), Waldo Quintana (guitarra, 1956, ex Los Diamant), Héctor Cabrera (guitarra), Luis (batería), Catalá (piano), Lavín (saxo alto) y los cantantes Roberto, Lázaro Horta (1961) y "Pichi" Valdés. Con diversos cambios se mantuvo unos años hasta convertirse en el Grupo de la Casa de Cultura José White. Más adelante Leandro integró el grupo humorístico La Seña del Humor, y "Pichi" figuró en la Orquesta Dan Den.

ROCA DE ALMENDRA

Bajo tal denominación el guitarrista Dagoberto Pedraja (1957) aglutinó en 2006 a Alberto Fabelo Brito (teclados, 1967), Reny de la Campa (voz), Luis Gustavo Mas (bajo, 1980), Rolando Fernández (batería, 1966), Iván Reyes (percusión) y Alain Michel García (segunda guitarra, 1970). Se grabó un demo homónimo ese mismo año, con el bajista Néstor del Prado (1976) como invitado. En su momento final Reymel (batería), Juan Carlos Pena (percusión, 1965) y René Fernández (voz) aparecieron como nuevos miembros junto a Pedraja, Mas y Alain.

ROCKABLUES TRÍO

Humberto García Manrufo (guitarra y voz, 1957), antiguo miembro de Sesiones Ocultas, grabó en 2004 el disco independiente *It's just my guitar*, de tendencia acústica y con distintos estilos de rock y blues. Entre 2004 y mayo de 2007 formó parte de Sociedad Habana Blues, tras lo cual armó este trío con su hijo Elvis García Tapia (batería, 1992) y el bajista Raúl Pérez (1973, ex Sociedad Habana Blues).

Con temas propios en inglés (*Paranoia blues*, *Back again*) y versiones (Jimi Hendrix, John Lee Hooker), combinando hard rock, rock sureño y rock-blues, se presenta en escenarios de la capital y eventos como el festival Rock del Río. Ha contado con las colaboraciones de Marino Carrasco (batería, 1952), Betsy Claudia Santos (voz, 1989) y Pável Cabrera (trompeta), mientras Elvis participa también en grupos como John Kiss (rock) y CubanoMax (jazz).

THE ROCKING MELODIES

Agrupación pionera del rock and roll en Santa Clara, funcionó entre 1956 y 1958. En esa temporada incluyó a los cantantes Pepe Pérez, Jorge Domenech y Enrique Cárdenas, el guitarrista Eddy Romero; Eduardo Escobar (batería), Flores Becerra (bajo), Héctor Borges en el saxo, y el pianista José Manuel Cárdenas. Se desintegró debido a los vínculos de algunos de sus miembros con la lucha clandestina antibatistiana. Más adelante Eddy y Mayito Cárdenas formaron parte de Los Diablos Rojos.

RODAS

Activa entre mediados de los años 80 y 1990, y en función desde la Víbora (La Habana), fue una de las bandas que le hizo la competencia a Venus, en una tendencia similar: heavy metal con temas propios y en español. Sus fundadores fueron Jorge Frómeta Arzuaga "Yoyi" (guitarra, 1967), Diego E. Diego (voz), Javier Parets "Choli" (bajo, 1969) y Roberto (batería, luego remplazado por Héctor Díaz).

En marzo de 1988 Parets pasó a OVNI, entrando Rolando Egües (ex Los Takson) y en los días finales Alexis Morejón (1967, ex En Vivo) sustituyó a Diego. "Yoyi" transitó luego por otros grupos, mientras en junio de 2006 Héctor (reconvertido en DJ de música electrónica) fundó PMM, equipo de producción de espectáculos diversos.

LOS ROLANDS

Formado en Jacomino (La Habana) tras la separación de Los Kiowas, funcionó entre 1973 y 1978 con cambios de integrantes, repertorio de versiones en inglés y español

(Grand Funk, Fórmula V, Beatles) y alternando con Los Pencos y otros grupos. Frank Javier Armenteros, Luis Manuel Céspedes "Taty" y Miguel Ángel Maya "Miky" pasaron como cantantes, con los guitarristas Eddy Rossell (1952), Jorge Tuma, Wilfredo, Roberto Mainegra (1955, ex Big Ben) y Dagoberto Pedraja (1957); Carlos Machado y Orlando Mesa (1957) en la batería, los percusionistas Jorge y Mario "El Gallego", Carlos (bajo) y una cuerda de metales que contó con José Carlos Acosta (saxo, 1961), Juan Ricardo en la trompeta y el trombonista Barreto.

PEDRO ROMÁN

Cantante habanero nacido en 1936, fue de los tempranos exponentes del rock and roll en Cuba. En 1957 grabó versiones de *Fever* y *I've got you under my skin*, así como adaptaciones de piezas de Paul Anka y Gene Vincent. Considerado el primer músico de la isla que se presentó en los programas Ed Sullivan Show y American Bandstand (en la televisión de Estados Unidos) a fines de los años 50, emigró en 1960.

YRGUEN ROMERO BAND

Vinculado a la Iglesia episcopal San Lucas, en Ciego de Ávila, y creado en febrero de 2005, fue una derivación de Cuarzo, bajo la dirección de Yrguen Romero (segunda guitarra y voz, 1980). Su rock-pop con textos de orientación cristiana se escuchó en el demo *Busca tu luz* (2010). Otros ex Cuarzo sumados al nuevo grupo fueron José Ángel Gutiérrez (batería, 1984), Arnaldo Abascall (bajo, 1974), Yalily Santana (voz, 1980) y Maridelsi Hernández (teclados y voz, 1985), a quienes se agregaron Isabel Cristina (voz, 1990) y José Antonio Yong (guitarra, 1986). Hizo algunas presentaciones y se separó en 2012.

ROTURA

Una de las tempranas bandas punk de la capital, comenzó en 1991 y se desintegró en septiembre de 1993. Gil Pla (voz, 1969) fue el artífice principal y compositor de los temas; junto al baterista Wendell Gutiérrez constituyó la base inamovible del colectivo. Los bajistas Jorge Luis Barba (1969, ex Hades), Rodolfo Humpierre (1971) y Pedro Saizen, y los guitarristas Joel Bejerano (1973), Ludwig Rivero (1972) y Victor, junto a David Blanco (segunda voz, 1973) pasaron por etapas.

El demo *Jodidos y perdidos* (1992) recogió temas propios con una postura crítica hacia la realidad nacional, aunque en el repertorio también figuraron versiones de La Polla Record. Actuó en escenarios habaneros, con otros grupos. A finales de 2001 Gil rescató algunas canciones de *Rotura* para su proyecto CLON.

LOS ROUNES

Cuarteto que entre 1967 y 1969 funcionó en Santa Fe (La Habana) con un repertorio de covers (Monkees, Animals, Los Bravos, Los Brincos, Beatles, Rolling Stones).

Actuó en fiestas y círculos sociales, con la alineación de Julio César Perera (guitarra y piano, 1953), Julio César Guerra (voz y guitarra), Elmer "Parry" (bajo) y Alexander Morales en batería.

RUPTURA

Banda de metal y hardcore, fundada en Pinar del Río en diciembre de 2009, como desprendimiento de Terbio. Con la dirección del bajista Arley Cuba (1982) figuraron Laura Elena Oliva en los teclados, Anier Barrera (1984) en la voz solista, Alain Pita en la batería y los guitarristas Henry Rodríguez y Yosenky Ramírez. Aunque enfocada en material propio, no descartó interpretar versiones (Six Feet Under, AC/DC) en sus conciertos. En diciembre de 2011 Anier pasó a Médula, entrando Alejandro, y poco después Israel González Ávila (batería, 1978, de Tendencia) auxilió al grupo para unas grabaciones. En 2012 Arley, Henry y Alain participaron en la reformación de Terbio, y en el verano de 2013 el grupo anunció su retorno con Laura ocupándose del bajo, Henry, Alejandro, Yosenky y el empleo de secuencias rítmicas.

S-3

Gestado en 1989 en el Instituto Superior de Lenguas Extranjeras (La Habana) con Osmany Hernández (bajo y voz), Ismael Bedias (guitarra y voz, 1965), Javier Bode (batería y voz, 1971), Pedro Licea (guitarra, ex Delta) y Raúl García (cantante). En octubre de ese año Bedias fue remplazado por otro ex miembro de Delta, Ruffo de Armas (1968) con quien se grabaron dos temas originales. En 1990 el grupo se separó.

S.A.

Cuarteto que comenzó en La Habana en octubre de 1994 con el cantante Nassiry Lugo (1974), Emigdio Pérez (1971) como guitarrista y la sección rítmica de Jorge Luis Barba (bajo, 1969) y Allein Carrazana (batería), haciendo heavy metal con temas en inglés y español. En 1995 grabó el demo *For sale*, además de presentarse en diversos espacios capitalinos. En octubre Ernesto Bravo (1972) remplazó a Emigdio, pero dos meses después el grupo se desintegró, al pasar Barba a Havana, mientras Lugo grabó un demo en solitario (*Cosas por decir*, 1997) y fundó Moneda Dura. El verano siguiente hubo una breve reformación que incluyó a Allein, Bravo, Roberto González (voz, ex Zeus) y el bajista boliviano Augusto Montesinos, que compartió cartel con Límite, en el Patio de María, en septiembre. La experiencia no avanzó y hacia finales de año se produjo la ruptura definitiva.

SACRAMENTO

Julio López Saún (guitarra, 1971) y Fernando Casas Saún (bajo, 1971) formaron este grupo de thrash progresivo en febrero de 1990 en La Habana, tras salir de un proyecto llamado Magnum que existió entre 1987 y 1989. Con Jurgen Steinker (batería), Narud Rodríguez (voz) y Yaroski Corredera (guitarra, 1971) se preparó un repertorio de piezas propias, alternando entre inglés y español. Actuó junto a Krudenta, y se separó en julio de 1991, pasando Yaroski a Agonizer.

SAFARI

Tres ex componentes de Nuevamente Solos fundaron este grupo en Santa Clara en 1974: el baterista Carlos Pujulá Solís (1957), Ottón Miranda (guitarra) y José Gutiérrez (bajo), junto a los saxofonistas Leo Morgado y Nazario Margañón, y Celio y David en las trompetas. Con un repertorio centrado fundamentalmente en covers de Chicago y Blood, Sweat & Tears, se presentó en la zona central. En 1975 Pujulá fue sustituido por Juan Abel Portela "Pity" (ex Los Standars), quien salió a su vez dos años más tarde para dar paso a Juan Luis Barrera (1960). Su trayectoria culminó en 1978.

SAHARA

Armado en noviembre de 1994 en La Habana, fue un cuarteto de Rodolfo Crespo "Fito" (guitarra, voz y dirección, 1970), Javier Bode (voz, 1971), Abdel Gallegos (bajo, 1959) y Leonardo Ángel Rodríguez (batería, 1971). Con anterioridad "Fito" y Leonardo habían formado parte de varias bandas de rock, además de los grupos acompañantes de Anabel López y Augusto Enríquez.

En febrero de 1995 se incorporó Iván Leyva (1973, ex Zeus) como cantante, en sustitución de Bode. Se desbandó en junio de 1995 tras unas pocas actuaciones. Su propuesta enfatizó lo instrumental dentro del metal progresivo.

SALOMA

Banda de thrash, death y metal gótico, fundada en La Habana en junio de 2013. Enseguida grabó el demo *Camino a Antares* (2013), con Carlos Antonio Rodríguez (1990, ex Cetros) y Carlos Armando González (1980, ex Sed) en las guitarras, Carlos Enrique Cepero (batería, 1980, ex Sed), Rogelio Luis Núñez en el bajo y la vocalista Ónice Araujo (1984).

LOS SALTMANS

Como una fusión de ex integrantes de Los Saltos —Jesús Espiño "Chucho" (guitarra), Eduardo Alonso Mirabal (bajo, 1948) y el baterista Juan Carlos González— y Los Hulmans —el cantante José Posada, Alfredo Sarabia (guitarra, 1951-1992) y Miguel Ángel Bárzagas "Maykel" (1951) en la guitarra rítmica— este grupo de covers funcionó entre fines de 1969 y 1970 en el Vedado (La Habana), siendo la antesala de Almas Vertiginosas cuando Ricardo Eddy Martínez (1954) entró en la batería sustituyendo a Juan Carlos.

LOS SALTOS

Activo a inicios de 1969 en Vedado (La Habana) con Jesús Espiño (guitarra líder), Juan Carlos González (bajo), Eduardo Alonso Mirabal (guitarra rítmica, 1948) y Carlos en la batería. Tras el abandono de Carlos, Juan Carlos se ocupó de su instrumento, pasando Eduardo al bajo y entra_ndo Boris en la segunda guitarra.

Se mantuvo haciendo covers del rock extranjero (Rolling Stones, Los Brincos, Tommy James & The Shondells) hasta que a finales de ese año se produjo la fusión con Los Hulmans que dio origen a Los Saltmans.

LOS SAMURAIS

Formado en Guanabo (La Habana) en 1964, se movió principalmente en fiestas en Cojímar, Habana del Este, Regla y Guanabacoa, con Gilberto Marcos (batería, 1949), Armando Lavín (voz) y los guitarristas Richard González y Amado González. Interpretaba versiones de Paul Anka, Beatles y Chubby Checker, y estuvo activo hasta 1966, con la sustitución de Lavín por Vicente Picorel, y las colaboraciones ocasionales del guitarrista camagüeyano Chucho Hernández y la cantante Annia Linares.

COMBO DE PEPE SANTANA

Pepe Santana, uno de los guitarristas más destacados en la zona central del país desde mediados de los años 60, formó su Combo en Camajuaní, manteniéndose muy activo a finales de esa década y principios de la siguiente, tocando covers del rock foráneo. Entre los músicos que lo integraron estuvieron los bateristas Humberto Urquijo y Luis Rodríguez Delgado "El Conejo", así como Miguel Mundi en la segunda guitarra. En 1972 Pepe y Urquijo se incoporaron a Los Bule Bule.

SARCOMA

Formado en la Universidad de Pinar del Río, a finales de 1992, por Alberto González (guitarra rítmica, voz y dirección), Ismailov Pérez (voz, 1972) y Mario Castañeda (guitarra), a quienes se agregaron, a inicios de 1993, Julio Chiroldes (bajo) y Sergio Ernesto Puente (1973), ex baterista de Ultranza.

Hizo su estreno en abril, en un festival de la FEU. Su repertorio incluyó temas propios de thrash en español (*Potro salvaje, Ciudad metal, La fosa y el péndulo*) y versiones de Metallica, Nirvana, Deep Purple y Queen. En enero de 1994 Puente pasó a Tendencia, sustituido por Sergio Luis Cardoso (1974). En septiembre de ese año el grupo se desvinculó de la Universidad y prosiguió sus actividades por toda la provincia.

A inicios de 1995 entró un nuevo baterista, Yandi Marín. Sin embargo, en julio el grupo finalizó tras un concierto junto a Tendencia. Un intento de reformación en abril de 1996 sólo hizo una actuación.

LOS SATÉLITES

Fundado en La Habana en 1959 se mantuvo en activo hasta inicios de 1961 con la formación de Carlos Emilio Morales (guitarra, 1939-2014), Enrique Villalta (contrabajo), Lito (batería), Eddy Clavelo (guitarra rítmica), Armandito Romeu (voz, 1944) y Gonzalo Romeu (saxo, 1945). También de manera eventual contó con el pianista Frank Fernández (1944) y Ernesto Calderín en la percusión. Además de tocar versiones al rock and roll (Rocky Burnette, Del Shannon, Neil Sedaka, Bill Haley) acompañó a Luis Bravo en ocasiones, y llegó a presentarse en televisión.

GRUPO DE ÁNGEL SAVÓN

Ángel Savón Favier (1952-1999) fue una figura crucial para el rock en Guantánamo. Bajista, guitarrista, profesor y compositor, fue inspiración para más de una generación de músicos locales, además de formar parte de Los Ases, Los Hermanos Brauet, Combo Ideal (de Sócrates Villalón) y Los Golpes, entre otros. En 1979 encabezó su grupo, que de manera intermitente se mantuvo activo con los cantantes Fidel García (1960) y Roberto Ruiz (1952); los bateristas Andrés Ramos y David Ortiz Savón; los guitarristas Ángel Carpio (1957) y Osvaldo Vargas (1956); Julio César García Savón (percusiones), George de Pinedo (bajo y voz, 1980), y los teclados de Onys Marín y Yohanna Savón (también vocalista).

Entre 1998 y 1999 Ángel fungió sólo como asesor del colectivo sostenido por sus sobrinos. Se priorizó los covers (Toto, Eagles, Deep Purple, Black Sabbath, Led Zeppelin, Beatles) con algunas canciones propias. El prematuro fallecimiento de Ángel en agosto de 1999 fue una pérdida irreparable para la comunidad artística de su ciudad y para el rock en Cuba.

SAXUM

Reuniendo a instrumentistas con experiencias en varios grupos (Golden Rock Era, Hadez, Áncora) surgió en 2005 en Sancti Spíritus. Lo componían los guitarristas Carlos González Monteagudo (1975-2015) y Ariam Fernando León (1981), Osmani Puertos en el bajo, Reinier Quintero (1986) en teclados y Odily Gómez (batería). Su trabajo se apoyó en el heavy metal melódico con temas propios escritos en inglés, incluyendo *Evil queen*, que alcanzó cierto éxito, y versiones (Eric Clapton, AC/DC). En 2006 ofreció el demo *Queen of the other side*. Se presentó en TV (Cuerda Viva) y finalizó poco después. Quintero se convirtió en DJ de música electrónica, mientras Ariam formó Blues Connection.

SAY CHEESE AND DIE!

Grupo de Holguín que se estrenó en agosto de 2011, con Jorge Carlos Fuentes (voz), Vladimir Hechavarría (bajo), Julio C. Domínguez y Daniel Tamayo (guitarras) y el baterista Alexander Parra Quintana. Autodefinido como deathcore técnico se ha presentado junto a bandas locales y visitantes, en conciertos y eventos. La presencia del DJ Tony "Screams" ayudó a marcar el sonido con un sesgo más electrónico. En mayo de 2012 Julio pasó a Hex, y fue sustituido por Isaac "The snake".

SCRAH

Activo desde 1986 hasta los primeros meses de 1996, en Cárdenas (Matanzas), interpretó material propio inclinado al heavy metal con gran popularidad. Entre sus integrantes estuvieron el bajista y director Juan Miguel Falcón, Alexis Martínez y Darío Ochoa (1971) en las guitarras, Roberto Quesada (batería, 1972), y los cantantes Alaín Delgado y Silvio López. Hizo conciertos en Jagüey Grande, Matanzas y la propia Cárdenas. Tras la separación Quesada se unió a Delirio G.

SCYTHE

Activa desde febrero de 1996 en Placetas, esta banda ha transitado por estilos como thrash, power y death metal. Formada por los ex Vórtice Iván Mayea Pérez (guitarra) y Dariel León (bajo), más Alexis Díaz (voz) y Alexei Coca (batería). Exactamente un año más tarde ocurrió el primero de los múltiples cambios en el personal, cuando Julio Morales (1969) entró como nuevo bajista, y se agregó también a Rafael Naranjo en la segunda guitarra, ambos provenientes de Vórtice. Actuaciones regulares en Remedios, Santa Clara, Sancti Spíritus, La Habana, Camagüey y Pinar del Río sirvieron para mostrar su dedicación, al margen de los altibajos producidos por la inestabilidad de sus filas que llegó incluso al empleo de secuenciadores rítmicos por una etapa para suplir la ausencia de un baterista. Otros integrantes han sido los guitarristas Juan Enrique Paz (1969), Yaisel Padilla, Yandiel Rostoy Flores y Daniel Valdés Barrios; los cantantes Manuel Alejandro Herrera (ex Necrófago), Osvaldo Coca y Ricardo Oropeza, el bajista Maikel Segredo, y Héctor Daniel Peiso Amador en la batería. Ha grabado los demos *Oratory of pain* (1997) y *Drowned in blood* (2006).

SECOND FLOOR DEPARMENT

Activo en Santa Clara entre 1987 y 1989, se formó en el Instituto Superior Pedagógico Félix Varela, interpretando versiones de Beatles, Rolling Stones, Queen, CCR, Fito Páez, Styx, Deep Purple, Kiss y otros. Conformado por el bajista y director José López, los guitarristas Manuel Sosa y José Roque Rodríguez, el baterista Javier Leiva (1964) y Juan Manuel (voz), aunque con posterioridad entró Leticia Montes de Oca como cantante. El grupo se presentó con frecuencia en Santa Clara hasta su ruptura.

RESISTENZIA

RHIANNON

RICARDITO Y SUS COMETAS

LOS RIJEN

JULIO RICHARD

ROTURA

YRGUEN ROMERO BAND

ROCA DE ALMENDRA

ROCKABLUES TRÍO

RICE AND BEANS

GRUPO DE ÁNGEL SAVÓN

LOS SALTMANS

SECTARIUM

LOS SATÉLITES

LOS SIGMA (SANTO DOMINGO)

SCYTHE

SED

SEÑALES DE HUMO

SEPTUM

LOS SERES Y LAS COSAS

SEXTA DIVISIÓN

SECTARIUM

Banda formada en Caibarién, a partir de Nekrobiósis, debutó en enero de 1993 con Abel Oliva (guitarra, 1967), Franto Paul Hernández (bajo y voz, 1970-1997) y Duviel Quirots (batería). Grabó el demo *God's wrath* ese mismo año, participó en varios festivales, y se consolidó con una mezcla de death, doom y grind, interpretado en inglés. Para el demo *Splendor* (1997) se contó con los invitados Manuel Varela (guitarrista de Límite) y dos integrantes de Tendencia en las voces (José Ernesto Mederos "Kiko" y Eber Placeres). De forma paralela Franto llevó el proyecto Spíritus, que en 1996 publicó la grabación *Soul enslaved*. El asesinato de Franto en enero de 1997 puso fin a la agrupación.

SED

Una vez separada Folklórica, Carlos Armando González (guitarra y teclados, 1980) fundó esta agrupación en La Habana en febrero de 2009 junto a Carlos Enrique Cepero (batería, 1980) y Víctor Manuel Ponce de León (bajo, 1987), sustituido al poco tiempo por otro ex Folklórica, William Sotolongo. Su debut se produjo en enero de 2010 en el Maxim Rock, compartiendo con Hipnosis y los alemanes Drite Wahl, mostrando piezas propias influidas por el heavy metal español y algunas versiones. En marzo entró como bajista Lázaro Rabelo (1981, ex Alliance).

En 2011 se grabó el demo *Sed de tantas cosas* con Rabelo, Carlos Armando, Carlos Enrique, Juan Adrián Díaz (guitarra y teclados, 1990) y el vocalista Luis Martínez Brito (1982). Poco después Juan Adrián abandonó el grupo, que se mantuvo funcionando como cuarteto. Separado a inicios de 2013, dos de sus miembros formaron Saloma.

SEKTOR OESTE

Banda habanera, fundada en marzo de 2004 en Santa Fé, influida por el thrash y el nu-metal. El bajista Jesús Abreu Mirabal asumió la dirección, junto a Vartán R. Pérez (guitarra, 1983), Humberto Álvarez Mérida (voz, 1984) y Lázaro Calderón en la batería. Ese mismo año grabó un demo homónimo, seguido en 2005 por *Criminal*, ya con Pablo Capdet Trinchet (1983) como guitarrista. Pedro Luis Cruz (1977) se ocupó de la batería en los días finales, mientras se sumaba el guitarrista Oswaldo Covas (1984). Tras la separación en 2007, algunos pasaron a formar Estigma DC.

LOS SELISH

Grupo de covers, se mantuvo en actividad en Morón desde fines de los años 60 hasta 1972. Lo integraron Clodoaldo Parada (voz, 1957), Jorge Dager (guitarra), Miguel Miranda (batería), Carlos Bernal (voz y guitarra), Larry Morales (bajo) y Mario Martínez en la percusión. Interpretó temas de Santana, Temptations, 3 Dog Night y otros, muchas veces con textos en español adaptados por Bernal. En la recta final contó con el baterista Amado Quintero. A continuación Clodoaldo y Larry formaron el dúo Paz y Amor, hasta que el primero pasó al Movimiento de la Nueva Trova.

LOS SEMILLAS (THE SEEDS)

Fundado en 1966, en Cerro (La Habana) con Nelson Eddy Guerrero (guitarra, 1952), Manuel David Echevarría "El Salsa" (voz, 1950), Enrique Urquiaga (bajo, 1951) y Horacio Monnar (batería). Grupo de covers, se movió entre Cerro y Cojímar, y más adelante incluyó a los guitarristas Armando Orovio (1951) y José Luis. Actuó en fiestas privadas y en un festival de aficionados en 1970, último año de su existencia.

SENTENCIA

Banda habanera de heavy metal con temas propios, fundada en marzo de 1990 por los ex Venus, Dionisio Arce "Diony" (voz, 1965) y Roberto Armada "Skippy" (bajo, 1961), Alberto Alonso Calero (batería, 1966, ex Metal Oscuro) y los guitarristas Irving F. Díaz (1966) y Carlos Alberto Arboleya (1970), aunque éste último fue remplazado rápidamente por Antonio Pérez Quesada (ex Hades) y se contó con el apoyo del manager Carlos Pérez Puig "El Huevo".

A inicios de mayo Calero retornó a su banda previa, entrando Jorge Torres, y al mes siguiente actuó en la primera edición del festival Ciudad Metal, en Santa Clara. Pese al éxito de su propuesta se desintegró en julio, reformándose al año siguiente con Diony, Irving y Tony, más Eleuterio Silva (batería, 1966) y Paquito Mosquera (bajo, 1956). Durante 1991 se mantuvo activo de modo intermitente debido a los cambios de músicos. Iván Vera (guitarra, 1966, ex Zeus) y Javier Parets "Choli" (bajo 1969) también pasaron por sus filas, hasta la separación definitiva a finales de 1991.

SEÑALES DE HUMO

Comenzó en La Habana como dúo de Iván Leyva (voz y guitarra, 1973, ex Extraño Corazón) y Osmany Castillo (voz y guitarra, 1969) en 1996. Su demo homónimo, grabado a inicios de ese año mostró un rock-pop acústico. Meses después se hizo una nueva grabación, *Santo vicio* y en marzo de 1997 el formato se amplió con Michel Egaña (bajo, 1979), Yanko Puente (batería) y José Antonio Fernández (armónica y percusión, 1970). En mayo Lázaro Cuza (1969, ex Sonido Ylegal) sustituyó a Egaña, y el grupo se presentó en la sede de la UNEAC con Rodolfo Acosta (baterista de Cetros) como invitado. En octubre entró el ex bajista de A-19, Erick Alvarado (1973), quedando nuevamente a trío con Castillo y Fernández, cuando Leyva regresó a Extraño Corazón, pero el grupo desapareció poco después.

SEPTUM

Su antecedente fue el trío Crying Moon que entre 2008 y 2012 reunió a Fabiel Pérez (guitarra, 1975), David P. Quenedit (bajo, 1985) y el baterista Roberto Fernández (1988). Quenedit había formado parte de grupos diversos (Nephilin, Sick, KFé Habanero, Doble A, Kamakola y la banda de la cantante Milada Milhet); Fernández estuvo con Buenos Aires y Kill The Fish (por cuatro años), y Fabiel había pasado por

LSD (1995), Ancient Wings (1997-1999, con una mezcla de rock y elementos celtas y gallegos) y Thelema (2001), antes de formar su proyecto Aingerluz en 2002 con el cual trabajó hasta 2009, y grabó el demo *Angel of delight*. A mediados de 2010 los tres decidieron formar esta banda de metal gótico y sinfónico, en La Habana, con Fabián de la Fe (segunda guitarra, 1988), Alejandro Yero (violín, 1993), el tecladista Bryan R. Villafruela (1992) y la cantante Gretchen, sustituida por Jessica Sorí (1991). Con esta formación se grabó el demo *Dark angel* a inicios de 2011. Ese mismo año se producen cambios, entrando Sandra Machín en los coros, Javier de la Torre (1988) en gaita y flauta, al tiempo que Damián Campos (1988) sustituyó a Fabián. En diciembre de 2011 el grupo organizó el EuroMetal, evento que dio cabida a proyectos apuntados a las sonoridades del metal gótico.

A inicios de 2012 culminó la grabación de su primer disco *Quiet...listen* (publicado por Azafrán Records, de México) pero poco después Sandra salió debido a problemas de salud, y en abril también Roberto se despidió para unirse a Estigma DC. Tras actuar en Holguín con los ritmos secuenciados, Sorí se marchó, siendo convocados Katia Fernández (voz, 1983, ex Hipnosis) y el baterista Andry Hernández (1987) aunque ambos se quedaron por poco tiempo en sus filas.

SERES INDOMABLES

Fundada en abril de 1977 por el bajista José García "Fuñy", quien había sido utilero de Sonido X además de uno de los imprescindibles luthiers del rock habanero. Carlos Pinos y Reynaldo Aceda (guitarras), Virgilio Torres (voz, 1957) y el baterista Aramís Hernández (1957) lo acompañaron en los primeros momentos. Banda que trabajó en la línea de los covers (Deep Purple, Grand Funk, Kansas, Players, Rare Earth, Bachman-Turner Overdrive, Led Zeppelin, Foreigner, Toto, Alice Cooper) se mantuvo activa hasta fines de 1979, y contó también con los guitarristas Abdel Gallegos (1959), Tony, José Álvarez, William, Radamés Upierre (1957) y "El Peca", los bateristas Carlos, Jorge Torres (1963) y Lázaro Roque, y los cantantes Lázaro Valdés y Frank Javier Armenteros.

Se presentó en fiestas privadas y actividades en centro de trabajo y escuelas, junto a BG, Sexta División y Sombras Blancas. Entre 1978 y 1979 algunos integrantes actuaron bajo los nombres de ABC y Los Bostos.

LOS SERES Y LAS COSAS

Una de las más importantes agrupaciones santaclareñas, permaneció activa entre 1966 y 1969, repasando versiones del rock español (Los Mustangs, Los Bravos, Los Ángeles) y anglosajón (Beatles). Se presentó en fiestas, festivales de aficionados y actividades en escuelas y centros de trabajo, compartiendo con Los Búhos, 8SK8, Los Moddys, Los Llasgrem, Los Cats y otros combos. La alineación principal fue integrada por Joaquín Bermudez "Kino" (guitarra, 1949), Rogelio Bermúdez (segunda guitarra y voz, 1950-2011), Alejandro Risler Rodríguez Rabasa (bajo), Roy Arias (voz, 1952) y Germán Valido (batería). En los inicios contó con la colaboración de Arturo Broche (acordeón), y cuando Arias salió, fue sustituido por "El Chiqui" como vocalista.

LOS SERIOS

El guitarrista Jacinto Rodríguez (1919-1980), con experiencias en agrupaciones de música popular y tradicional, se adentró en el sonido del pop-rock con este grupo que funcionó en Río Verde (Boyeros) entre fines de los 60 e inicios de la siguiente década. Interpretaba versiones (Los Ángeles, Los Brincos, Fórmula V) y se movió en fiestas en su zona. Junto a Jacinto estaban también Omar Reyes (bajo), Modesto Reyes (guitarra), José Díaz "Cheo" (percusión), "El Kere"(batería) y Pedro Morales (voz). En ocasiones se amplió con una sección de metales.

SESIONES OCULTAS

Creado en 1970 en Cerro (La Habana) como Sesión Oculta, se le conoció más por el nombre en plural y llegó a convertirse en uno de los pilares del rock underground capitalino de esa década, por la solidez de su sonido y la selección de un repertorio de versiones (Led Zeppelin, Guess Who, The Doors, Deep Purple, Creedence Clearwater Revival). Dirigido en un primer momento por el baterista Francisco Sosa "Pancho" (1946), quien había tocado con Los Novaks y 6L6 coincidiendo con el organista Marco Antonio Jorrín, en lo que sería el embrión del futuro grupo.

Tras el paso efímero de varios músicos, y con el apoyo técnico de Rafael Torres "Felo" (quien comenzó tocando guitarra rítmica antes de limitarse al rol de manager; falleció en 2011), la banda llegó a integrar como cantantes a Manolo Sabín (1949), Jorge Redondo "Coky" (1951, ex Los Fedayines), Jorge Bruno Conde (1948-2008, ex Los Hanks), Alberto "El Cura" (ex Dimensión Vertical) y Fidel Blanco (1957); Humberto García Manrufo (1957) y Ángel Luis Alonso (1951, ex Dimensión Vertical) en la guitarra rítmica; Jesús Vázquez "Chucho" (1955, ex Los Yens) como guitarrista líder; Orlando F. Castro Behmaras (1955, ex Los Thugs) en el órgano, el baterista José Bartolomé García "Bartolo" (1955) que sustituyó a Pancho (cuando éste salió a formar Nueva Generación en 1972), y el bajista Castelio Saborit (1951, ex Los Fedayines). Sus "mano a mano" con Los Pencos, Almas Vertiginosas y otros combos fueron legendarios. Se presentó sobre todo en clubes y fiestas privadas y populares. Se separó a finales de 1976, con el nombre acortado a Sesiones.

SEVEN UP

Grupo santaclareño de nu-metal formado en febrero de 2003 y disuelto en abril del año siguiente. Incluyó a Yuniel Beltrán en el bajo, Ernesto Esmildo como baterista, Asley de Armas en la guitarra, y los cantantes Alejandro César Rodríguez y Oscar Pérez. Posteriormente Asley pasó a Blinder.

SEVENTH DAY

Grupo de corta vida, fundado en Placetas en febrero de 1999, en la línea del pop-rock, con Joseph González (guitarra, ex Vórtice), Juan Enrique Paz (bajo, 1969), Lester González (batería) y Daidi Toledo como cantante. Su única actuación tuvo lugar en mayo del propio año junto a Necrófago y Scythe, interpretando covers de Alanis Morissette, Warrant, Roxette y Scorpions.

SEXTA DIVISIÓN

Conocido como La Guerrilla de Landy desde 1972, tuvo su líder en Orlando Castro "Landy" (batería, 1950). Entre 1964 y 1965 fundó su primera Guerrilla en la Secundaria Pedro Lantigua (Cerro, La Habana) con Sergio Espígul (guitarra), Gilberto García "Pachy" (1950) y Oscar en las voces, y Juan Morales (piano). Luego, en 1969 formó parte de Los Seekers, grupo barrial antecesor directo de su Guerrilla. Mantuvo repertorio de covers (Rare Earth, Jethro Tull, Grand Funk y más) actuando en escuelas, fiestas privadas y actos culturales en La Habana, Moa, Nicaro, Viñales y Soroa.

Casi una treintena de integrantes pasaron por sus filas: en las guitarras Jesús Pérez Kesu (1949, ex Los Watts), Mario Collazo (también tocó el bajo durante una etapa, fallecido en 2015), Julio César Perera (1953), Radamés Upierre (1957), Erasto Torres (1957), Jesús Vázquez (1955, ex Los Yens), Arturo Fuerte (1955), Rogelio Asbert "El Pulga", Israel Díaz (1956, ex RH), Antonio Díaz Canales (ex Los Thugs), Abdel Gallegos (1959, ex Seres Indomables) y Ramón; los cantantes Jorge Ortega (1953), Miguel Ángel Maya "Miky", Orestes, Manuel David Echevarría "El Salsa" (1950, ex Los Danger), Nelson Gómez, Luis Álvarez y David; los bajistas Gabriel Machado (1950) y Enrique Onis (1950, ex Los Watts); el tecladista Arturo Alejandro Menas (1959), la cuerda de metales con Kike (saxo tenor), Dionisio (saxo alto), Adrián (trompeta) y los trombonistas Mauricio Marrero y Roberto, así como Roberto J. Núñez (1951) en guitarra rítmica, teclados y percusión. Por un tiempo cambió de nombre a Los Watusis, para actuar en festivales de aficionados, y también acompañó al cuarteto Los L de Mil (en 1970). Se mantuvo hasta finales de 1979 con un breve intermedio en el que el propio Landy y otros se unieron a Los Golpes Duros.

SEXTO SENTIDO

Tras una experiencia previa (Arco Azul, con el cantante Adán Rey) la base instrumental armó este grupo en 1989: Julio César Perera (guitarra, 1953), Mauricio López (batería, 1959, ex Monte de Espuma), Alejandro Muñoz (teclados) y Longino Valiente "Chachi" (bajo y voz). Rápidamente se dio a conocer con el tema *Panamá*, apoyado por un video clip (realizado por Jorge Soliño). Más adelante hubo diferentes cambios de personal, aunque la línea se mantuvo entre los temas propios en español (*Volviéndote, Buscando la razón*) y versiones con un sonido de hard rock. Pasaron en las voces Cristina Rebull (1960), Juan Carlos Arbelo (ex Sílex), Juan Camacho (1954, ex SonidoX) y Nelson Comas (1962, ex Monserrat); los bateristas Tony González (1960, ex Hojo x Oja), Idalberto Perdomo (ex Sílex) y Rolando Fernández (1966); los bajistas Abdel Gallegos (1959), Frank Mosquera (1956) y Javier Parets (1969), y el saxofonista Raúl Martín, manteniendo solo a Perera y Muñoz de la formación inicial.

En junio de 1991 grabó el demo *Fuerza y voluntad*. A partir de 1992 comenzó un trabajo diferente, acompañando a la cantante Evelín García Márquez, e interpretando otros géneros, hasta la disolución en 1996.

SHADE OF GODDESS

Proyecto armado en Matanzas desde 2007 y hasta 2008 con la cantante Katia Fernández (1983), que en ese momento formaba parte de Hipnosis. Junto a ella estaban Heidi Pérez (teclados), y los miembros de Unlight Domain: Liuber Sobrino (bajo, 1985), Iván Leonard (guitarra, 1985) y Jordany Pérez (batería, 1983). Metal gótico con temas propios, sólo actuó en tres ocasiones, entre Matanzas y Varadero.

THE SHEPAL

Banda de post-hardcore fundada en La Habana en julio de 2008 por Hiram Casas (voz, 1989), Lázaro Javier del Sol (batería, 1987), Luis Ernesto Rodríguez (bajo, 1991) y los guitarristas Norberto Carvajal (1987), Freddy F. Pérez (1988) y Heiner Buchholz (1992). En un principio interpretaba sus temas en inglés, pero a partir de 2009 incluyó también el español en su repertorio.

Grabó el demo *The box of surprises* (2009) y se quedó a quinteto al prescindir de Heiner. En 2013 permanecían Norberto, Luis Ernesto y Freddy junto a Pedro Luis Márquez (batería) y Ernesto Tomás González (guitarra). Se ha presentado en conciertos y festivales junto a grupos cubanos y extranjeros.

SHOCK

Banda thrash de Santa Clara creada en junio de 2011, con músicos locales y estudiantes latinoamericanos. La primera alineación la conformaron los ex miembros de Azotobacter, Liorki Martínez (voz, 1982) y el peruano Denis López (guitarra, 1982), Asley de Armas (bajo, ex Blinder), el ecuatoriano Darío Rodríguez (segunda guitarra) y en la batería el argentino Pablo Simeone. Más adelante se redujo a cuarteto con Liorki, Denis y los ex Feed Back, Richard Díaz de Villegas (bajo, 1988) y Yansel Muñoz (batería, 1991).

LOS SIGMA

Grupo de Santo Domingo (Villa Clara), activo entre junio de 1970 y junio de 1978 haciendo versiones (Guess Who, CCR) y tocando sobre todo en fiestas. Integrado por Pedro Ingelmo (guitarra líder y director), Hugo Sánchez (guitarra rítmica), José Reyes (batería), Guillermo Catá (cantante) y Mario Millares (bajo), llegó a contar con los mejores instrumentos y equipos de su zona. Otros miembros fueron Ignacio Uz y Urbano.

LOS SIGMA

Aunque se le conoció también como Los Zigmas, Evolución, La Guerrilla de Cundo y Los Sigma, éste último fue el nombre más o menos oficial. Funcionó en La Habana entre fines de los 60 y mediados de los 70, moviéndose sobre todo entre las zonas del Cerro, Puentes Grandes y Marianao. Grupo apoyado en las versiones, llegó a integrar a los guitarristas Secundino Vega "Cundo" (1950), Lázaro Martínez y Juan de Marcos González (1954); los bateristas Eduardo Larena (1950, ex Lomby y sus Estrellas), Juan Rivadulla (1949) y Ramón Millares; los bajistas Víctor Sarabia (1949-2012), Enrique Onis Téllez (1950) y Eduardo Himely (1954), y Luis Sánchez en la guitarra acústica. Compartió algunos miembros con Los Dan. En 1970 se presentó en televisión, además de actuar en fiestas particulares y actividades diversas.

LOS SIGNOS

En la primera mitad de los años 70 llegó a ser uno de los grupos más importantes en La Habana. Entre otros detalles lo distinguió una poderosa sección de metales, la selección del repertorio (Chicago, Foundations, Los Canarios, Three Dog Night, Blood Sweat & Tears, Aretha Franklin, Jimi Hendrix) y la voz de Juan Carlos Rodríguez (1949). Se fundó en Centro Habana en 1968, y su formato cambió mucho, desde quinteto hasta una macrobanda, pero su alineación más estable consistió en Juan Carlos, Mario Valdés (bajo, 1952), los guitarristas José Bustillo (1951) y Orlando Val (1950), Jorge Hernández (1951) y Osvaldo Olbera (1950) en las trompetas, Jesús Hernández (teclados, 1952), Raúl Nacianceno (saxo tenor, 1949), el trombonista Roberto Álvarez y Nelson Rodríguez Barcia (batería, 1952) con la participación eventual de Víctor Herrera (percusión, 1952). Se presentó en fiestas y festivales, compartiendo con agrupaciones como Golpes Duros, Los Pitecántropus, Los Hidra, Los Frenéticos y otras. Tuvo también temas propios como *Ella es mi amiga* (grabada con arreglo de Alfredo Arias, tecladista de Los Dada).

Además de los ya citados pasaron los vocalistas Mario Menéndez, Frank Javier Armenteros y Manuel David Echevarría "El Salsa" (1950); en las guitarras René Soler (1950), Roberto Ceballo, Alfredo y Walfrido; y la bajista Lourdes León (ex Los Watts), entre otros. Separado a finales de 1972, algunos de sus músicos pasaron a Los Reyes 73.

SÍLEX

Guerrilla de músicos diversos, funcionó desde Cojímar (La Habana) tras la separación de Autoshock, a inicios de los años 80. Hizo versiones al rock anglosajón. Como guitarristas pasaron Iván Domenech (1961), Manuel Trujillo (1964) y William Martínez (1962); los bateristas Idalberto Perdomo y Jorge Torres (1963), los bajistas Frank Mosquera (1956) y Roberto Moré, y los cantantes Virgilio Torres (1957) y Juan Carlos Arbelo, así como el manager Carlos Pérez Puig "El Huevo". Además de tocar en descargas, actuó en el Pico Blanco (Hotel Saint John's). Se mantuvo de modo intermitente hasta mediados de esa década.

SILVER HAMMER BAND

En noviembre de 2013, tras dejar a Los Kents, Dagoberto Pedraja (guitarra y voz, 1957) armó este grupo con la intención de reunir a varios músicos, pero sin un formato estable. En un principio fue integrado por el bajista Ariel Macías (1981), Diana en los teclados, Carlos Rodríguez Obaya (batería, 1954, de Gens) y los componentes del trío EFA: Eddy Escobar (voz y guitarra, 1970), Frank Muñoz (voz y guitarra acústica) y Adrián Lelyén (voz y guitarra, 1970).

SIMBIOSIS

Mientras integraba Dimensión Vertical, el tecladista y cantante Ángel Luis Fundichel (1958) diseñó este proyecto para canalizar sus composiciones personales. Para las grabaciones y conciertos se hizo acompañar por los guitarristas Jorge Marín (1970) y Junior Alfonso (1984), los bateristas Rolando Fernández (1966), Héctor Volta (1959, que hizo el bajo también en algún momento) y Raúl González (1989), y los bajistas Richard Adelit (1962) y Livio Estrada (1961) entre otros. Figuró en el festival Rock del Río, y en 2007 grabó un demo con dos piezas. Previamente Fundichel había grabado algunos temas como solista.

LOS SÍMBOLOS

Banda fundada en Cienfuegos en 1969, alternando versiones del rock foráneo y temas propios. Su alineación principal incluyó a varios ex miembros de Los Cats: Fernando García Iser y Eddy Col (cantantes), Jesús García Iser y Cecilio Valdés (guitarras y coros) y el baterista Emilio Utrera, junto a José Luis Capote (guitarra líder) y el bajista y director Cándido Hernández (ex Los Dados Negros). En otros momentos pasaron los bateristas Lázaro y Juan Luis Barrera Díaz (1960), Laureano Irueta (teclados, ex Los Llasgrem) y el guitarrista Miguel. Actuó en fiestas populares en La Patana, en su ciudad. Separado en 1978, aunque más tarde continuó con varios cambios de alineaciones y despegándose del rock.

SÍNTESIS

Fusionando estilos y géneros diversos, su música parte del rock con el añadido de elementos de pop, jazz, electrónica y ritmos tradicionales y folclóricos nacionales, trabajados tanto en instrumentales como en canciones. En su repertorio han figurado piezas propias, musicalizaciones de textos (Nazim Hikmet, Pablo Neruda, Silvio Rodríguez, Félix Pita Rodríguez), versiones (Beatles, Charly García) y aportes de amigos.

Su creación en 1976 reunió al trovador Mike Porcel (voz, guitarra acústica y guitarra de 12 cuerdas, 1950, ex Los Dada), José María Vitier (teclados, 1954, ex Los Gnomos), Frank Padilla (batería, ex Los Yogas), Enrique La Fuente (bajo, 1952) y Fernando Calveiro (guitarra) junto a los integrantes de Tema IV, cuarteto vocal asociado a la nueva trova: Ele Valdés (1951), Silvia Acea, Carlos Alfonso (1949) y Eliseo Pino. El debut se produjo en noviembre de 1976.

Su primer período estuvo marcado por el rock sinfónico como muestra su álbum debut *(En busca de una nueva flor,* 1978). Le siguió una etapa de búsqueda *(Aquí estamos,* 1982; *Hilo directo,* 1984) tras la cual desarrolló sendas líneas complementarias. Una abarcó la experimentación con el folclor (etno-rock) y se aprecia en la saga de *Ancestros* (1987), *Ancestros II* (1994) y *Orishas* (1998). La otra se acerca al rock urbano por la proyección textual y sonoridad: *El hombre extraño* (1992), *En los límites del barrio* (1995), *Habana a flor de piel* (2001) y *Traigo para dar* (2010).

Más de cuarenta músicos han integrado sus filas: en la guitarra, Pablo Menéndez (1952), Mario Daly (1952-1999, ex Arte Vivo), Mario Romeu (1955), José Bustillo (1951, ex Los Signos), Jorge Luis Almarales (1967, ex Arte Vivo), Julio César López "Pachy" (1969), William Martínez (1962, ex Arte Vivo), Víctor Navarrete (1977), Yoandy Hernández Roig, Andrei Martínez Agras (1983) y Junior Alfonso (1984); los teclados de Jorge Aragón (1950), Gonzalito Rubalcaba (1963), Ernán López-Nussa (1958), Juan Carlos Valladares y Esteban Puebla (1965, ex Atlantys); Equis Alfonso (bajo, teclados y voz, 1972), Fidel García Cañizares (voz, teclados y percusiones, 1960, ex Géminis), Lucía Huergo (teclados y saxo, 1951-2015); los bateristas Julio César de la Cruz (ex Vidrio y Corte), Abraham Manfarrol (1974), Raúl Pineda (1971), Leonardo Ángel Rodriguez (1971), Eugenio Doria (1977), Sergio Cardoso (1974), Michael Olivera (1985) y Hugo Alexander Cruz; Oney Cumbá (1963) y Frank David Fuentes (1986) en percusiones, y las vocalistas Diana Fuentes (1985) y Eme Alfonso (1986), entre otros. Múltiples giras internacionales, actuaciones en Cuba (compartiendo con Rick Wakeman, Kerygma, Cecilia Noel & The Wild Clams, y otros artistas extranjeros y nacionales) y premios a su discografía, avalan su extensa trayectoria.

SISTEMA VITAL

Este grupo funcionó en La Habana entre 1998 y 1999 grabando temas propios y actuando ocasionalmente en distintas peñas. La formación estaba compuesta por Héctor Volta (batería, 1959, ex Venus), Raúl Suárez (bajo, 1976), Alejandro Cimadevilla (guitarra), Dahila Sanfiel (voz) y Roberto Fajardo "Keko" (voz y armónica, 1961). En 1999 Abraham Alcover (1973, ex OVNI) entró brevemente como guitarrista, antes de la separación. En 2003 hubo una reformación temporal con Fajardo, Volta, Jorge Marín (1970) y Jorge Frómeta (1967) en guitarras, Lucía Rivero (teclados), Frank Mosquera (bajo, 1956), Vladimir Cabrera (percusión, 1966) y Liliam Ojeda (voz, 1983). Con la nueva estructura se grabó un demo homónimo ese mismo año, pero poco después los músicos tomaron rumbos separados y el grupo dejó de existir.

S.O.S.

Grupo de thrash metal fundado en Holguín en mayo de 1993 por José Gerián Durán Reyes (guitarra, 1977), compartió con la mayoría de las bandas locales (Destrozer, Los Beltas, Abstracto). Atravesando cambios de alineación y formato, hubo una etapa en que Gerián asumió el bajo, así como períodos de silencio. Grabó los demos *After all* (1995) y *Unplugged TV* (1996). Piezas propias en español (*Fuego sobre la ciudad, Guerrero del siglo XXI, Inyección letal*) e inglés (*All that you've done*, *The power of the hand of sharack*) marcaron su trabajo. En sus filas aparecieron el guitarrista Alexander Martínez; Carlos, Peter Legrá (ex Destrozer), Gustavo Adolfo Asencio (1975) y George Anazco en el bajo; Emilio Guerra, Jonier Rodríguez Sales (ex Morbo) y Rocky en la batería; Joselín, Alex Suárez, Rolando Rosa Casán y Amilkar Israel Guerra como vocalistas, Edel Cables (guitarra acústica) y Gallego Rivas Tornazo (teclados, 1986). Desintegrado en 1999, reapareció un año después haciendo temas propios de rock-pop latino y versiones (Carlos Varela, Ángeles del Infierno, Extraño Corazón, Los Ilegales, Rata Blanca, Bob Dylan). Esta segunda parte incluyó al director y guitarrista Eduardo Michel Pérez Caballero, Danilo Antonio Mayo, Héctor Luis Torres y Yunior Lieste Pérez (voz); Giosvany Hernández (bajo), Rafael López Leyva (batería, 1985, ex Retorno), Michel Lavín (trombón), Yosvany Neyra (percusión) y Alanni Rafael Peña (piano).

SOCIEDAD HABANA BLUES

Proyecto habanero formado por Miguel D'Oca (voz y guitarra, 1960, ex Van Gogh) a inicios del siglo XXI, y dedicado al blues, rock-blues y rock sureño, reunió a múltiples músicos (estables e invitados, nacionales y extranjeros) para grabaciones y conciertos que alternaron momentos acústicos y eléctricos. Entre ellos los bateristas Rodolfo Acosta (1970, ex Cetros), Julio César León, Robiesky Álvarez, Pedro Miguel López (1986) y Rolando Fernández (1966); José Antonio Fernández (armónica, 1970, ex Sur Índigo), Humberto García Manrufo (guitarra y armónica, 1957, ex Sesiones Ocultas), Raúl Pérez (bajo, 1973), Hamlet Campanioni (teclados, 1988), Elihu Quintero (guitarra, 1987), Yarisley Medina y Alexander Páez en las voces; el español José de Zárate (bajo, 1972), los noruegos Ove Brun (dobro y pedal steel) y Steinar Seland (guitarra, 1968) y los norteamericanos Pete Vale (voz y guitarra, 1967) y Paul Sabel (armónica, 1973). La perseverancia de su líder se tradujo en la organización de peñas y festivales, además del programa La Esquina del Blues (Habana Radio) que dirige y conduce. Cuenta con los demos *La luz, brother, la luz* (1999), *Sociedad Habana Blues* (2003), *Blues stop No. 1* (2005), *La esquina del blues* (2007) y *Santa Clara* (2008). A finales de 2012 D'Oca se unió a Blues Connection; los restantes músicos siguieron bajo un nuevo nombre: La Vieja Escuela.

SOLES NACIENTES

Fundado en 1974 en Santa Fe (La Habana) con Julio César Perera (guitarra, 1953, ex Los Rounes), Raúl Hidalgo Gato (bajo), Orestes López en la batería, Eloy Duarte Mendoza (voz y órgano) y Carlos Amores (percusión), se dedicó a tocar versiones (Blues Image, Deep Purple, Cream). Se movió en la zona de Santa Fe y Playa, llegando a alternar con Las Flores Plásticas, entre otros.

Por esa época Perera también participó en guerrillas junto a diversos músicos. A mediados de 1974 se agregó Carlos Morales en la percusión, y hubo cambios en la batería, pasando Jorge y Ernesto hasta la entrada de Nelson Reyes (ex Los Mux's). En 1975 se separó, y Perera se unió a Sombras Blancas.

SOMBRAS BLANCAS

Combo de versiones funcionó en La Habana entre 1975 y 1979 con Julio César Perera (guitarra, 1953, ex Soles Nacientes), Rafael Arredondo (batería, 1954), Jorge Soliño (bajo, 1957) y Manuel David Echevarría "El Salsa" (voz, 1950) como estructura más estable, aunque incluyó a otros músicos por cortos períodos. Actuó en fiestas privadas alternando con Seres Indomables, ABC y diversos grupos capitalinos. En su repertorio estaban versiones de Ram Jam, Deep Purple, Bad Company, Les Dudek y Argent. Hubo un intento de reformación a fines de 1987 por parte de Perera con nuevos músicos, pero no fructificó. Raúl Batista, Octavio y Abdel Gallegos (1959) en guitarra rítmica, y los vocalistas Juan Alfaro (1953) y Juan Camacho (1954) también fueron parte de sus filas.

SONIDO 5

Enmarcado dentro del llamado rock latino, surgió en Santa Clara en 1973 con Jorge Luis Gómez Gutiérrez (voz y bajo, 1954, ex Impacto), Tony "Papayo" y Nelson en las guitarras, Alexis Arce "Pututi" (batería, 1954) y "El Panga" (percusiones). Presentó versiones de War, Rare Earth y Santana, y se mantuvo activo hasta 1975.

SONIDO X

Después de Los Espontáneos, Luciano Rodríguez "Chany" (guitarra rítmica y bajo, 1949) formó este grupo en el cual quedó como único integrante a lo largo de una trayectoria que tuvo dos momentos. El primero correspondió a los años 70, asentando las bases de su popularidad en La Habana con el repertorio de versiones (Barrabás, Santana, Rare Earth, Peter Frampton, Grand Funk) más algunos temas propios *(Tiene que ser así)*, recreaciones de piezas como *Drume negrita* y *Yayabo*, y una nómina cambiante. Tras una breve separación (durante la cual Chany trabajó con Los Magnéticos y Los Barba) retornó entre 1981 y 1988, hasta abandonar el rock.

Entre ambos períodos pasaron los guitarristas Omar Pitaluga (1955), Fernando del Toro (1953, ex Dimensión Vertical), Jorge Luis Valdés Chicoy (1955), Radamés Upierre (1957, ex Primera Generación), Ulíses Seijo (1959, ex Venus), Julio César Perera (1953, ex Magenta), Andy, Guillermo Tapia y Orlando Val (1950); los bajistas Abdel Gallegos (1959), Manuel Trujillo (1964) y Longino Valiente "Chachi"; los bateristas Rodney Vincench (1961), Mauricio López (1959), Luis Orestes Pagés (ex Los Magnéticos), Héctor Volta (1959, ex Venus), José Rodríguez "El Guayabo" (ex Dimensión Vertical), Horacio Hernández "El Negro" (1963) y Rodolfo Rodríguez (1964); los cantantes José Armando Suárez, Rodolfo, Freddy Arango, Juan Camacho (1954), Frank Javier Armentero (también piano), Dionisio Arce "Diony" (1965, ex Venus) y Miguel Ángel Maya "Miky"; los tecladistas Rafael Mariño (1954), Eugenio González, Armando Freyre (1954), Esteban Puebla (1965), Alejandro Muñoz, Orestes Piñol (1952), Sergio Cervelio y Franklin Navarro; los percusionistas Manuel Torres Ferreiro, Carlos Amores, Adolfito y Mandy, y la sección de vientos con Tirso Roches (1955) y Enrique en los saxofones, Richard en la flauta, y el trompetista Carmelo Lara.

Hizo actuaciones en teatros, cabarets, clubes, carnavales y fiestas por varias provincias, además de trabajar una corta etapa junto al trovador Manolo Sabín.

SONIDO YLEGAL

En septiembre de 1996 Julio César López "Pachy" (guitarra, 1969) y Roberto Fajardo "Keko" (voz y armónica, 1961) abandonaron Extraño Corazón para concretar este grupo junto a la sección rítmica de la banda acompañante del trovador Juan Carlos Pérez: el bajista Lázaro Cuza (1969) y el baterista Karel Hernández (1970). A pocos días de su formación se presentó en la Isla de la Juventud, continuando en diversos foros de la capital y programas de radio. En abril de 1997 se marchó Cuza, sustituido brevemente por Arián Suárez (del grupo de Carlos Varela), entrando además Carlos Valdés (1970) en el saxofón. En junio Karel salió a tocar con el cantautor Ireno García, y días más tarde el grupo entró en hibernación cuando Pachy –luego de tocar con el italiano Toni Esposito en su concierto habanero en agosto– aceptó el ofrecimiento de pasar como bajista a Habana Blues, mientras Keko se incorporó a Sistema Vital. Quedó el demo *No importa lo que*, grabado en marzo de 1997 con invitados como Ruffo de Armas (bajo), Herbert Pérez (violín), Ivis Reyes (teclados) y Osvaldo Villegas en percusión.

LOS SONIDOS DEL SILENCIO

Prolongación del grupo matancero Los Mikis, se formó a fines de 1969 con Alfredo Hernández (guitarra), Reynaldo Abreu Rodríguez (guitarra, 1948), Nelson Alemán (voz), Nelson Sánchez (batería), Andrés Sams (bajo) y "El Chino" Falcón (percusión). En 1972 Sánchez fue remplazado brevemente por Ernesto Martínez (1950) y luego, de modo estable, por Carlos Tápanes. Raúl Valdés Lima y José Tomás Díaz también fueron parte del grupo en otros momentos. Muy activo en la primera mitad de los años setenta en Matanzas.

SONORAMA

A principios de 1959 surgió en Sagua La Grande este grupo de escasa duración, pero que representó el despegue para el rock en la zona. Lo conformaron el baterista y director Enrique Isoba, la cantante María Abreu, Rosario Olivé en el acordeón, Roberto Rider López Olivares y Osvaldo López Rodríguez en las guitarras, Trino Morales en el bajo, y Lázaro Ibáñez en percusión. Acompañó a figuras de paso por la ciudad, actuando en festivales de aficionados y fiestas privadas. Separado en 1960, más adelante algunos miembros formaron Los Subterráneos.

LOS SOTANAS

Trío circunstancial que funcionó en La Habana entre 1973 y 1974 con Juan Sebastian Montes "Chano" (guitarra, 1951), Guillermo Goizueta "Willy Palo" (batería, 1951) y Armando Gola (bajo, 1954) tocando material de Santana e improvisaciones.

SESIONES OCULTAS

THE SHEPAL

SHOCK

LOS SIGNOS

SONIDO X

SÍNTESIS

SUFFERING TOOL

LOS SUBTERRÁNEOS

STONER

SUPERÁVIT

SPUTNIK

SWITCH

LOS SONIDOS DEL SILENCIO

TEATRO DEL SONIDO

SONIDO YLEGAL

TENAZ

TEUFEL

LOS TEMPO

LOS TAKSON

Alternó con Los Takson, aunque por esos años Chano (que formaba parte de Los Dada) se relacionó también con varias guerrillas y músicos para descargas en fiestas.

SOUND BLAST PROFILE

En junio de 2011 se reunieron en Matanzas el cantante y compositor Alexander Riera "Tinito" (1974, ex Delirio G), Denis Perdomo (bajo, 1981, ex Rice & Beans), René Castiñeira (batería, ex Break Even Point) e Ignacio Moreno (guitarrista de Rice & Beans). Orientado al post-grunge, ese año se dio a conocer con *Volumen 1*, demo de 5 piezas propias en inglés, además de presentarse en escenarios de su ciudad y la capital. Más adelante se enfocó en versiones del rock internacional (Rolling Stones, Lynyrd Skynyrd, Pink Floyd, Led Zeppelin, Janis Joplin, AC/DC, U2). Premiado en el programa televisivo Cuerda Viva, de forma paralela, Tinito se implicó en 2012 en el proyecto Kimera (rock-pop). El demo *Volumen 2* se grabó en 2012.

SPARE TIME

Con sede en Cárdenas y fundado en octubre de 2012, se decantó por el post-grunge. Actuó en el festival Atenas Rock 2013 y Jagüey Grande, entre otras actividades. A finales de 2013 su alineación incluyó al guitarrista Julio C. de la Vega (ex Meanwhile), Lester Acosta (voz), Adián Suárez "Blondie" en la batería y Dayana Montalvo (bajo). En otros momentos pasaron José Manuel Gazó Sosa y Ángel E. Neira en las guitarras, y la cantante Claudia Padrón.

SPECTRUM

Grupo que se formó en el Instituto Superior Politécnico José Martí (Camagüey) en 1989 y que se presentó en varios conciertos hasta 1991. Su formato incluyó a Sonny Pimentel (guitarra, 1972), Raciel Luis Ramírez (bajo), el cantante Héctor Cumplido y Eugenio Silva en la batería. En su repertorio figuraron varias piezas de sus coterráneos Láser, pero inclinadas al thrash. Más tarde Sonny tocó con otras bandas y Silva trabajó con la Orquesta Sinfónica provincial.

THE SPIRIT OF THE BEATLES

La cantante Luna Manzanares (1990) y el pianista Alejandro Falcón (1981) armaron este proyecto a mediados de 2012 en La Habana. Ambos provienen de la cantera de jazzistas promovida por el evento anual JoJazz. El quinteto incluyó además a Héctor Quintana Ferreiro (guitarra, 1989), Aniel Someillán (bajo, 1991) y Julio César Gisbert (batería). La propuesta fue recrear el cancionero anglosajón, sobre todo temas de Beatles, pero también Tina Turner, Sting, Aretha Franklin y otros. Tras su debut en agosto de 2012 se presentó en varios escenarios capitalinos, aunque de manera paralela Luna y Alejandro llevan sus trayectorias individuales.

SPIRITUS SANTIC

Este grupo se presentó pocas veces entre 1996 y 1997 en La Habana. Centrado en los covers de blues y rock-blues (B.B. King, Muddy Waters, ZZ Top) incluyó a músicos bien conocidos: Virgilio Torres (voz, 1957, ex Los Takson), Pedro Victorino (guitarra, 1970, ex Extraño Corazón), Raymet Salazar (bajo, 1972, ex Alianza) y alternando en la batería Aramís Hernández (1957, de Zeus) y Jorge Torres (1963, ex Los Takson).

SPRINT

Se le conoció también como La Guerrilla de Santa Cruz del Norte, al surgir en esa localidad al este de la capital, en 1979. Mundy González y Orlando Flores en guitarras, el baterista Carmelo Navarro, Eusebio Galup en el bajo, y el cantante Alfredo Hernández fueron sus integrantes. Hizo covers del hard rock anglosajón y se mantuvo hasta 1980. Dos años más tarde se reformó con una línea similar, incluyendo a Mundy, Galup, Navarro y Danny Rojo (1970) en la guitarra rítmica. Separado en 1985, algunos pasaron a Fuego Adentro.

SPUTNIK

Formado en Habana Vieja en enero de 1980 reunió a músicos que habían tocado antes en Seres Indomables: los hermanos Virgilio (voz, 1957) y Jorge Torres (batería, 1963), José García "Fuñy" (bajo) y José Álvarez en la guitarra. Interpretando covers (Foreigner, Jefferson Starship, Led Zeppelin), alternó con Almas Vertiginosas, y actuó en fiestas y en el festival Invierno Caliente (1981).

Para este evento integraban la alineación Erasto Torres (1957) y Jorge Denys en las guitarras, Ángel Luis Fundichel (teclados, 1958), Virgilio, "Fuñy" y Jorge Torres, más Jorge Ortega (voz, 1953) como invitado. Activo hasta 1982, incluyó también a los cantantes Rogelio y Rafael Simpson, los bateristas Lázaro Rodríguez y Manuel Rodríguez Leston (1952), y Gustavo Freyre (1963) en teclados. Años más tarde hubo un intento de reformación con algunos de sus miembros bajo el nombre de Fósiles Vivos.

LOS STANDARS

Activo en Santa Clara entre 1969 y 1975, su alineación más conocida incluyó al cantante Gabriel Nieves Martínez, el organista Nelson Rodríguez Triana, Eduardo David Alfonso "Ichi" (1953) y Hugo Castañeda con las guitarras, Gregorio Vega Robles como bajista y director, Rafael Machado en las percusiones, y Juan Abel Portales "Pity" en la batería. Al salir Nieves entró Rogelio Bermúdez "Pepillón (1950-2011, ex Los Seres y Las Cosas). Aunque apostó por las versiones (Rolling Stones, Beatles, Chicago, Guess Who, Creedence Clearwater Revival) también tuvo canciones propias en su repertorio. En diciembre de 1975 Vega falleció en un accidente automovilístico, tras lo cual el grupo desapareció.

STIGIA

El bajista Luis Torres Ríos formó esta banda de heavy y thrash en Camagüey, aunque la abandonó poco después. Se mantuvo activa entre 1993 y 1996, compartiendo cartel con Rhodas, Agonizer, Límite, Vórtice, Necrófago, Cosa Nostra y Agonizer. Sus filas incluyeron a Adonis Granados (voz), Alexis Pérez (guitarra y coros), Guillermo Serrano en la batería, Reilán Cortés como guitarrista, y los bajistas Guido Milián (1970) y Yoandy Prieto. Luego Guido y Serrano formaron Junkies.

STONER

En el verano de 2012, tras la separación de The Shepal, el guitarrista Tiago Felipe (1993) armó en La Habana este nuevo grupo que mezcló punk, grunge y metal, junto al ex cantante de Aria, Maykel Bryan Blanco (1981), y tres antiguos miembros de Polaroid: Franklin Rodríguez (guitarra, 1991), Daniel Sierra (bajo, 1989) y Denis Sánchez (batería), aunque éste último fue remplazado poco después por Wilson Bolaños (1993, ex Spectral). En octubre Tiago presentó un EP como solista (*Renascent*) con piezas propias y una versión de Avenger Sevenfold, al tiempo que anunció la creación de su sello independiente V-Day Records. A fines de ese año la banda publicó el demo *Desnudo*.

Por una breve etapa Pablo Abreu (ex Seven Day) sustituyó a Wilson hasta el regreso de éste. La salida de Franklin en marzo de 2013 dejó la nómina a cuarteto y se grabó el disco *Fuera del camino* (2013). En noviembre Michel Bermúdez entró como nuevo cantante, al tiempo que Maykel Brian se lanzaba en solitario.

STRATUS

Formado en 1985 en La Habana por Papo (guitarra), Juan Miguel Fonseca (batería, 1967), Tomaide Cobas (voz), Ariel Castilla (bajo) y Enrique Alejandro Vidal (segunda guitarra y dirección), se decantó por el material propio dentro del heavy metal. Su tema más conocido fue *Como una estrella solitaria*. Alternó con Hades y OVNI, entre otros. Más tarde el line-up cambió, incluyendo al bajista Roberto Armada "Skippy" (1961, ex Venus), los guitarristas Ángel Castillo, Alberto, Jesús y Emilio Ramírez (1971); Abel Rodríguez (voz,1963) y Ernesto en los teclados. En agosto de 1988 se presentó en las audiciones convocadas por el Ministerio de Cultura, para grupos de rock, pero se separó en 1989.

STREET MADE

Los guitarristas Alejandro Ponce y Leandro Ponce, junto a Bradley Hernández en la voz, el bajista Yoankiel Estrada y Carlos Alfredo Mena en la batería, dieron impulso en julio de 2012 a este colectivo punk en Jagüey Grande (Matanzas). Ha alternado con agrupaciones de su provincia, al tiempo que Mena forma parte igualmente de Asko, banda local con un sonido similar.

LOS SUBTERRÁNEOS

Con un repertorio que incluyó temas propios y versiones de Led Zeppelin, Rolling Stones, Santana, Beatles, Guess Who y Creedence Clearwater Revival entre otros, fue uno de los más destacados exponentes del rock en Sagua La Grande. Se formó en marzo de 1971 con el baterista y director Enrique Isoba, Trino Morales (bajo) y Lázaro Ibáñez (percusión), provenientes de Sonorama, más Sixto Rodríguez y Enrique Gattorno León en las guitarras, y José Vega Suárez como vocalista. Se presentó en un festival de aficionados interpretando *Cherokee nation* (Paul Revere & The Raiders). Al separarse en 1976, algunos formaron Los Caguas.

SUFFERING TOOL

Proyecto de death metal creado en 2011 en La Habana, con componentes de bandas en activo: Fanny Tachín (bajo, 1972), Giovanny Milhet (guitarra, 1975), Alain Candía (batería, 1985) y Raymond Daniel Rodríguez (guitarra, 1988) forman parte de Hipnosis, mientras Ramiro Pupo Hernández (voz, 1986) venía de los holguineros Jeffrey Dahmer, y el también cantante Ahmed Olivares (1989) integraba Abaddon, aunque en noviembre dejó la alineación quedando Pupo como único vocalista. Concebido para trabajar en una sonoridad distinta a la de Hipnosis, se presentó en diversos escenarios y eventos. En 2013 sus integrantes se trasladaron a Estados Unidos.

SÚNESIS

Banda de hard rock que funcionó desde Consolación del Sur (Pinar del Río) a fines de los 80. Con Frank Isidro Márquez (guitarra, 1969), Luis Alberto Rodríguez (batería) y los hermanos Carlos (voz y guitarra, 1965) y Eduardo Pinelo (bajo y voz) actuó en el festival Pinar 89 con Los Astros y Zeus. En 1989 Frank se unió a Metal Sagrado, y poco después los demás músicos pasaron a Ultranza.

SUPERÁVIT

En 1991 los cantautores Raúl Ciro Hernández Gómez (voz, guitarra acústica y armónica,1964) y Alejandro Frómeta (voz y guitarra acústica,1969) se reunieron en La Habana bajo esta denominación, con un trabajo de fuertes conexiones al folk-rock. Ambos habían pasado por la peña de 13 y 8 desde fines de la década anterior. Con ese formato se mantuvo hasta 1995, haciendo presentaciones en diversos espacios, para las cuales se emplearon invitados circunstanciales. De esta etapa quedaron los demos esencialmente acústicos *2 x 2* (1991), *No te dejabas ver* (1993) y *La otra cara* (1994), así como su participación en el compilatorio *Habana oculta* (1995). Ese año la entrada del también cantautor Carlos Santos (voz y guitarra eléctrica, 1969, ex Hobby) llevó a la formación de una banda con instrumentistas de respaldo: Alfredo Hernández Gómez (percusión, fallecido en 2012), Emilio Veitía (batería), Félix Lorenzo (bajo, 1970, ex Éxodo), Yalica Jo Gazán (cello, 1979) y Mario San Andrés Fernández (violín, 1974). Sus actuaciones se limitaron a La Habana, en peñas y teatros. El álbum *Verde melón* (1998) fue testimonio de este trabajo, y marcó también el final. Seguidamente Frómeta grabó su disco *Mi cantante favorito* (1999), Santos presentó uno a su nombre, y Ciro participó en el proyecto *Queso* (1998) con Abel Omar Pérez, seguido por *Ciro 3C* (1999) como solista. Más tarde los tres cantautores se establecieron en España.

SWITCH

El bajista José Miguel García Oliva (1981) y el baterista Lázaro Wilmer Hernández (1985) dieron forma a este quinteto en San Cristóbal (Pinar del Río) en septiembre de 2005 con Darién Blanco (voz, 1981), Eddy Marcos Roque (guitarra y coros, 1988) y Yenier "Pupi" (segunda guitarra).

El debut escénico en diciembre se produjo sin Yenier, tras lo cual el grupo siguió a cuarteto un tiempo. Reconociendo influencias musicales de su coterráneo Médula, actuó en la provincia y en varios festivales compartiendo con otras bandas, incluyendo la italiana Vortice Cremisi y los vascos Itziarren Semeak. En 2008 obtuvo premio como Agrupación Novel en el programa televisivo Cuerda Viva. En octubre de 2011 se decidió la incorporación de Reinaldo Porra (1974, ex Médula) para llevar las guitarras junto a Eddy. Sus trabajos aparecieron en los demos *Días sin sol* (2006) e *Ignorancia* (2009), el disco *Falsa amistad* (2011) y el EP *N.T.S.* (2012).

SYMPHONY OF DOOM

Proyecto de doom-metal encabezado por Canek Sánchez (voz, guitarra, programación, 1974-2015, ex Misery). Grabó el demo *The dying of the evening sun* (1992) con material propio, y respaldado por Colette Pidermann (teclados), Mario J. Fernández Vinat "Neni" (batería, 1973), Ebert Quesada (bajo) y Abraham Alcover (guitarra, 1973).

T

TABLAS

A partir de una idea del dramaturgo Albio Paz para el grupo teatral Mirón, se fundó este colectivo en Matanzas en 1987. Entre sus integrantes estuvieron el tecladista y director Julio Font (1963), Raúl Valdés Lima (guitarra, ex Los Astros), Risdi Chabán en las percusiones, Jorge Roque Martínez y Raúl Prieto (1972) como saxofonistas, los bajistas Alberto Pichardo Pérez (1955) y Argenis Camargo, y Julio Cepero (1956) en la batería. Junto a los temas propios, con arreglos cercanos al rock-jazz, hizo respaldos para los cantantes Julio Fowler, Raúl Torres, Mayra Caridad Valdés, Lázaro Horta y Amaury Gutiérrez.

LOS TAKSON

Grupo habanero, localizado en Marianao, que ha transitado por tres etapas. Comenzó a finales de 1967 como un combo de covers, con Armando Gola (bajo, 1954), Anselmo Gutiérrez (guitarra rítmica), Néstor Godínez (batería) y Ramón González (voz), que provenían de Los Atómicos, y el guitarrista Julio Ley (1950, ex Los Diamantes). Hasta inicios de los años 80 funcionó básicamente en fiestas, con múltiples cambios de personal, haciendo versiones y temas propios en inglés. En junio de 1985 se reformó bajo la dirección del baterista Ricardo Alfonso (1957) a partir de una banda previa, Los Migs. Para esa ocasión incorporó composiciones propias en español, entre el hard rock y el heavy metal (*Chico ejemplar*, *Mi amigo el rockero*, *Silueta dispersa*, *Nada*, *Contaminación*) incluyendo la música para el documental *El Patio de María*. Esta segunda etapa culminó a fines de 1990. Reunificado por Alfonso en 2001, pasó al profesionalismo priorizando nuevamente las versiones. Ha participado en eventos como la inauguración del Patio de María en 1988, fiestas, festivales y más. Su nómina ha incluido, además, a los cantantes Armando Quintana (1963), Fidel Blanco (1957), Virgilio Torres (1957, ex FM), Daniel Blanco Agüero "Danny"(1955), Abel Rodríguez "El Chino"(1963) y William Bonachea (1968, ex Gens); los guitarristas Sergio Pérez (ex Los Pumas), Jorge Martínez (1958, ex Red), Iván Domenech (1961, ex Trébol), Guillermo Tapia (ex FM), Jesús Coto, Agustín La O (1962, ex Metal Oscuro), Antonio Pérez Quesada (ex Sentencia), Enrique Alejandro Vidal (ex Stratus), Alexis Bejerano (1989), Miguel Rigau (1957) y Jorge Luis Palomino (1988); los bateristas Luis Orestes Pagés, Ignacio Cao (1956), Eduardo, Miguel Goizueta "Miky Palo", Sergio Raya y Juan Miguel Fonseca (1967, ex Metal Oscuro); los bajistas Jesús Santana (1957), Abdel Gallegos (1959, ex Sonido X), Frank Mosquera "Paquito" (1956), Rolando Egües, Juan Antonio Leyva (1956), José García "Fuñy", Ruffo de Armas (1968), Eddy Mesa (1954), Jorge Luis Barba (1969, ex Hades), Luis Alberto Palomino (1993-2013) y Pedro Gómez; en los teclados Ángel Luis Fundichel (1958), Ramón Arias, Ismael Martínez, Hugo Castellanos (1988), Alexander Gómez (1983, también en guitarra), Larry Mesa (1982), Lucía Rodríguez (1962, ex Géminis) y Omarys Díaz (1989, ex Praxis), y el saxofonista Jorge Luis Aparicio.

TANYA

La primera solista de relevancia dentro del rock nacional, nació en 1964 y despuntó con Arte Vivo y Monte de Espuma antes de lanzarse a una proyección personal en enero de 1990. Conjugando composiciones propias y de su hermano Fernando Rodríguez, grabó música para televisión (*S.O.S. divorcio*, 1992) y participó en la selección para el festival OTI 1991 con el tema *Acorralada* (título de su disco de 1992). Se movió entre el power pop, elementos de heavy metal y baladas rock. La banda que la respaldó incluyó en diversos momentos a Juan Antonio Prada (1965), Ada María Valdés (1959), Otto Caballero (1965) y Lucía Rodríguez (1962) en teclados, William Bermúdez (saxo), los guitarristas Julio César López "Pachy" (1969), Ulíses Seijo (1959), Irving Díaz (1966), Luis Alberto Ramírez "Luiso" (1966), Tony Matute, Amed Medina (1974), Oscar Martínez, Roberto Ramírez (1975) y Bernardo Izaguirre; Yolanda Ribot (piano, 1964); los bajistas Ciro Benemelis (1971), René Pérez y Alexander González (1973); los bateristas Mauricio López (1959) y Leonardo Ángel Rodríguez (1971); Ludwig en la percusión, Eudaldo Antunez (bajo y teclados, 1952) y Miriam Laskin. Desempeñó una activa trayectoria hasta 1994 en que emigró.

TEATRO DEL SONIDO

Colectivo de rock progresivo formado en La Habana a fines de 1989 por el guitarrista y compositor Juan Antonio Leyva (1956) tras su paso por Arte Vivo y varios ensambles efímeros de jazz-rock. Debutó en marzo de 1990, pero abortó en octubre del mismo año tras algunos conciertos. El elenco se conformó con Jesús Cristóbal Berrío (bajo), Ada María Valdés (1959, ex Monte de Espuma) y Magda Rosa Galván (1973) en teclados, el baterista Agustín Gómez (1959, ex Géminis), Damarik Favier (percusión, 1955), Igor Urquiza (guitarra y mandolina, 1969), las voces de Niuska Miniet (1964) y Adrián Morales, y el violinista Pedro Pablo Pedroso (1972, ex Cartón Tabla).

Incluyendo piezas propias con amplios desarrollos instrumentales, apareció en la banda sonora del filme *La última batalla del Almirante Cervera* (de Jorge Soliño). Posteriormente Leyva y Magda se dedicaron a componer música para teatro, cine, ballet y televisión, además de colaborar (en el caso de Leyva) como productor o invitado con Qva Libre, Ireno García, Naranja Mecánica y otros.

TEKILLA

Durante dos años (desde octubre de 1994 a octubre de 1996) funcionó en el Instituto Superior Pedagógico de Pinar del Río, con material bilígüe (*El guerrero*, *My world*, *Travesía*) influido por el thrash y el grunge. Incluyó originalmente al baterista y director Antero Trujillo (ex Réplica) y el guitarrista Michael Fuentes (1975). Su primer cantante, Eber Placeres (1973) pasó a Tendencia a inicios de 1995, siendo remplazado por Osmany García (ex Réplica), mientras en el bajo Juan A. Sojo fue sustituido por Pável Arencibia. Alternó con bandas de su provincia (Tendencia, Albatross, Sarcoma) y grabó en su última etapa el demo *Live*, antes de transformarse en Eclectic Power.

LOS TEMPO

Curiosamente un grupo de rock formado en la DAAFAR en agosto de 1970, mantuvo un repertorio mixto, de versiones en inglés y español (Beatles, Rolling Stones, Deep Purple, Santana, Los Brincos, Monkees, Led Zeppelin, Los Bravos). Su líder fue el tecladista Julio García (1953), acompañado por Armando Suárez Deroux (guitarra y voz), William Marzo (bajo), José Antonio Oviedo (batería) y Héctor Pérez de Alejo (voz). Con esta alineación se mantuvo hasta octubre de 1971. A continuación se rearmó con Armando Gola (guitarra, 1954), Roberto Menéndez (bajo), Manuel Sandoval (batería), Mickey en guitarra, "El Chino" como cantante y Omar Hernández en percusión, manteniéndose Julio en el órgano. Hasta 1975 permaneció tocando en fiestas y actividades culturales, en las que compartió con Los Kents.

LOS TEMPUS

Formado en La Habana en 1970 con un repertorio de baladas y boleros, a mediados del año siguiente comenzó a incursionar en los covers de rock (Grand Funk, Free, Marmalade) tras la entrada del cantante Jorge Ortega (1953) que se unió a Alejandro (quien interpretaba los temas en español), Charles Vázquez (bajo), Enrique Novo Puig como baterista, Moneo en la percusión, y los guitarristas Rolando Lores y Guillermo Santana. Poco después el formato se redujo tras las deserciones de Alejandro, Moneo y Santana. En marzo de 1975 David del Rosario (1955) sustituyó a Charles, y en 1976 Ortega pasó a Sexta División, entrando Miguel Ángel Maya "Miky". Actuó en clubes, fiestas y escuelas, alternando con otras bandas. Antes de la separación en 1979 contó con el guitarrista Erasto Torres (guitarra, 1957) y dos futuros miembros de Gens: Roy Rodríguez (bajo, 1957) y José Luis (voz).

TENAZ

Tras permanecer catorce años como baterista de Zeus, Aramís Hernández (1957) formó este grupo en Centro Habana en enero de 2003. Desde entonces, y junto al bajista Gabriel Berrayarsa Espinosa (1961), con quien había coincidido en Los Pool (entre 1979 y 1980) se mantuvo con muchos cambios de personal, pero apegado a la línea del hard rock con temas propios en español. Como guitarristas han pasado Carlos Menéndez, Maykel Belette (1983), Irving Díaz Saínz (1976), Junior Alfonso (1984), Seriocha Serret (1968, ex Izquierdo Reservado), Lesther Gorrín (ex Anomaly) y César Alejandro Muñoz (1992), mientras William Bonachea (1968), José Miguel Sánchez y Virgilio Torres (1957) se han hecho cargo del rol vocal. Con un perfil bajo se presentó en peñas y conciertos. Además, dejó los demos *Ozono* (1993), *Rocktros* (2005), *Tercero - Tres* (2007), *Continuará* (2008), *Entre dientes* (2009), *Al pie del cañón* (2011) y *El tiempo dirá* (2013). En marzo de 2013, tras una década de trabajo, Aramis disolvió el equipo pasando a Challenger.

TENDENCIA

Banda insignia del metal en Pinar del Río, se fundó en octubre de 1993 con José Ernesto Mederos "Kiko" (voz y segunda guitarra, 1969, ex Metal Sagrado), Tomás Rafael Junco (batería) y Tony López (guitarra y voz, ex Los Trimers), a quienes se sumó el bajista Sergio Ernesto Puente (1973, ex Sarcoma) para concretar el debut en febrero de 1994. En sus inicios combinó temas propios en inglés y español, y versiones (Deep Purple, Eagles, Guns N' Roses). Los demos *Negra manzana* (1995), *No mercy* (1996), *Brutal reality* (1997), y *Apocalipsis* y *Que te trague la tierra* (ambos en 1998) recogen la etapa más inclinada hacia los sonidos thrash y heavy, para luego volcarse a lo que definen como etno-rock, con la incorporación de ritmos tradicionales cubanos y un fuerte trabajo en las percusiones. A partir de 1998 la alineación se estabilizó con el sexteto de Kiko, Puente, José Alfredo Carballo (bajo, 1978), Michael Fuentes "Vaquero" (voz, 1975, ex Eclectic Power), Israel González Ávila (percusión, 1978) y Luis Guillermo Rivero (batería, 1978). Con anterioridad habían pasado el cantante y bajista Eber Placeres (1973, ex Tekilla) y el guitarrista Michael Boza (1979, ex Eclectic Power). El proyecto paralelo Tendencia Acústico (con Ernesto Rivera "Pistola" como cantante invitado) mostró otra faceta de la agrupación, haciendo covers y retomando canciones antiguas de su propio repertorio. Su discografía incluye *Re-evolución* (2001), *Rebeldes* (2004) y *Confidencial* (2009, con la producción de Alberto Rionda, de los españoles Avalanch), con varios premios concedidos. Además de ofrecer conciertos y participar en eventos dentro del país, ha actuado en Venezuela y Europa.

TERBIO

Activa en Pinar del Río a partir de 2006, orientada al metal en sus variadas líneas, incluyó a los ex integrantes de Trauma Leonel Martínez "Lile" (voz), Félix de la Paz "Pusky" (guitarra) y Orestes Lemus "Kiko" (bajo) en su alineación más temprana, junto a Reinaldo Martínez Perugorría (guitarra, ex Eggun) y Alain Pita (batería). En otros momentos pasaron los guitarristas Ernesto Julio Breto y Henry Rodríguez; el baterista Marco Antonio Alonso, el tecladista Arley Cuba López (1982), y los cantantes Geddy Carlos Fernández (1985) y Anier Barrera (1984). Desapareció en 2010 tras el demo *Enterrado,* para dar paso a Ruptura. Dos años más tarde resurgió con Kiko, Pita, Cuba, Henry y Vincent (voz) y una nueva producción titulada *Adicto*.

TERCER MILLENIUM

Capitaneado por el guitarrista y compositor Ángel Mario Rodríguez (1962, ex Fe) este grupo habanero se mantuvo laborando entre 1998 y 2000. Su estilo conectaba con el hard rock en temas propios como *Rockeando sobre el 2000* (que obtuvo premio en el festival de Alamar 2000). El bajista Yansel Madruga (1978, ex Extrangers), Michel Cepero en los teclados, el cantante Richard Adelit (1962) y el baterista Sergio Martín completaron el quinteto.

TERCER MUNDO

Agrupación de covers de rock y pop fundada en San Cristóbal (Pinar del Río) en 1972 a partir de Los X, con Humberto Pérez (guitarra y dirección), Juan Santos (bajo), José Luis Trinchería (batería) y Octavio Gutiérrez (órgano). Más tarde Tony López se incorporó como bajista, para luego pasar a la guitarra rítmica, entrando Carlos Pérez para hacerse cargo del bajo. Se mantuvo con algunos cambios hasta fines de los años 70. Tony reapareció luego en las filas iniciales de Tendencia.

TESIS DE MENTA

Roberto Perdomo (voz y guitarra rítmica, 1973) grabó los demos *Partes de mí* (2002) y *Contra la pared* (2003) con varios invitados, antes de fundar este grupo junto a Beatrix López (voz, 1977) en noviembre de 2003. Priorizando composiciones propias (con ocasionales incursiones en los covers) en una combinación de hard rock melódico, blues y power pop, comenzó sus presentaciones a partir de 2004, impulsando además el festival Rock del Río, en San Antonio de Los Baños, pueblo natal de Perdomo. Las dificultades para cohesionar una estructura no le ha impedido establecer una sonoridad reconocible y mantenerse en activo a base de conciertos y eventos, además de formar parte de la Agencia Cubana de Rock.

En una temprana etapa grabó los demos *Tesis de Menta* (2004), *En vivo* (2004) y *Mundo real* (2005). Junto a la dupla Roberto-Beatrix han estado los bajistas Aldo Nosti, Yaroski Corredera (1971, ex Agonizer), Raúl Suárez (1976), Daryl Vaillant (1987), Hernán Cepeda (1986) y George de Pinedo (1980, ex Punto Cero); los guitarristas Roberto Díaz (1971, de Anima Mundi), Jesús Sanabria (1985), Rodolfo Torrente "Fito" (1971), Antonio González Cazorla (1991) y Maykel Herrera; los bateristas Osvaldo Vieites (1971, ex Agonizer), Claudio Pairot (1984), Eduardo Ramos "Popy" (1974), Daniel Zaldivar, Lázaro Javier del Sol (1987) y David Suárez (1970); en los teclados, Virginia Peraza (1972, de Anima Mundi), Sonia Rodríguez, Miguel Garrido, Jany Cruz y Eulicer Velázquez (1986); las coristas Yarelis Serra y Mireya Torres (1986); Iván Leyva (1973) en guitarra y voz, y Yuley Pérez Sotolongo (1981, ex Folklórica) en guitarra y teclados, entre otros.

Su discografía, que ha contado con Elmer Ferrer y Esteban Puebla en las labores de producción, abarca *Mi generación* (2006), *Fragmentos* (2008), *En vivo* (2010) y *Luz* (2012), casi siempre con numerosos invitados. Ha compartido escenarios con diversas bandas nacionales y la española Free To Dream.

LOS TESTARUDOS

Este colectivo habanero funcionó desde inicios de 1967 con René Soler Pedraza (guitarra, 1950), Enrique Onis Téllez (voz, bajo y piano, 1950), Ernesto Zamora "Barbarito" en la batería y Castelio Saborit Pérez (1951, ex Los Halcones Negros) en guitarra rítmica y bajo. Aunque en mayo de ese año Soler entró al servicio militar, el grupo se mantuvo tocando en fiestas esporádicamente. Más tarde Soler fomó Los Watts (donde se le unió Onis) y Castelio pasó por varios grupos antes de integrar Sesiones Ocultas.

TESTIGOS MUDOS

Fusionando elementos de trova y rock en composiciones propias (*Descubriéndote*, *Como un espejo*) esta banda holguinera actuó muy poco y no llegó a grabar, pero marcó una línea seguida por otros grupos. Creada en noviembre de 1995 por Juan Miguel Ayón (bajo, ex Slogan), Amilkar Israel Guerra (voz, ex Aries), Lídice Guerra (teclados), Rafael López (guitarra), José Alfredo González (segunda guitarra, 1979) y Frank Martínez (batería, 1976, ex Destrozer) hizo presentaciones sobre todo en plan acústico, con un solo concierto donde mostró una tendencia más heavy. Al salir González y Ayón, entraron Fidel Brizuela (1975, ex Abstracto) y Gustavo Adolfo Asencio (1975) como respectivos sustitutos. Sin concretar intereses entre sus miembros, se separó en febrero de 1996.

TEUFEL

Inclinado al death metal se formó en Boyeros (La Habana) en octubre de 2000 con Aljadys Pruna (bajo, 1985), Reidal Roncourt (guitarra, 1980), José Manuel Govín (batería, 1969), Idel Ramos (voz, 1978) y Lázaro Pruna (máquina de ritmo), alineación que grabó el demo *Apocaliptic show* (2001). Poco después entraron William Martínez (guitarra) y las coristas Annia y Elizabeth Martínez, acentuando las influencias góticas en su sonido. La tecladista Mariela Pita (1987), los bajistas Lázaro Rabelo (1981, ex Alliance) y Oscar Pita (1979), y los bateristas Alcides Rodríguez (1986, ex The Chaos Nether Silence) y Pedro Luis Cruz (1977) formaron parte del grupo. Actuó en festivales como Cuerda Viva y Atenas Rock, así como conciertos compartidos con otras bandas. Dejó también los demos *Diabolical and tender* (2002) y *Always and forever* (2005) antes de separarse en marzo de 2009. Algunos de sus integrantes se enrolaron en proyectos paralelos. Uno de ellos fue Storm Cloud (de Reidal y Elizabeth que grabó el demo *When the light began to fail* en 2007 con varios invitados) así como Cuarto de Máquinas (con los hermanos Pruna y Alcides) y Sufriria (del cantante Idel).

THELEMA

Grupo habanero que funcionó entre 2000 y 2001 ofreciendo un solo concierto en marzo de 2000 y grabando un demo. Inclinado al death melódico, tuvo como miembros en distintos momentos al bajista y director Leonardo Carmona; los guitarristas David Díaz Hechavarría (1979), Alain Michel García (1970), Oswaldo Covas (1984) y Fabiel Pérez (1975); la tecladista Glencys Toro (1983); Pedro Luis Cruz (1977) como baterista y el cantante Joel Luis Esquijarrosa. Separado por divergencias de criterios, Glencys se unió a Hipnosis; Alain y David fundaron Quantum, y Pedro Luis integró Estigma DC.

LOS THUGS

Grupo de versiones, despuntó en el Vedado habanero desde fines de los años 60; algunos de sus miembros venían tocando juntos en grupos escolares a partir de 1964. Antonio Díaz Canales (guitarra) fue su director, rodeado por los también guitarristas Otto Widmaier (1955), David García Joubert (1953), Hugo Boada (1953), René, Ignacio Rodolfo Rodríguez "Fofi" (1954) y Martín Pedreiras; los bajistas Ricardo Piñeyro, Chuchi Limonta y Alfredo Gómez (1952); los bateristas Rafael Lorenzo Reyes y Federico Lucas Montes "Freddy", los cantantes Justo Domínguez "El Gallego", Arnaldo Yero y Carlos Manuel Rodríguez Santos (1952), y el pianista Orlando F. Castro Behmaras (1955), entre otros. De aquí salieron músicos que integraron Sexta División, Los Bucaneros y Sesiones Ocultas.

TIEMPO CERO

Con la dirección de Carlos Hernández (guitarra y segunda voz) e integrando a Heidi Igualada (voz solista y guitarra rítmica, 1964), Manuel Carballo de la Era (bajo y tercera voz) y Jacobo Faroy (batería y cuarta voz, 1962) se mantuvo tocando entre 1980 y 1982. Sus actuaciones se centraron principalmente en actividades estudiantiles y fiestas en el barrio de Santa Amalia (La Habana). Junto a una serie de temas propios tenía versiones de Beatles. Más adelante Heidi prosiguió como trovadora.

TIEMPO EXTRA

Formado en 1991 por alumnos y profesores de la Escuela Vocacional de Arte, en Camagüey, llegó a actuar una decena de veces con un repertorio de versiones (Queen, Rolling Stones, The Mamas & The Papas, Beatles, Cream, Chicago). Integrado por Orlando Fabelo (batería), Eduardo Adán (percusión y voz), José Miguel Navarro (guitarra, 1959), Mario Leyva en los teclados, y Manuel Hernández Boudet (bajo y voz, 1976). Se desintegró en marzo de 1994.

TIERRA SANTA

El cantante Alejandro Castillo (1958) después de haber formado parte de varias agrupaciones capitalinas (Los Barba, Kosta Norte, Mente Abierta) estrenó este grupo en febrero de 2013. Junto a él figuraron varios ex miembros de Mente Abierta: Edilberto Moya (percusión), Jesús Rojas (bajo), Frank Muñoz (voz y segunda guitarra) y Carlos Sampson (batería), así como Susana en los teclados (luego entró Milva Cala) y Alejandro Pérez Bueno (guitarra, ex Tesis de Menta). Además de incluir un repertorio de covers del rock anglosajón (Free, Led Zeppelin, Roy Orbison, CCR, Shocking Blue, Deep Purple) rescató canciones originales de Los Barba.

LOS TIFONES

Activo en La Habana entre 1965 y 1966, interpretaba covers en inglés y español (Wilson Pickett, Fórmula V) y se presentó en fiestas junto a Los Penikes. Entre sus miembros figuraron los guitarristas Fernando del Toro (1953), Jesús Umpierre y Omar "El Cristo"; el bajista Pablo Trujillo, Rolando en la batería, Joaquín Chirino en acordeón, teclados y guitarra, y el cantante Pancho.

TNT

Combo de versiones en inglés y español, se inició en La Ceiba (Marianao, La Habana) en 1969 con Raúl Rodríguez "El Buitre" (bajo), Mario Chiong (guitarra, 1945, ex Los Pop), Julio González "El Cuso" (voz, 1949-2004) y Tomás Fleitas (batería, 1946). En otras etapas incluyó a Samuel Sánchez García (segunda guitarra, 1951-1981), Armando (voz) y Guillermo Goizueta "Willy Palo" (batería, 1951). En octubre de 1971 se presentó en un festival de aficionados en el teatro Mella, junto a Los Fetiches Negros, Los Atómicos y otros. Actuó en fiestas privadas y populares en la capital, Santiago de Cuba y la Isla de la Juventud. Separado en 1978.

LOS TOMMY ROCKERS

Cuarteto vocal de Santa Clara activo en 1961, se mostró influido por The Platters. Sus miembros fueron Tomás González, Enrique Cárdenas (ex The Rocking Melodies), Mario Guerrero y Tomás Cantero. Se hacía acompañar por algunos instrumentistas.

LOS TORNADOS

Uno de los desprendimientos de Los Huracanes, funcionó en Marianao (La Habana) en la primera mitad de los años 60. Fundado en 1963 tuvo como miembros a Aurelio (piano), René E. Lora (acordeón, 1944-2013), el baterista Guillermo Goizueta "Willy Palo" (1951, sustituido luego por Rogelio Rivero "Yeyo"), Alberto Valdés (guitarra rítmica), Juan Sebastián Montes "Chano" (guitarra líder, 1951) y Felipe Ochoa Cruz (voz, 1948). Presentó versiones (Del Shannon, Paul Anka, Elvis Presley, Manolo Muñoz, César Costa) tocando en fiestas particulares. Al separarse en 1964, algunos pasaron a Los Bristol.

Entre 1968 y 1969 se reformó con Ochoa, el guitarrista Julian Maneiro, Roberto Oliva en el bajo, "El Rubio" (segunda guitarra) y "El Lobo" (batería), manteniendo un repertorio actualizado de covers (Beatles, Kinks).

T.P.N.

Activo en el preuniversitario Nguyen Van Troi, en Guanabacoa, se fundó en 1968 con Mario Masvidal Saavedra (bajo y voz, 1953), Juan Carlos Lamadrid Martínez (segunda guitarra, 1952-2002), Aldo García Fortún (voz), Alfredo Pichel (guitarra) y Lucio (batería), sustituido al año siguiente por Jaime Juan Toro "Jimmy". Con versiones de Free, Shocking Blue, Rare Earth, Guess Who, Santana, Them, Tommy James & The Shondells y otros, se mantuvo tocando en actividades estudiantiles y fiestas entre Jacomino, Cotorro y la propia Guanabacoa.

Cuando Aldo pasó al servicio militar entró Tino como cantante. Separado en 1972, Masvidal integró el Grupo Electrónico del Instituto Pedagógico (La Habana).

TRAGEDY

Tras un proyecto de breve duración nombrado Borgia, varios músicos de Santiago de Cuba formaron esta banda en 2003: Alberto Cabal Soler (voz, 1981), Luis Daniel Batista "Machine" (batería, 1977), Iván Grajales (teclados), Ernesto Piedra (guitarra, 1973) y Gabriel (bajo), debutando en febrero de 2004. Con frecuentes cambios en su nómina, y pasando del doom original al death grindcore, se ha erigido en una de las agrupaciones más destacadas en la zona oriental, participando en festivales y eventos con énfasis en el sonido metalero. Juan Carlos, Ludwig y Adrián Burgos (1980) en las guitarras; Marta Acevedo (1982), Alberto García Fayad (ex Grinder Carnage), Adrián Andrial y Juan José Mendoza Ortega (1987) como bajistas; Roger en la batería, y los vocalistas Ekdal Pérez Domínguez "El Mago" (1977) y Pedro Pablo Rodríguez "El Erizo" se han apuntado para sostener al grupo en distintos momentos. Algunos de sus ex integrantes han pasado a las filas de Parasomnia (Marta y Piedra) y Agonizer (Cabal). Además de los demos *Of witches and bitches* (2004), *Cadaveric sweet world* (2004), *Nordic, epic, bloody war* (2005), *Promo* (2006), *Scandinavia* (2006) y *All the warrior goes to heaven* (2012) cuenta con el DVD independiente *Live at Maxim Rock* (2010).

TRANCE

Banda habanera que tuvo dos temporadas. La primera comenzó en junio de 1989 y se extendió hasta julio de 1992. Con una sonoridad heavy metal y temas propios en español, descolló en su momento entre las bandas con orientaciones parecidas. La alineación más estable incluyó al baterista Ariel Bustamante (1973), Johany Fernández en el bajo, Harley González (voz) y los guitarristas Germaen Herrera (1972) y Erik Pérez (1970). A inicios de 1992 Frank Mosquera (1956) entró por Johany, pero las salidas de Harley y Ariel precipitaron la separación pocos meses después. En octubre de 1995 el grupo regresó con Ariel, Harley, Erik, Santiago Chamizo (guitarra rítmica, ex Gens) y Armando Llubel (bajo). Esta segunda etapa mostró más inclinación al thrash y hardcore, aunque mantuvo el material propio. En septiembre de 1996 salió Chamizo, y el grupo siguió como cuarteto. En 1998 entraron William Bonachea (voz, 1968) y Agustín La O (guitarra, 1962), ambos ex DNA. Finalmente, en 1999 se desmanteló para convertirse en Congregation.

TRÁNSITO

Aunque no siempre trabajó los sonidos del rock de manera directa, este grupo formado en Matanzas a fines de 1983, presentó composiciones y arreglos que apuntaron al jazz-rock melódico en una temporada. Debutó en mayo de 1984, actuando sobre todo en Varadero. Inicialmente lo integraron Reinaldo Abreu (bajo, 1949), José Luis

Wegener (voz y percusión), Enrique Aluisio "Henry" (teclados, voz y dirección), Nelson Sánchez (batería, ex Los Mikis) y Santiago Páez (percusión y batería). Hasta finales de 1987 pasaron los bajistas Román Ricardo Rodríguez y Roberto Moré, el baterista Idalberto Perdomo, y Fernando Rodríguez "Archi"(teclados, 1958). Luego incursionó en la música popular bailable, desligándose del rock.

TRAUMA

Aunque el bajista Orestes Lemus "Kiko" (ex Dark Side) lo fundó en Pinar del Río a finales de 1994, tardó para hacer su debut formal hasta diciembre del siguiente año, con Alexei Vitón (voz), Reinaldo Porras (1974) y Félix de la Paz "Pusky"en las guitarras, y Luis Alberto Hernández (batería). Su música mezcló elementos de heavy, thrash, doom y death, con temas propios cantados en inglés y español (*Sepultado en silencio*, *In the name of God*, *Galimatías*). A inicios de 1996 Efraín Izquierdo (ex Réplica) entró por Luis Alberto, comenzando una sucesión de bateristas que incluyó también a Tomás Rafael Junco (ex Tendencia), Antonio Viera, José Enríquez "Jochi" (ex PM) y Yussel González. En octubre de 1996 Leonel Martínez "Lile" (ex Dark Side) remplazó a Vitón. En 1999 contaron con un nuevo cantante, Ernesto Rivera "Pistola" (1973, ex Albatross). A fines de 2003 Jorge Rafael López Lugo (1983) entró como bajista, y en los primeros meses de 2004 el grupo actuó como X-Trauma, antes de separarse. De sus cenizas surgieron Terbio y Médula. Se presentó en festivales, hizo conciertos sobre todo en su provincia, y dejó grabados los demos *In the name of God* (1997) y *Muérete* (2001).

TREATMENT CHOICE

Con una propuesta oscilando entre el hardocre y el nu-metal se formó en febrero de 2004 en La Habana. Con altas y bajas provocadas por los cambios de alineación, se ha mantenido actuando en diversos eventos nacionales y espacios de conciertos. Dirigido desde sus comienzos y hasta 2011 por el guitarrista Yasser Canet Guerrero (1985) que había sido parte de B-612 y Breakdown, ha contado en sus filas con Darío Soler Milanés y Arley (bajo); Michel Medrano Brindis (batería), Carlos Medrano Brindis (percusión), Neiver Díaz (segunda guitarra), los vocalistas Roberto Miranda, Armando Blanco "Mandy" (asesinado en junio de 2014), Yoslandis García y Jonathan, y el DJ Heiner. Cuenta con los demos *Mi forma* (2010) e *Inyectando conceptos* (2012).

TRÉBOL

Comenzó en La Habana como una guerrilla en 1977 con René Sine Pérez (batería y voz), Iván Domenech (1961) en la guitarra y Carmelo Lara Rodríguez (bajo). Un año después se incorporó Ulises Seijo (guitarra, 1959) hasta febrero de 1979. Con algunos cambios se mantuvo hasta fines de la década siguiente, mientras su repertorio pasó de versiones (Rush, Van Halen) a composiciones originales. Su impulso mayor lo alcanzó en los años ochenta.

Entre sus miembros estuvieron, además, Rolando Egües y Eduardo Seijo (1953) como bajistas, Esteban Quintana (1966) en los teclados, Iván "Calvi" en la voz solista, y Jorge Frómeta (1967) de modo eventual como baterista antes de asumir la guitarra. Entre fines de 1986 y principios de 1987 se presentó en dos ocasiones en el anfiteatro de la Habana Vieja junto a Venus. Sus ex componentes engrosaron las filas de Océano, Los Takson y otros grupos de su tiempo, tras la ruptura en 1989.

TRIBAL

Influido por el grunge y cantando en inglés debutó a fines de 1996, dos meses después de su fundación, en el cine Sierra Maestra, en Boyeros (La Habana), junto a Joker y VIH. De sus creadores, el cantante Luis Montero (1975) y el guitarrista William Lavastida (1976) venían de Blackmail, mientras Jaromil Palacios (guitarra, 1973), Pedro Parrado (bajo, 1973) y Luani Hernández (batería, 1968) habían coincidido una breve etapa en OVNI. Separado en 2005, tras un viaje a Ecuador, ese año había publicado el disco *Aprende to walk*. Al momento de su disolución el grupo estaba compuesto por Lavastida, Jaromil, Montero, Yandi Fragela (batería, 1983) y Raúl Suárez (bajo, 1976). En su trayectoria se presentó en conciertos junto a otras bandas de la capital, e incluyó además a los bateristas Allin Carrazana (ex S.A.) y Marcos Díaz (ex Fe), Duhamel Cabrera (voz, alternaba con Breakdown), y los bajistas Heber Luis Domínguez y Julio César Pérez Travieso (1973, ex Cetros).

LOS TRIMERS

Formado en Pinar del Ríos a inicios de los años 80, hacía pop, baladas y versiones de rock y blues (CCR, Led Zeppelin), actuando en cabarets, fiestas y eventos culturales. Por sus filas pasaron, entre otros, los guitarristas Tony López y Miranda; el cantante Orestes Almeneiro; los pianistas Osmani Palacios y Andrés Castro; el baterista Richard, Carlos Arronte en el bajo, Cándido Mijares "Prema" (saxo, 1970), Manuel Gustavo Pérez (teclados y saxofón) y José Rolando Valdés (1941, ex Los Méridas). Su carrera finalizó en 1993. Tony fue uno de los fundadores de Tendencia, mientras Osmani se convirtió en una notable figura del jazz cubano.

U

ÚLTIMA EDICIÓN

Formado en 1970 en La Habana, se presentó en carnavales, televisión y centros nocturnos. Entre sus integrantes estuvieron Carlos Cristóbal (bajo y dirección), Alberto Frontela "Totó"(ex Los Watts) y "Fritura"(bateristas), los guitarristas Eduardo Martínez, Jorge Herrera y Ciro Espinosa (1953), y en la voz principal Félix Dickinson (1952, ex Dimensión Vertical) y Pedro Luis Rodríguez"Peyi". Interpretaba covers (Santana, Steppenwolf, CCR, Guess Who) y temas propios de rock-pop (*Madelín*, *Dice un libro*), algunos de la autoría del colaborador Alfredo Pong-Eng. Se mantuvo activo en la primera mitad de los años 70.

ÚLTIMA GENERACIÓN

Fundado en el Vedado (La Habana) a fines de 1977 con Jorge Bouso (guitarra, 1951), Ángel Ramón Suria (bajo) y Alfredo García (voz, 1958) que habían pertenecido a una agrupación anterior. Con Juan Luis Bolet (guitarra) y Rubén Martínez (batería, 1959) se completó el quinteto y comenzó a actuar en fiestas. Poco después Bouso asumió la batería, Rubén pasó al bajo, Suria se hizo cargo del sonido, y entró David García Joubert (guitarra, 1953, ex Los Thugs) manteniendo esa alineación hasta el final.

Versiones de Deep Purple, Black Sabbath y Led Zeppelin figuraron en su set de temas. Separado en 1979, cuando Alfredo y Rubén entraron al servicio militar, ambos más tarde integraron Gens.

LA ÚLTIMA PALABRA

Fundado a trío en Santa Clara en 1973 por Ignacio Martínez (guitarra, 1950), Arturo Basnueva (bajo, 1950-2010) y Joaquín Zaragoza (batería, 1951). Se decantó por versiones de Cream, Beatles, Chicago, War, Rolling Stones y Led Zeppelin. Estuvo muy activo hasta 1975, alternando con Los Walfas, Los Fakires y el Combo de Freida Anido. De modo eventual contó con las contribuciones de Roy Arias y Rigoberto Martínez en voces, y Jorge Luis Gutiérrez Maura en la guitarra rítmica. Destacó por la solidez de sus interpretaciones.

ULTRANZA

Formado en Consolación del Sur (Pinar del Río) en enero de 1991, debutó a finales de marzo con Eduardo Pinelo (voz y bajo), Carlos Pinelo (guitarra rítmica y voz, 1965) y Luis Alberto Rodríguez (voz), todos ex integrantes de Súnesis, más Wilfredo Cabezas (guitarra) y Alain Acosta (batería).

Actuó en el festival Alamar 91, pero se desintegró en octubre del año siguiente – contando en ese momento con Sergio Ernesto Puente (1973, ex baterista de Metal

Sagrado)– pese a la gran cohesión conseguida, con un repertorio de temas propios en español (*El distorsionador, Dura noche, Medicina de metal, No dudes de mí*) en la línea del thrash metal.

LOS ULTRASÓNICOS

Cuarteto habanero que se mantuvo entre 1963 y 1964 tocando fundamentalmente en carpas y teatros. Interpretaba versiones en español de The Beatles y otros. Lo integraron el baterista Enrique Illa (1939), Roberto Ceballos en la guitarra, Armando González Arrieta en el bajo y el cantante Prudencio Montesino. Tras la separación Illa pasó a dirigir Los Átomos, y los demás se involucraron en grupos como Los Signos y Los Clímax.

UNDERSIGHT

Bajo el nombre tentativo de Corpus se reunieron varios músicos en Holguín en 1997: José Antonio González (batería), Roberto Salvia (voz), Dairon Hecheverría (guitarra) y Bilko Cuervo (bajo). Tras el cambio de apelativo comenzó a actuar con frecuencia en su ciudad, y a inicios de 1998 alternó junto a Combat Noise en El Patio de María (La Habana). Ese año Yimmy Parra (1981) y Rafael López Leyva (1985) entraron por Dairon y José Antonio, respectivamente.

En 2000 la alineación creció con las incorporaciones de Leonardo Sánchez (segunda guitarra) y Marcel Soca (teclados, 1976), y el reingreso de José Antonio como percusionista. José Alfredo González "Bonkó" (1979) sustituyó a Salvia a inicios de 2002 para el tramo final de la banda que se separó un año más tarde, dejando el camino libre para Área 313. Los demos *Know your limits* (1999) y *No más* (2000), y el disco *Otro maldito paso* (2000) agruparon sus trabajos en la cuerda del metal.

UNIÓN SIMPLE

Gestado en Centro Habana en 1969 como un trío con Armando Freyre (guitarra y voz, 1954), Ariel Mok (bajo y dirección) y Miguel Pintado (batería), luego se amplió a cuarteto con Rey Julio en guitarra rítmica, quien dió paso a Edesio Alejandro (1958) más adelante. Haciendo covers del rock foráneo se mantuvo hasta 1974, en que Freyre se unió a Almas Vertiginosas.

UNLIGHT DOMAIN

Defensor del black metal, este cuarteto surgió en Matanzas en mayo de 2005. El baterista Jordany Pérez Sotolongo (1983, ex Puertas Negras), José Blanco Anaya (voz, 1982), Liuber Sobrino (bajo, 1985) e Iván Leonard García Valiente (guitarra, 1985) integraron la estructura inicial. En 2010 Andry Hernández (1987) entró en la batería, y en julio de 2011 Liuber salió del grupo; su puesto fue asumido por Camilo Vera Lubián

(1988) alternando con su membresía en los habaneros Odisea. Aramis Laurencio, además de ser su representante, escribe la mayoría de los textos de sus canciones. De manera tangencial algunos integrantes se han visto envueltos en proyectos como Avernia, Brutal Domain y Shade of Goddess. Sus grabaciones se incluyen en los demos *Unlight Domain* (2005), *Shadows, blood and unholy one* (2007) y *Descensus Avernis* (2008); el disco *Ruins of creation* (2013) y el DVD *Alive in ruins*, también en 2013, así como algunos recopilatorios.

URANIUM WILLY

Tras un par de proyectos infructuosos, enmarcados en el punk (Oveja Negra, 2000) y el heavy metal (Némesis, 2002), el vocalista William Pérez y Wilmer Rivera (arreglos y producción) se unieron en este proyecto de techno industrial. Formado en enero de 2007 en Florida, Camagüey, ha grabado los demos *Jump on over the fire* (2008) e *Hijo de Agramonte* (2010), además de ofrecer conciertos en su provincia, y participar en eventos y festivales. En su repertorio también aparecen versiones ocasionales (CCR, Guns N' Roses, Steppenwolf). Laidel J. Esquivel (guitarra), Arturo E. Álvarez (batería) y Liusbel L. Esquivel (bajo) completan el grupo, que además ha contado con los servicios de los DJ Isaías Mora y Omar. Durante unos meses el canadiense Danny (guitarra) colaboró como invitado.

LOS VAMPIROS

Temprana banda de rock and roll habanera, activa desde 1960, interpretaba temas de Bill Haley, Elvis Presley y Paul Anka fundamentalmente. Formada por David Salvador "Terry" (saxo tenor), Dandy (voz), Freddy (guitarra), Walterio (bajo) y Alfredo Arias (batería, 1947) – aunque éste fue remplazado por Alejandro Martínez, cuando se marchó a tocar con Armandito Sequeira– incluyó también a otros músicos que formaron parte de la alineación, o pasaron de modo eventual. Entre ellos, los bajistas Manolo Aldama y Raúl Pastora (ex Los Corsarios); los guitarristas Luis, Pedro Melo (ex Los Guardianes) y Pedro Jorge Rodríguez (1947, ex Los Gatos Negros); como bateristas Daniel Longres (1947) y Ángel Orille, además de suplencias de Lorenzo Tamayo (1946) y Pablo Santamaría (1947), y el cantante Lucky Arias. Actuó con frecuencia en la capital, en cines, clubes, carpas y festivales. Separado en 1963, algunos de sus miembros pasaron más tarde a Los Dada y Los Cuales.

VAN GOGH

Lo que comenzó como un proyecto de hard rock, más tarde se decantó por el rock sureño, blues-rock y country-rock, con Miguel D'Oca (1960) como guitarrista, cantante y director. Debutó en marzo de 1990, y en 1994 devino propuesta personal de Miguel, quien convocaba músicos para grabaciones y conciertos, mientras se hacía cargo de las composiciones y la selección del repertorio (que a veces incluyó covers). Entre los colaboradores estuvieron los guitarristas Iván Vera (1969), Luis Alberto Ramírez (1966), Sergio Rodríguez, Julio César López "Pachy" (1969), Jesús Valdés "Nene" (ex Cartón Tabla), Seriocha Serret (1968), Miguel Ulíses González (1966), Alexander Cubelo, Samuel Urra (1965) y Emilio Ramírez (1971), los cantantes Roberto Fajardo "Keko" (1961) y Virgilio Torres (1957, ex OVNI); los bajistas Leonardo Beulen (1965) y Ricardo Tamayo (1963, ex Viento Solar), los bateristas Jorge Torres (1963) y Miguel Alfonso, Juan Carlos Pérez (1953) en las programaciones, el violinista Rubén Chaviano (1969), Diego Simone en teclados, y Abel Omar Pérez (1968) en teclados, bajo y batería.

Hizo actuaciones en La Habana, Alquízar y Villa Clara. Por esos años D'Oca se dedicó a organizar varias peñas de blues, folk y country, dando énfasis al material acústico, y publicó boletines con información sobre estos géneros. El demo *Cocktail* (1997) marcó el final, cuando su líder armó Sociedad Habana Blues.

VC

Después de su exitoso paso por Los Barba, Miguel Díaz (voz y guitarra rítmica, 1948) creó este grupo en 1977, llamado al inicio Variedades Cubanas (luego acortado a sus siglas). La dirección musical recayó en el tecladista Vladimir Karell (1951, ex Los Magnéticos) quien reunió en diversos momentos a Rolando Pérez Pérez (saxo alto), Roberto Menéndez y Armando (ex Los Barba) en el bajo, Edmundo Pina (saxo, 1951), Edwin Danilo Morales "Tito" (1948-1980) y Juan Carlos Abreu (1954) como bateristas, los guitarristas Jorge Fernández "Pepino" (1953), Fernando del Toro (1953, ex Sonido X), Santiago D. García y Carlos Enrique García (1950, ex Lourdes Gil y Los Galantes), y Jorge (percusión).

Entre las composiciones de rock-pop original destacó *Debes saber amar* que tuvo cierta difusión. Se presentó en actividades propulares y televisión. Separado en 1980, Díaz se desvinculó de la música rock, trabajando más adelante en agrupaciones orientadas a lo trovadoresco (Trío Colonial, Cuarteto Ensueños), hasta regresar brevemente en 2002 como parte del grupo La Década.

VEDADO JAZZ

Grupo formado en 1961 en La Habana, también conocido como Los Embajadores del Jazz, o Julio y Su Grupo, actuando hasta 1964. Entre sus integrantes estuvieron el guitarrista Julio Ramírez Medina (1950), su hermana y cantante Marisela Ramírez (1945), Sergio Quirós en el saxo tenor, los guitarristas rítmicos Manuel Sánchez, Sergio Torralba, Ernesto López y Manuel A. Iturralde (1946), el baterista Pablo Santamaría (1947), Luis "El Flaco" (voz) y Félix en las percusiones. Hacía versiones a canciones de Paul Anka, Elvis Presley y Neil Sedaka. Se desintegró cuando Julio y Pablo pasaron al grupo de Luisa María Güell.

VENUS

La banda que impulsó el movimiento de rock nacional a mediados de los años 80 se gestó en 1982 con Roberto Armada "Skippy" (bajo, 1961) y Miguel Rodríguez (guitarra rítmica, 1956). Pasaron varios músicos (los cantantes Jesús Jardines y Carlos García "Koky", y el baterista Rodolfo Rodríguez) en una etapa de tanteo hasta consolidar la formación a quinteto con Dionisio Arce "Diony" (voz, 1965), Julio Rojo (guitarra líder) y Héctor Volta (batería, 1959).

Rompiendo con la norma de esa época, incluyó temas propios y en español, con una sonoridad que transitó del hard rock al heavy metal, sobre todo tras la sustitución de Rojo por Ulises Seijo (1959) en mayo de 1985. Entre noviembre de 1984 y abril de 1986 Jesús Fonseca remplazó a Diony hasta su regreso, mientras en mayo de 1987 la salida de Miguel dejó al grupo como un cuarteto hasta la separación en enero de 1988. De ese período datan canciones del colaborador Humberto Manduley: *Lobos solitarios*, *Del metal más duro*, *Pershing*, *Los enemigos del mundo*, *Amenaza nuclear* y *Después*, entre otras. En octubre de 1988 se reformó con Diony, Skippy, Ulises y el baterista Frank Marticorena hasta marzo de 1990. En ese momento Ulíses organizó una nueva versión con Frank, convocando a Tomaide Cobas (voz), Jorge Luis Barba (bajo, 1969, ex Hades) y el tecladista Bárbaro Cuervo. De estas etapas destacaron los temas *Lo que nos dieron de tiempo*, *Mientras la lluvia cae* y *Apocalipsis*. Participó en conciertos y festivales junto a Metal Oscuro, Gens, Zeus, Rotura, Horus, OVNI, Trébol, FM y Océano, hasta la ruptura definitiva a fines de 1993. El realizador uruguayo Alejandro Bazzano dirigió el documental *Ojo de agua* (1991) que tuvo a la banda como protagonista, además de posibilitar la grabación del demo *Metalizando el espacio*. En abril de 2009 Skippy, Ulíses, Héctor, Diony y Hansel Arrocha (de Zeus, como guitarrista invitado) se unieron para una actuación conmemorativa en el Maxim Rock interpretando canciones de su primera época.

VERTICAL

Este grupo, surgido como AZT (2000-2002, con Ranfi Cruz en la voz) en San Luis (Pinar del Río) tuvo vida breve. El proyecto inicial se presentó en el festival Alamar 2000 alcanzando el premio de Ópera Prima. Tras el cambio de nombre, entró Carlos Enrique Álvarez como cantante, permaneciendo Ulises León en la guitarra, "Mustafá" en el bajo, y el baterista Leslie Díaz. Grabó un par de maquetas con su obra, influida por el grunge, con temas propios en español: *A solas* (2002, producido por Jorge Marín) y *Química personal* (2003).

VÉRTIGO

En junio de 1990 Carlos Manuel Rodríguez Veitía (voz), Jorge Ávalos (bajo), Jorge Luis Almarales (guitarra, 1967) y Tony Pérez Martín (batería) formaron este grupo en Santa Clara, bajo el nombre de Axis. En septiembre se cambió la denominación al salir Tony, entrando Randol Mena (batería) y Manolo Castro (guitarra y teclados).

TENDENCIA

TERBIO

TRÁNSITO

LOS THUGS

TRIBAL

LOS TNT

TRAGEDY

TESIS DE MENTA

TRAUMA

ÚLTIMA GENERACIÓN

TANYA

UNIÓN SIMPLE

VEDADO JAZZ

VENUS

LOS VAMPIROS

WAITING FOR NADIA

VIH

El debut se produjo en diciembre, junto a Infestor, y más adelante alternó con Gens, Tanya, Monte de Espuma y otros. Separado en julio de 1991 tras presentaciones en Sagua La Grande, Sancti Spíritus y su ciudad, dejó un demo homónimo grabado a fines del año anterior, con canciones en español y sonido heavy metal.

VICEVERSA

Aunque duró unos pocos meses, a inicios de 1991, tuvo como característica incluir covers de Joaquín Sabina y Miguel Ríos. Lo integraron Ángel Luis Fundichel (1958) en los teclados, Guillermo Tapia como guitarrista, Jorge Torres (1963) en la batería, Virgilio Torres (voz, 1957) y el bajista Frank Mosquera "Paquito" (1956). Actuó una decena de veces en la capital y terminó en julio de ese año cuando Fundichel retornó a OVNI.

LA VIEJA ESCUELA

A raíz de la disolución de Sociedad Habana Blues a finales de 2012, algunos de sus ex miembros decidieron reestructurarse con una nueva banda. Así, a inicios de 2013 surgió este colectivo donde coincidieron el español José de Zárate (bajo, 1972), Virgilio Torres (voz, 1957), Rolando Fernández (batería, 1966), Alain Michel García (teclados, 1970), David García Joubert (guitarra, 1953, ex Dimensión Vertical) y los noruegos Steinar Seland (guitarra, 1968) y Ove Brun (dobro). El repertorio se conformó con piezas propias en inglés (*Six pints sober*, *Loose my cool*) y covers (Rick Derringer, Beatles, Eric Clapton, Led Zeppelin, Dire Straits, ZZ Top, Chuck Berry).

VIENTO SOLAR

Fundado en junio de 1975 en La Habana, en la actualidad mantiene sólo a Iván Fariñas (voz y guitarra, 1949, ex Musical Power Men) como integrante original, en una trayectoria marcada por rupturas, períodos de silencio y reformaciones, junto a múltiples cambios de estilo y personal. En el inicio se especializó en covers (Black Sabbath, Marshall Tucker Band, Montrose) aunque también incluyó temas propios en inglés (*Soul in blue*). Más adelante incorporó el español en sus canciones, y pasó por estilos como hard-rock, grunge, heavy metal, power rock, rock and roll y más.

Sus alineaciones han contado con los tecladistas Omar Cárdenas Giliberti, Javier Leyva, Hamlet Campanioni (1988) y Jorge Luis Sierra; los bajistas Máykel Belette (1983), Julio Bravo Chávez, Víctor Jesús Hernández Pla, Osmany Hernández, Irán Rodríguez, Miguel Izquierdo, "Cundo", Lázaro Martínez y Ricardo Tamayo (1963, ex Metal Pacífico); los bateristas Otto Díaz, Rodolfo Acosta (1970), Josué Calas Soler (1983), Gilberto Miguel Mendive, Roberto Santana, Mario Lecrere, Julio César Ribeaux Espinosa, Lázaro Ramírez, Hernán Valdés, Ulíses Albuquerque, Ariel TC, Rafael Domínguez "Koky" (ex Hades), Sandy, "El Mayor", Juan Frau Abruñedo, Andrés Palacios Padilla, Marcos Tudela, Leonardo Ángel Rodriguez (1971), Michel Ángel Álvarez, Frank Marticorena (ex Venus), Máikel Cárdenas, Fabián Fusté, Alberto

Alfonso y Rodney Cuervo (también en teclados); los cantantes Luis Reyes "Pusy" (ex Los Hot) y Lázaro Valdés "Angueiro"; Jorge Luis Prats y Joel Luis Romero Pérez en saxos; y los guitarristas Joel Betancourt, Enrique Alejandro Vidal (ex Stratus), Raimundo Aragón, Jorge Jiménez, Adrián Fonts, Cándido Yasser Luis Torres, Octavio, Irving Díaz (1976), Jorge Acuña "Livis", Leonides Carbonell, Hansel Portuondo y Miguel Ángel Cao (también en bajo) entre otros.

Además de mantener una peña en Guanabo a inicios de los años 90 ha actuado en conciertos y festivales (como los de Alamar, en cuya organización participó su director). Grabó los demos *No hay plaza vacante* (1996), *Poster: cuarta dimensión* (1997), *Bloomer plástico* (2000), *Power is power* (2007), *The stamped* (2008), *International rock hits* (2009) y *Una situación extrema* (2011), así como el disco *Memorias* (1998).

VIH

Trío punk fundado en La Habana a mitad de 1994 por Amaury Triana "El Chile" (voz y guitarra), Pedro Sainzen (bajo) y Marcos Díaz (batería). A inicios de 1995 grabó el demo *Oculto*. A mediados de 1996 Carlos Vladimir Rodríguez (ex Blackmail) sustituyó a Marcos (que pasó a Fe). Algunos de sus integrantes se enrolaron en efímeros proyectos paralelos como Desperdicio y Censura. La posibilidad de grabar un segundo demo se truncó, y el fallecimiento de Amaury, a causa del SIDA, puso fin a la trayectoria del grupo.

LOS VIKINGS

Quinteto de rock and roll y twist, existió en La Habana en la primera mitad de los años 60. Sus integrantes fueron Sergio "El Misterioso" en la percusión, Luis Márquez en la guitarra, el bajista Ernesto Pérez (1948), William como cantante, y Sergio "El Loco" en la batería. Posteriormente Ernesto integró Los Picolinos y Los Bucaneros.

LOS VIOLENTOS

Dirigido por Rey Montesinos (guitarra, 1944, ex Los Corsarios) se formó en La Habana en 1966, con una alineación cambiante que incluyó a los bateristas José Espinosa de la Torre (1937-2009), Pablo Santamaría (1947) y Lázaro Morúa (1949, ex Tommy y Sus Satélites); los bajistas Carlos Quijano y José Arnaldo Oliva (1946-2007), el pianista Gilberto Peralta (1948), Manuel Pérez Núñez en saxo y guitarra rítmica, la cantante Aymée Cabrera, y Miguel Primo en el armonio (los dos últimos funcionaban también como pareja de baile).

Combinando piezas originales y versiones, se profesionalizó en 1967. Actuó en carnavales, cabarets, actividades y fiestas populares en La Habana y Varadero principalmente. A inicios de 1968 respaldó a Ricky Orlando en presentaciones y programas radiales, pero se desintegró cuando Rey formó Los Mensajeros con cierta línea de continuidad, mientras Aymée se unió al cuarteto Las D´Aida en 1971.

VIRGILIUS FRIENDS

El cantante y compositor Virgilio Torres (1957) transitó por casi una veintena de agrupaciones y guerrillas, entre ellas Los Rayos Rojos, Seres Indomables, Flash, Los Takson, Sílex, Los Pumas, Géminis, Péndulo, Van Goh, FM y Tenaz, en una trayectoria intermitente pero totalmente consagrada. Tras una etapa apartado de la escena activa armó sus Friends en julio de 2012 para grabar *Chico ejemplar,* tema de su autoría que figuró originalmente en el repertorio de Los Takson. Para la ocasión lo acompañaron Jorge Marín y Hansel Arrocha (guitarras); Joel Salazar (bajo) y los coros de Richard Adelit y Alejandro Castillo.

GRUPO DE JOSÉ MARÍA VITIER

Reconocido por sus aportes al mundo audiovisual con importantes bandas sonoras para cine y televisión, y con una formación clásica, el pianista y compositor José María Vitier (1954) tuvo estancias en combos de rock como Los Yetis y Los Gnomos, así como el cuarteto Los Francos y la estructura inicial de Síntesis. En 1983 formó su propio grupo para incursionar en una mezcla instrumental de rock, jazz, referencias a lo popular cubano y música concertante, recogida en el disco *Pasatiempo (1989).*

Entre quienes integraron sus filas estuvieron los bajistas Nicolás Sirgado (1957) y Tony Carreras (1960, ex Mayohuacán); Javier Zalba (1955) y Manuel Valera (ex Grupo de Experimentación Sonora del ICAIC) como saxofonistas, los bateristas Conrado García, Miguel A. Rodríguez, Osmany Sánchez y Raúl Oviedo; los violinistas Dagoberto González y Taras Domitro; Roig Ávila en el cello, Silvino García en la viola, y Eugenio Osorio (1966) como percusionista. Hizo conciertos y apariciones en la televisión televisivas, hasta que su líder lo desmanteló para continuar trabajando en una carrera como solista con eventuales pinceladas de rock.

VOLUMEN 6

Grupo de Ariza (Cienfuegos) dedicado a tocar covers del rock internacional y temas propios, se formó en noviembre de 1991 con algunos ex integrantes de Galaxia 2000. Se presentó sobre todo en Abreus y Cienfuegos hasta la disolución en febrero de 1996. Entre sus componentes estuvieron los bateristas Yosvani Quiñones (1973) y Vicente Martínez Olalde (ex Los Moddys); el bajista Ulises Santana Hernández (1971); Julio Rodríguez Acea en las percusiones, su hermano José en la guitarra rítmica; Eliovet Piña (guitarra líder, 1973) y el tecladista y director Vladimir Álvarez Miranda.

VORTEX

Grupo de heavy metal progresivo formado en Camagüey, en 1992, actuó en Concierto de la Amistad, junto a Rhodas, Gens, Sectarium y Aries. Rodolfo Valentino Acosta "El Tecla" y Eric Cruz en las guitarras, Ángel Enrique Velázquez (batería, 1973) y el bajista y cantante Raciel Ramírez dieron forma a la estructura inicial, aunque más tarde Ionel Muñoz (1969, ex Karma) remplazó a Rodolfo. En su repertorio incluyó una versión a

En la ciudad hay un muerto, de sus coterráneos Láser. Se desintegró poco después del fallecimiento de Raciel, en diciembre de 1994, en un accidente de tránsito.

VÓRTICE

Los guitarristas Juan Enrique Paz Viera (1969, ex Necrófago) y Julio Morales (1969) junto al batería Raúl Díaz "Panolla" (ex Masacre) comenzaron a fines de 1993 en Placetas bajo el nombre de Vicio. En marzo de 1994 se rebautizaron como Vórtice, definiéndose entre el heavy y el thrash, con temas originales en español, y la entrada del bajista Raúl González. En su corta trayectoria cambió muchas veces su alineación, con los bateristas Joseph González y Jesús Escarras (ex Káiser), los cantantes Dariel León y Leslie Castellón, y las guitarras de Iván Mayea y Rafael Naranjo (ex Káiser). Se presentó en la zona central y Camagüey, actuando por última vez en el festival Comando Metálico 1996, en Placetas. Dejó los demos *Vicio* (1994) y *Guardianes* (1995).

LOS VOSTOK

Quinteto habanero que se formó en 1967 con las hermanas Lourdes (guitarra rítmica) y Margarita León (voz), Hugo Álvarez (guitarra líder), Israel Rodríguez (batería) y Hugo Carrión (bajo). Actuó en fiestas y espectáculos populares, como el festival Pastilla de Menta (1968) organizado por Radio Marianao. Alternó con Los Tip Tops, Ricky Orlando y otros. Interpretaba versiones, y tras la separación en 1968, Lourdes siguió tocando una temporada con Los Watts y Los Signos.

WAITING FOR NADIA

Con una mezcla de hardcore, metalcore y electrónica, se gestó en La Habana en mayo de 2012. Con Antonio Luis García (1989, ex Dead Point) a cargo de los samplers, los guitarristas Ronnie y Tito, Hugo en la voz, Julio Vila como bajista y Sergio Arreño (1990) en la batería, actuó sobre todo en la capital y en el festival Ciudad Metal 2013, en Santa Clara, al tiempo que alistaba sus primeras grabaciones.

WAITING TO CLONE

Banda grunge que funcionó en Perico, Matanzas, entre 1999 y 2001. Joan Valdés (bajo), Joan Manuel Freires en la batería, Yunior Landín (voz) y Yossiel Landín (guitarra) se presentaron en La Habana junto a Mate, además de conciertos en su provincia. Más tarde Yunior y Yossiel se unieron a Deeper Words.

LOS WALFAS

Formado en Santa Clara en 1970, incluyó a integrantes de la Orquesta de Música Moderna de Las Villas: Alberto Rodríguez Armas "Firo" (bajo, 1945-2014), Silvio López (piano, 1947), José Díaz Moreno (saxo), Felipe Mendilahaxou como baterista, Roberto Pérez Elesgaray (guitarra, 1947, ex Los Praga) y Carlos Álvarez (trombón y voz). Arreglos de jazz y funk para temas de varios autores, y versiones de rock (Burt Bacharach, Blood Sweat & Tears, Chicago) conformaron su material. También Luis Inufio (trompeta), Roy Arias (voz, 1952) y Ramón Domínguez (percusión) integraron sus filas. Se mantuvo en activo hasta 1976, tras lo cual algunos pasaron a Raíces Nuevas.

WARM REVOLVER

Con la intención de participar en el concierto homenaje a John Lennon, en diciembre de 2008 en Santa Clara, se armó este grupo que mezcló a músicos veteranos y jóvenes. Lo forman Liván Díaz Yanes (guitarra acústica), Wilfredo Rodríguez (guitarra, piano y armónica, 1970), Jorge Octavio Pino (bajo, 1956, ex Los Micros), Ernesto Torres (batería, ex Los Andes) y Adrián Pino (guitarra, 1983, de Los Piratas), aunque en sus inicios pasaron los bajistas Carlos de la Paz (1985) y Daniel Lezcano (1985, de Los Piratas). A continuación se presentó en otros eventos en su ciudad.

LOS WATTS

Si bien el inicio de este grupo habanero data de septiembre de 1967 –cuando René Soler (guitarra, 1950, ex Los Halcones Negros) formó la primera estructura, antes de entrar al servicio militar– su despunte se produjo a partir de finales de 1969. Con alineaciones y formatos que fueron cambiando, repertorio de covers (The Doors, Steppenwolf, Troggs, Rolling Stones, Cat Stevens) y usando en ocasiones denominaciones distintas (Sexta Potencia, Arenas Negras) se le conoció indistintamente como Los Watts y Los What.

Entre un largo número de miembros hay que mencionar a los bajistas Víctor Gordillo, Ismael Alonso "Mayito" (1953), Raúl Hidalgo-Gato, Víctor de la Fuente (1954) y Enrique Onis Téllez (1950, también en teclados, ex Los Halcones Negros); Eduardo Himely (1954), Lázaro León, Andrés "El Cuervo", Armando Arias "El Gago" (1951-1990), Orlando Castro "Landy" (1950), Alberto Frontela "Toto", Ernesto Zamora "Barbarito" y Rafael Arredondo "Felito" (1954) en la batería; las guitarras de Lourdes León (ex Los Signos), Radamés Upierre (1957), Jesús Pérez Kesu (1949), Roberto J. Núñez (1951, ex Los Guyatones), Miguel Álvarez (1948), José Carlos y Daniel Leiva (guitarra de 12 cuerdas); los cantantes Ramón "El Chino", Lázaro Valdés "Angueiro" y Alejandro González Machín "Kiki El Rubio" (1949), y en los teclados Octavio "El Negro" y Marco Jorrín (1951). Se presentó en fiestas, clubes, carnavales y otras actividades en La Habana, Artemisa, Playas del Este, Isla de Pinos y San José de las Lajas. Su última actuación ocurrió en abril de 1978.

LOS WATUSIS

Uno de los nombres utilizados por integrantes de Sexta División o Guerrilla de Landy, en La Habana, entre 1969 y 1970. Hizo pocas actuaciones, incluyendo un festival de aficionados en octubre de 1970 junto a Los Semillas, Los Cimas y otros. Conformado por Landy Castro (batería, 1950), Gabriel Machado (bajo, 1950), el guitarrista Mario Collazo (guitarra), los cantantes Jorge Pérez "Yiyo" (1953) y Jorge Ortega (1953), y Héctor Arcos (1951, de Los Gnomos) como invitado en la percusión.

WENA ONDA

Cuando a finales de 2001 varios músicos abandonaron Moneda Dura decidieron proseguir en una línea similar dentro del rock latino. Ellos fueron Humberto Fernández (bajo y coros, 1965), Addiel Perera (guitarra,1972), Yorguis Izquierdo (teclados), Miguel A. Atencio (percusión y coros, 1970) y Osmel Prado (batería,1972).

Con Rodney Domínguez como cantante, el grupo arrancó en enero de 2002, y un año después grabó el disco *Sabé lo que te digo*, producido por el español Jaime Stinus. En los primeros meses de 2004, tras una gira a España, se desmembró y Humberto decidió mantener la banda con nuevos miembros que fueron transitando en distintos momentos: los bateristas Alain Alfonso (1974) y Luis Cabrera (1971), los guitarristas Félix Finalé (1976, ex Los Kents), Armando Peláez (1977, ex Partes Privadas) y Alexander González, y el cantante Javier Milanés (voz), entre otros.

En un proceso similar al de Moneda Dura, el grupo fue dejando a un lado los matices más rock, para incursionar en melodías pop y ritmos cubanos, hasta su disolución años después. Hizo conciertos nacionales, y tuvo bastante presencia mediática, sobre todo con el tema *Ay, Juana*.

WILSON Y SU COMBO

El guitarrista Conrado Sten Wilson Bryan, guantanamero de origen jamaiquino, formó su combo a fines de los años 50, y en 1961 la disquera Puchito publicó su único álbum, *Magic guitar*, con énfasis en temas tradicionales cubanos tratados a la manera del rock and roll, calypso y twist. Se mantuvo activo de modo intermitente y desapareció a inicios de los sesenta. Músicos como Radamés Giro (1940) y Eliseo Simón Ramos integraron su agrupación en distintos momentos.

X Y Z

LOS X

Agrupación formada en 1966 en Pinar de Río, fue la antesala de Tercer Mundo. Con versiones y temas propios (*Instinto, Los duendes*) tuvo entre sus componentes a Humberto Pérez (guitarra y voz), Juan Santos (bajo), Octavio Gutiérrez Valdés (órgano), los bateristas José Luis Trinchería (batería) y Evelio Carballo (1949), Raúl Antonio Dimas, Jesús Páez y César Falcón, entre otros. Sus conciertos se efectuaron sobre todo en su provincia, con esporádicas apariciones en la capital. Terminó en 1972.

LOS XANDRAS

Activo en Santa Clara entre 1967 y finales de 1971, se dedicó a tocar versiones (sobre todo de Beatles) y temas propios como *Colgado de un perchero* que se grabó en 1970 tras obtener premio en un festival de aficionados ese año. Entre sus miembros estuvieron el director Felipe Torres (guitarra, 1946, ex Los Belgas), Alejandro Risler Rodríguez (bajo), Guido Gali (guitarra rítmica, 1944), los vocalistas Rogelio Bermúdez (1950-2011) y Tony del Valle; Joe Edd Aguilera (teclados) y los bateristas Rogelio Rodríguez Pazos, Germán Valido y Osvaldo Roche. Se presentó en La Habana (junto a Los Magnéticos) y en la zona central del país.

LOS YENS

Combo de covers que funcionó desde Santos Suárez, La Habana, entre 1969 y 1970. Su alineación fue cambiante, incluyendo a los guitarristas Mario Valdés (1952), Orlando Val (1950) y Jesús Vázquez "Chucho" (1955); los bajistas Héctor y Roberto J. Núñez (1951); los bateristas José Rodríguez "El Guayabo" y Guillermo Valdés, y en las voces Orlando Castro "Landy" (1950), Alberto "El Cura" y Guido García (1952). Actuó en fiestas privadas y algunos de sus ex miembros pasaron luego a Los Signos y Sesiones Ocultas.

LOS YETI

Grupo que funcionó durante 1966 en Santa Clara, haciendo versiones. Formado por Gilberto Peralta (piano, 1948) junto a su hermana Marlén (acordeón), Mirna Campos (voz, 1950), Jesús Frómeta (batería), y los guitarristas Jorge Luis Gálvez y José Manuel Lafont (1946-1975).

LOS YETIS

Grupo de corta duración formado en 1967 en La Habana por alumnos de la escuela secundaria Simón Bolívar (Santos Suárez) con Ernesto Tomeu González (voz, 1950), René González (batería), José María Vitier (piano, 1954), Roberto Pujadas (guitarra), Andrés

Estévez (guitarra rítmica) y José E. Ortíz (bajo, 1951). Interpretaba versiones de Beatles, Los Brincos, Los Bravos, Paul Anka, Rolling Stones y más. Separado en 1968, Ortíz formó Los Gnomos (donde Vitier tocó una temporada), Pujadas armó Dimensión Vertical, y Estévez pasó más adelante a Los Reyes 73.

LOS Z

Grupo de Camagüey formado en los años 60 por el bajista Julio César Fonseca (1935-2001, ex Los Duendes), tocaba slow-rock, baladas y jazz. Lo integraron también el baterista Raúl Bravo, los guitarristas Juan Manuel Canino y Juan Garriga, José Alberto Estévez (1953) en el acordeón y la cantante Flora María. Luego algunos pasaron a Los Dandys y Grupo 10-70.

ZENITH - ROCK ZENITH

Comenzó en Bauta (La Habana) en 1968, y combinó covers del rock anglosajón y español (Cream, Fórmula V, Los Ángeles, Beatles) pasando por rupturas y regresos. Entre sus miembros: Jorge Luis Ravelo "Cuco" y Danilo en guitarras, Gonzalo Llenera (piano, ex Los 5 de 13), Armando Vidal "Lele" (guitarra y voz); los bajistas Rangel Coello, "El Fino" y Manolo "El Jimagua"; Manuel Cribeiro en la batería; Alfredo Rojas y Julio Ramos. Reagrupado a inicios de los años 90 con Raimundo García (guitarra, 1949, ex Las Flores Plásticas) con Cribeiro y Rangel bajo el apelativo Rock Zenith, con un sonido más fuerte se mantuvo hasta 1994. Comenzando el nuevo siglo regresó orientado al pop español y con algunos de sus miembros originales.

ZERO

En junio de 2005 Yusniel Aliaga "Charly", quien ya había tocado con Aceituna Sin Hueso, abandonó el grupo Nubes para dar forma a este nuevo colectivo en Bayamo, encargándose de la guitarra y la voz. Ese verano se concretó la grabación del demo *Igual a Zero*, tras el cual hubo algunos cambios en las filas, y finalmente en 2007 se estabilizó con Eliezer Ortíz (guitarra y voz), Raciel Edel Labrada (bajo), Jorge Carlos Beuafrand (guitarra) y Bernardo López en la batería. Otros dos demos, *Philosophy* (2007) y *Contra la pared* (2008), enfatizaron en una línea que toma de folk, country y blues, con predominio de lo acústico.

ZEUS

Creado en La Habana en abril de 1988, casi desde el mismo comienzo destacó por la solidez de su sonido (thrash, speed, power metal) y el trabajo de sus cambiantes duplas guitarrísticas. Fue dirigido por el baterista Aramís Hernández (1957, ex Nueva Generación) hasta su salida en octubre de 2002. Como miembros han pasado, además, los bajistas Miguel D'Oca (1960), Jorge Gámez "Yoyo"(1966, ex Enigma), Javier Parets"Choli"(1969, ex Rodas), Frank Mosquera "Paquito" (1956, ex Sentencia), Eduardo Mena (1972, ex Krudenta), Oscar Pita (1979, ex Porno Para

Ricardo) y Yamil Siré (1978, ex Postmortem); el tecladista Ramón Arias; los cantantes Roberto González (1975, ex Paper House), Iván "Calvin", Abel Rodríguez (1963), Julio César López "Pachy" (1969), Iván Leyva (1973) y Dionisio Arce "Diony" (1965, ex Venus); los guitarristas Luis Alberto Ramírez "Luiso" (1966), Gilbert Turrent Arteaga (1970, ex Agonizer), Amed Medina (1974), Irving Díaz (1966), Iván Vera (1969), Roberto Ramírez (1975, ex Horus), Hansel Arrocha (1968, ex Enigma), Rodolfo Crespo "Fito"(1970) y Virgilio González "Villy"(1970, ex Proyecto Hola); y los bateristas Javier Pérez (1976, ex Joker), Yandi Fragela (1983), Héctor Volta (1959) y Eduardo Longa (1975, ex Hipnosis).

Su repertorio propio en español aparece en varios demos grabados a partir de mayo de 1989, compilatorios dentro y fuera de Cuba, y el disco oficial *Hijos de San Lázaro* (2001). Hasta 2003 tuvo su base de operaciones en El Patio de María, y en 2008 integró la Agencia Cubana de Rock. Además de múltiples giras y festivales en el país, actuó en España en 2000 y 2003. Desde 2004 organiza el Festín de Zeus, concierto con bandas invitadas. Ha alternado con la casi totalidad de grupos nacionales y varios de la escena foránea (Moby Dick, Skizoo, Carajo, Mancha de Rolando, entre otros). Algunas de sus piezas han devenido clásicas dentro del rock hecho en Cuba, como *Vamos a la silla eléctrica*, *Hermano*, *Violento metrobus*, *Libérame*, *La ilusión*, *El renacer de los muertos* y *Sometido*.

LOS ZOMBIS

Banda de covers, activa en San Antonio de los Baños en los años 80. Participó en un festival en la Casa de Cultura de Santiago de las Vegas, a inicios de esa década, junto a Electra y Los Delta. Entre sus miembros se contaron Andrés López (guitarra), Rafael Rodríguez Amaro (batería, 1956), José Antonio de Armas (bajo, 1962), Juan Lemus (teclados) y José Barrios "Teo" (1960) como vocalista.

ZONA OBSCURA

Fundado en Holguín en enero de 1993 bajo el nombre de Omega, fue un trío influido por el grunge, e integrado por Pedro Legrá (voz y guitarra, ex Destrozer), Raúl Algarín (bajo) y el baterista Isnader José Rodríguez. Hizo pocas actuaciones, al lado de otros grupos locales y se separó en 1996, tras lo cual la sección rítmica pasó a Ley Urbana.

LOS ULTRASÓNICOS

UNLIGHT DOMAIN

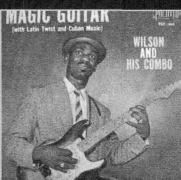

WILSON Y
SU COMBO

LA VIEJA ESCUELA

VIENTO SOLAR

LOS VOSTOK

LOS VIKINGS

JOSÉ MARÍA VITIER

VÓRTICE

LOS WATUSIS

LOS WATTS

LOS Z

ZEUS

ZENITH

ENTREVISTADOS:

Abel E. Robaina
Abel García
Abel Oliva
Abel Rodríguez
Abelardo Busch
Abraham Alcover
Ada López Gutiérrez
Adiané Perera
Adrián Lelyén
Adrián Pino
Adriana Martínez
Alain Martínez Ríos
Alayn Alonso
Alberto "Firo" Rodríguez
Alcides Rodríguez
Alejandro Castillo
Alejandro del Valle
Alejandro Martínez
Alex del Sol
Alexander del Rey Díaz
Alexander Domínguez
Alexander Jorge Parra
Alexander Martínez
Alexander Peña Ochoa
Alfredo Arias
Alfredo Carballo
Alfredo García
Alfredo Gómez Alonso
Alfredo López "Pescao"
Alfredo Peña
Alfredo Pérez Ramos
Amado Alberto Urra
Amed Medina
Amed Torrecilla
Ana Campos
Andi Viera
Andrei Martínez
Ángel Enrique Velázquez

Ángel Luis Alonso
Ángel Luis Fundichel
Ángel Mario Rodríguez
Antonio "Tony" González
Aramís Hernández
Ariel Cubría
Ariel Márquez
Ariel Pouso
Ariel Soler
Armando Camaraza
Armando Freyre
Armando Gola
Armando Hidalgo-Gato
Armando Peláez
Armando Quintana
Arturo Hidalgo-Gato
Arturo Menas
Bárbaro Rodríguez
Bernardo Iglesias
Boris Larramendi
Carlos Almaguer
Carlos A. González
Carlos Bermúdez
Carlos Carnero
Carlos Eddy Alemán
Carlos Emilio Morales
Carlos Enrique García
Carlos Mollinedo
Carlos Morán
Carlos Obregón
Carlos Pérez Puig
Carlos Prieto
Carlos Pujulá Solís
Carlos Rodríguez Obaya
Carlos Romero
Castelio Saborit
"Chany" Rodríguez
"Charlie" Nelson Rodríguez
Ciro Díaz Penedo
Ciro Espinosa

Claudio Pairot
Clodoaldo Parada
Conrado Morales
Conrado Morales (hijo)
Dagoberto Pedraja
Damián Campos
Daniel Cuza "El Sisi"
Daniel Lezcano
Daniel Longres
"Danny" Rojo
Daryl Santana Ravelo
David García Joubert
Delvis Díaz Vidal
Diana López
Diego Sandoval
Domingo Diaz
"Eddie" Escobar
"Eddie" Larena
"Eddy" García
Eddy Marcos Roque
"Eddy" Rosell
Edelmis Cabreja
Edgar García
Eduardo Alfonso Blanco
Eduardo León
Eduardo Mustelier
Eduardo Quincoso
Efraín Rodríguez
Eleuterio Silva
Elizabeth Vargas
Elmer Ferrer
Emilio Martiní
Emilio R. Ramírez
Emilio Ramírez
Enrique Carballea
Enrique González
Enrique Illa

Enrique Onis
Enrique Paneque
Enrique Sariol "Lalo"
Enrique Urquiaga
Erasto Torres
Eric Jáuregui
Erick Alvarado
Ernesto García
Ernesto Martínez
Ernesto Padrón Silva
Ernesto Piedra
Ernesto Rivera
Ernesto Rodríguez
Ernesto Romero
Esteban Puebla
Esteban Quintana
Eudaldo Antunez
Eusebio Galup
Evelio Carballo
Ezequiel Abreu "Kelly"
Fabiel Perez
Felipe Ochoa
Felipe Torres
Felipe Vilches Corona
Félix Dickinson
Fernando del Toro
Fernando Hernández
Fernando León Mursuli
Fernando Lorenzo
Fidel Brizuela
Fidel García
Florencio Silvera
Francisco Diez "Paquito"
Francisco Sosa
Frank Hernández
Frank Martínez
Frank Sánchez

Frankel Garrido
Freddy Brandaris
Gallegos Rivas
Gastón González
George de Pinedo
Georgui Lazarov
Geovani González
Germaen Herrera
Giandy García Morffi
Gil Pla
Gilbert Turrent
Gilberto García "Pachy"
Gilberto Hurtado
Gilberto Marcos
Glauber Moreno
Gonzalo Romeu
Gorki Águila
Guido Milián
Guillermo Fragoso
Guillermo Goizueta
Gustavo Comptis
Gustavo Ravelo
Gustavo Valmaña
Héctor Rojas Prado
Heidi Igualada
Henry Vesa
Hilda Landrove
Hilyak Brito
Homero Mier
Hugo Morejón
Humberto Cuervo
Humberto G. Manrufo
Humberto Martínez
Humberto Pérez Gálvez
Idel Ramos
Ignacio Cao
Ignacio Aymet "Richard"

Ignacio Martínez
Ignacio Vázquez "Nacho"
Ionel Muñoz
Isidro Rodríguez
Israel Díaz
Israel González
Iván Domenech
Iván Enriquez Pons
Iván Fariñas
Iván Leonard García
Ivo Luis Martell
Javier Leiva
Javier Parets
Jesús Berrio
Jesús Fariñas "Pituso"
Jesús Matamoros
Jesús Pérez Kesu
Jesús Santana
Joaquín Bermúdez
Jordany Pérez
Jorge A. Lorente
Jorge Armando Morales
Jorge Bouso
Jorge Brauet
Jorge Fernández
Jorge F. Rodríguez
Jorge Frómeta
Jorge Gamez
Jorge Gómez Gutiérrez
Jorge Herrera Franklin
Jorge Luis Almarales
Jorge Luis Barba
Jorge Luis Barrayarza
Jorge Luis Chicoy
Jorge Luis "Piro" Barrios
Jorge Luis Rojas
Jorge Marín

Jorge Martínez

Jorge Rafael López Lugo

Jorge Redondo

Jorge Soliño

José A. Ortiz "El Gnomo"

José Ángel Gutiérrez

José Antonio Acosta

José Arnaldo Oliva

José Brieba

José Bustillo

José de Armas

José María Vitier

José Rafael Martínez

José Vargas "Polito"

Juan Alfaro

Juan Antonio Leyva

Juan Antonio Ortiz

Juan Baseiro

Juan Carlos Pérez

Juan E. Paz

Juan José Pestana

Juan M. Fonseca

Juan Prada

Juan Wust

Julián Blanco

Julio C. "Pachy" López

Julio César Perera

Julio César Travieso

Julio García

Julio Ley

Julio Quintana

Julio Ramírez Medina

Justo Gimeranez

Katia Fernández

"Landy" Bernal

"Landy" Castro

Laureano Irueta

Lázaro Cuza

Lázaro Valdespino

Leandro Gutiérrez

Leo Cartaya

Leodani Mederos

Leonardo Nuevo

Leyser Martínez

Lino García

Livio Estrada "Papucho"

Lixandro Vega

Lizzy Gutiérrez

Lorenzo López "Larry"

Lorenzo Tamayo

Lourdes León

Ludwig Rivero

Luis Daniel Batista

Luis Felipe Cuervo

Luis Hernández

Luis Lázaro Valdés

Luis Magín Ramírez

Luis Orestes Pagés

"Manolo" Calviño

"Manolo" Sabín

Manuel Alfonso

Manuel H. Boudet

Manuel Iturralde

Manuel R. Leston

Manuel Trujillo

Mario Aldo Barrios

Mario Chiong

Mario Crespo Martínez

Mario Daly

Mario F. Vinat "Neni"

Mario Martínez Caro

Mario M. García Piña

Mario Moro

Mario Romeu Jr.

Mario Vázquez
Marta Acuña Hernández
Mauricio López
Maykel Llanes
Miguel A. Bárzaga
Michel Egaña
Michel Rodríguez
Miguel Ángel Maya
Miguel Ángel Méndez
Miguel Ángel Valdivia
Miguel Cerejido
Miguel D'Oca
Miguel Rodríguez
"Mike" Álvarez
"Mike" Porcel
Nam San Fong Arce
Nelson Eddy Guerrero
Nelson Ondarza
Nelson Padrón
Néstor del Prado
Nilo Núñez
Noel Nicola
Noliosky Echevarría
Norberto Carbajal
Omar Brito
Omar Iglesias
Omar Pitaluga
Omar Vega
Omarys Díaz
Orlando F. Castro
Osamu Menéndez
Oscar Pita
Osmany Romero
Osmel Cruz
Osniel Díaz González
Osvaldo Casanova
Osvaldo Olvera

Otto Herrera
Pablo Labañino
Pablo Menéndez
Pablo Santamaría
"Paquito" Mosquera
Pável Ernesto Guerra
Pedro Luis Remis
Pedro Pablo Pedroso
Pedro Victorino
"Pepe" García Piñeyro
"Peyi" Rodríguez
"Pucho" López
Radamés Upierre
Rafael I. Sosa
Raidel Bas Cantillo
Raimundo García
Ramiro Bustamante
Ramón Font "Monchy"
Ramón Pérez Romero
Ramón Valle
Raúl Barroso
Raúl Ciro Hernández
Raúl González Peraza
Raúl Rodríguez
Raúl Suárez
Raúl Zequeira
Reinaldo Porras
Reinaldo Zayás-Bazán
René Soler
Rey Montesinos
Reynier Aldana
Ricardo Álvarez
Ricardo Delgado
Ricardo Diego
Ricardo Espinosa
Richard Díaz de Villegas
Richard González

Rigoberto Martínez
Roberto Armada
Roberto Díaz
Roberto González
Roberto Noja
Roberto J. Núñez
Roberto Mainegra
Rodney Vincench
Rodolfo Rodríguez
Rodolfo Torrente "Fito"
Rogelio Bermúdez
Rogelio Medina
Ronny Michel Blanco
"Roy" Rodríguez
Rubén Martínez
Ruffo de Armas
Rusland López
Ruy López-Nussa
Secundino Vega
Segundo Duque
Sergio Ernesto Puente
Sergio García-Marruz
Sergio León
Seriocha Serret
Sonny Pimentel
Tirso Roches

Tomás Guzmán Piña
Tomás Iglesias
"Toni" Basanta
"Tony" de Armas
Ulíses Seijo
Vartán Pérez Kalachian
Velia María Camps
Víctor de la Fuente
Virgilio González
Virgilio Torres
Viviana García
Wilfredo Torres
William García Periut
William Martínez
Wilson Pérez
Yandi Fragela
Yansel Madruga Monzón
Yaroski Corredera
Yasser Calero
Yasser Canet
Yeima Clark
Yimmy Parra
Yohenrry Bourricaudy
Yuniel González "El Pipi"
Yuri Delgado
Zammys Jiménez

PUBLICACIONES:

Bohemia, Carteles, Show, Cinema, Juventud Rebelde, Revolución y Cultura, El Mundo, Granma, Verde Olivo, Opina, Clave, El Caimán Barbudo, Alma Mater, Somos Jóvenes, Mella, La Gaceta de Cuba, Cuba Internacional, Revolución, JaRock de Café, Salsa Cubana.

FANZINES:

Scriptorium, Ilusión, El Punto Ge, Delirium, Fuerza de Voluntad, Subtle Death, Polilla en la Sombra, Insanedrac, Demacrated, Advisory, Instinto Básico, Rock Crítiko, Underground Society, Turbulencia, The Rocker, Rompiendo el Cerko, Insipid.

FUENTES DIGITALES:

www.cuba-metal.com / talentocubano.net / rockubamundi.obolog.es / cubarockmetal.blogspot.com / cubanmercenary.blogspot.com / poprockcubano.blogspot.com / palamusicaunderground.com

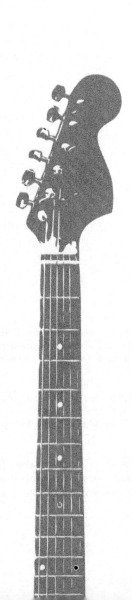

CPSIA information can be obtained
at www.ICGtesting.com
Printed in the USA
BVOW08s1146250318
511523BV00023B/614/P